STUDIA ROMANICA
Band 202

STEFANO TELVE

Anticausatività e passività. Il costrutto *rimanere* + participio passato

Uno studio di sintassi dell'italiano in diacronia

Universitätsverlag
WINTER
Heidelberg

Bibliografische Information der Deutschen Nationalbibliothek
Die Deutsche Nationalbibliothek verzeichnet diese Publikation in der Deutschen Nationalbibliografie; detaillierte bibliografische Daten sind im Internet über *http://dnb.d-nb.de* abrufbar.

UMSCHLAGBILD
Giovanni e Giacomo Telve „Inferno purgatorio paradiso"

ISBN 978-3-8253-6642-1

Imprimé en Allemagne · Printed in Germany
Umschlaggestaltung: Klaus Brecht GmbH, Heidelberg
Druck: Memminger MedienCentrum, 87700 Memmingen

Gedruckt auf umweltfreundlichem, chlorfrei gebleichtem und alterungsbeständigem Papier

Den Verlag erreichen Sie im Internet unter:
www.winter-verlag.de

e a Giuseppe e Anna

Premessa

Nel corso degli ultimi anni l'attenzione nei riguardi dell'evoluzione delle strutture sintattiche dell'italiano è via via aumentata. In tempi piuttosto recenti, Giuseppe PATOTA, autore di uno dei primi studi di sintassi italiana in diacronia dedicati a un fenomeno specifico (*Frasi interrogative*) – peraltro uscito nello stesso anno di un altro fondamentale lavoro (D'ACHILLE, *Sintassi del parlato*) – e di uno degli ultimi (*Poiché*), chiudeva il suo intervento d'apertura al volume miscellaneo dedicato a Luca Serianni richiamandosi a quanti si erano espressi a favore di lavori di questo tipo, ricordando gli autorevoli nomi di Francesco Bruni, Marcello Durante, Massimo Palermo, Alfredo Stussi, Mirko Tavoni, Riccardo Tesi (cfr. PATOTA, *Per*, pp. 14-16).

In anni ancora più vicini questo filone di ricerca è stato oggetto di una sezione di un importante convegno internazionale (FERRARI, *Sintassi storica e sincronica*), dove tra l'altro Maurizio DARDANO, che a questo ambito di studi, insieme ai suoi allievi, ha dato ulteriore impulso, ha presentato il *Progetto ArSIL* (Archivio della sintassi dell'italiano letterario), culminato in un successivo volume a più mani di ampia portata (DARDANO, *Sintassi*), che viene ad affiancarsi a un altro importante lavoro di *équipe* per l'italiano antico (SALVI / RENZI, *Grammatica*), arricchendo i punti di vista sull'oggetto in questione (sui quali cfr. da ultimo SERIANNI, *Grammaticografia*).

Tra gli studi di sintassi dell'italiano in diacronia ricade anche la presente ricerca, che si affianca, nel tema, alla recente indagine di VIALE (*Diatesi passiva*) e s'aggiunge ad altri miei lavori pubblicati in precedenza (tre dedicati ancora al verbo: *Trapassato remoto*; *Alternanza degli ausiliari*; *Proprietà sintattiche e semantiche*; due alle preposizioni: *Due note*; *Costrutto temporale*), anche se le considerazioni di carattere diacronico occupano qui uno spazio minore.

Desidero ringraziare Lorenza Pescia per avermi messo gentilmente a disposizione il suo studio (*Sintassi e semantica*), Riccardo Gualdo per aver letto e commentato con alcune osservazioni il capitolo 4 e Geppi Patota e Luca Serianni per aver discusso con me aspetti fondamentali del lavoro. Sono infine particolarmente grato a Edgar Radtke per aver ospitato il volume all'interno della collana e a Giorgio Graffi, che ha avuto la pazienza di leggere lo scritto, suggerendo modifiche e correzioni e ipotizzando chiavi di lettura che vanno oltre i limiti del presente studio. Mi è gradito ringraziare per il loro validissimo supporto Luciana Grazini, Maria Giovanna Pontesilli, Till Stellino e Clotilde Valeri. Il presente volume è stato pubblicato grazie a un cofinanziamento del Dipartimento DISTU dell'Università degli studi della Tuscia.

Introduzione

Si prendano i seguenti gruppi di frasi:

	Gruppo A (*uccidere*)	Gruppo B (*colpire*)
1	**P. è rimasto ucciso da Marco*	**P. è rimasto colpito da Marco*
2a	**P. è rimasto ucciso dal guardiano*	**P. è rimasto colpito dal guardiano*
2b	?*P. è rimasto ucciso da un guardiano*	**P. è rimasto colpito da un guardiano*
3a	*P. è rimasto ucciso dal proiettile sparato dall'agente*	*P. è rimasto colpito dal proiettile sparato dall'agente*
3b	*P. è rimasto ucciso da un proiettile*	*P. è rimasto colpito da un proiettile*
4	?*P. è rimasto ucciso dalla tua disonestà*	*P. è rimasto colpito dalla tua disonestà*

Le frasi presentano una scala di accettabilità principalmente in relazione a due fattori: l'argomento del verbo introdotto dalla preposizione e il tipo di verbo al participio.

Per quel che riguarda il primo, l'accettabilità delle frasi dei due gruppi A e B appare minima con argomento [+umano] [+determinato] (ess. 1 e 2a) e con argomento [+umano] [-determinato] (ess. 2b: forse con gradi di accettabilità appena diversi tra loro), ed è invece massima con un argomento con i tratti [-umano] [±determinato] (ess. 3a e 3b).[1]

Se però il verbo assume un'accezione traslata e metaforica risultano accettabili, oltre all'esempio B4, anche le frasi con argomento [+umano] [±determinato] di B1 e B2 (su questa eventualità cfr. più avanti §2.2, §2.4, §3.3, §5.6). In una scala di passività, laddove le frasi A1 e B1 occuperebbero il grado più alto, le frasi A3 e B3 occuperebbero insomma il grado più basso e si avvicinerebbero, nella configurazione di A4 e B4, a costrutti non verbali ma aggettivali (come le frasi di B con accezione psicologica).

Quanto detto fin qui riguarda le condizioni semantiche-sintattiche essenziali perché il costrutto formato da *rimanere* seguito da un verbo al participio passato possa ricorrere. Ma quali sono le caratteristiche semantiche e il profilo morfosintattico del costrutto così formato e dove porre il limite tra le sue possibili interpretazioni?

Per provare a rispondere alla domanda si osserveranno dapprima le diverse componenti del costrutto, soffermandosi sui valori semantici di *rimanere* (cap. 1), sulle caratteristiche morfosintattiche e aspettuali del participio passato (cap. 2) e su un fattore importante come l'argomento esterno e la sua correlazione col participio (cap. 3). Seguiranno un confronto con altre lingue (cap. 4) e una sosta sulle condizioni di eventività e statività (cap. 5), che prelude alle considerazioni sul discrimine tra interpretazione anticausativa e passiva del costrutto (cap. 6). Uno sguardo in diacronia, anche in relazione ad altri ausiliari "non canonici" del passivo (capp. 7 e 8), è l'ultimo passo prima delle

1 Possiamo considerare dotato del tratto [-det.] anche il soggetto agente quando pluralizzato (*da guardiani, da proiettili*), anche, in modo estensivo, in presenza dell'articolo (*dai guardiani, dai proiettili*).

conclusioni (cap. 9). Chiude il lavoro la documentazione, che contiene il *corpus* su cui è basata la ricerca.

1 *Rimanere* + parte del discorso

Secondo i vocabolari e le grammatiche dell'italiano attuale, il predicato formato da *rimanere* può avere accezione durativa / stativa ('permanere in un certo stato') oppure non durativa / eventiva ('essere in conseguenza di (dopo) certi avvenimenti').[2]

L'abitualità e il valore della seconda accezione sono testimoniate dal ricorso proprio alla perifrasi *rimanere* + participio passato (d'ora in poi, eventualmente, PP) con accezione eventiva nella definizione di un verbo lemmatizzato in un vocabolario, ciò che viene a stabilire un'equivalenza azionale e sintattica (oltre che semantica) tra il verbo intransitivo pronominale (*sfracellarsi*) e la perifrasi formata da *rimanere* e un verbo transitivo sinonimico (*schiacciato*, *massacrato*):

> *sfracellàrsi*, v. intr. pron., 'rimanere schiacciato, massacrato, in seguito a urti, colpi e sim., di grande violenza': *l'automobile si è sfracellata contro un treno* (*Z* 2015)

Il valore eventivo e non stativo del verbo *rimanere* emerge d'altronde già nella prima edizione del Vocabolario della Crusca, in riferimento a predicati formati dal verbo in unione con aggettivi e participi in funzione aggettivale:

> Boc. n. 77. 3. *la quale, rimasa del suo marito vedova* [cioè *divenuta*]

[2] Le due accezioni sono in SALVI, *Complementi predicativi*, pp. 194-195; anche SCHWARZE, *Grammatica*, p. 122, distingue tra una lettura «statica» ('restare') e una «ingressiva» ('essere da un dato momento in poi'); cfr. anche AMBROSINI, *Negatività*, pp. 9-12. Ancora SALVI, *Costruzioni predicative*, p. 219, registra *rimanere* unico verbo stativo tra verbi di movimento (*divenire*, *farsi*, *tornare*, *venire*) denotanti cambiamento di stato (cfr. *rimase povero*, nel *Novellino*). Tra i vocabolari, *Z* 2015 reca le accezioni 'fermarsi in un luogo, trattenersi, restare; durare, permanere, persistere' e 'risultare, finire per essere, trovarsi o ritrovarsi in una determinata condizione'. Il *GDLI*, *s.v.* §18: «Venirsi a trovare, anche in modo repentino, in uno stato o in una condizione diversa dalla precedente, e per lo più dipendente dal verificarsi di fatti esterni o dall'azione di altri; è in relazione con un compl. predicativo espresso da un sostantivo o da un aggettivo o da un participio passato (equivalendo l'espressione al verbo corrispondente, attivo o passivo), o, anche, con un compl. di stato in luogo figurato, con un compl. di modo, di privazione o di abbondanza, con un'espressione comparativa, con un avverbio. Anche in sostituzione dell'ausiliare *essere* in costruzioni di senso passivo, per connotare la momentaneità dell'azione e l'irrevocabilità della situazione determinatesi». Si esclude qui l'uso assoluto del verbo ('restare tanto fortemente meravigliato, addolorato e sim. da non saper che dire': P. Fanfani, *Vocabolario dell'uso toscano*, Firenze, 1863: cfr. *DELI*, *s.v.*). D'ora in poi con "eventività" si intenderà "processualità" (in opposizione a "statività"), indipendentemente dalla presenza dell'agente. Distingue tre tipi di eventi (processo, transizione, stato) JEZEK, *Struttura argomentale*, pp. 82-83.

E Bocc. nov. 73. 23. *Di che io, che mi poteva dire il più avventurato huom di Firenze, son rimaso il più sventurato* [cioè *divenuto*]
E Bocc. nov. 71. 9. *La donna rimasa scornata* [cioè *divenuta*][3]

La lettura, stativa o eventiva, è determinata da tre fattori, collegati ad altrettanti elementi della frase:

– le proprietà semantiche dell'elemento combinato con *rimanere*, che può essere un avverbio (*male*, *indietro*), una locuzione preposizionale (*di stucco*, *di sasso*, *al verde*), un aggettivo o un nome (*vedovo*, *orfano*, *contento*, *calvo*) o un participio passato, il quale presenta inoltre la variabile dell'azione del verbo, determinata, oltre che dalla semantica, dalle condizioni contestuali;

– la presenza di avverbiali di tempo (eventivi o durativi) che precisano il quadro di riferimento temporale dell'azione;

– l'eventuale argomento preposizionale, correlato al participio, espresso solitamente, ma non necessariamente, da sintagmi formati da *da* + nome.

Passiamo in rassegna questi tre fattori.

1.1 Avverbio, locuzione preposizionale, aggettivo, participio

All'interno della frase, solo l'elemento combinato con *rimanere* è sempre lessicalmente espresso, mentre gli altri due (l'avverbiale di tempo e l'argomento esterno) possono non comparire. Perché la lettura azionale del predicato possa essere individuata, è necessario che la frase minima – vale a dire quella composta dal *rimanere* + parte del discorso senza l'espressione degli altri due elementi all'interno della stessa frase – sia perlomeno accompagnata da una contestualizzazione extrafrasale. Si confrontino le tre frasi che seguono:

Rimase al verde
Perse la scommessa e rimase al verde
Rimase al verde fino a quando non vinse di nuovo

Mentre nel primo esempio la perifrasi *rimase al verde* è ambigua dal punto di vista dell'azione, il secondo esempio favorisce la lettura eventiva e il terzo la lettura stativa. Il confine tra l'una e l'altra può tuttavia non essere così netto. Si vedano altri due contesti:

Perse la scommessa e rimase al verde fino a quando non vinse di nuovo
Perse la scommessa e rimase al verde, fino a quando non vinse di nuovo

Nel primo, la frase ha, come nel terzo esempio citato, valore stativo (la frase subordinata circoscrive temporalmente l'azione espressa da *rimase al verde* contenuta nella frase sovraordinata); nel secondo la lettura, inizialmente eventiva, subisce una rianalisi in ragione della duratività espressa dalla frase temporale indipendente (ed equivalente ad

[3] Cfr. *Crusca* I, *s.vv.*

una coordinata: = 'e poi'). Di qui l'ambiguità dell'azione, che richiederebbe di essere chiarita con una diversa topologia delle frasi o con una diversa segmentazione, come rispettivamente in:

Perse la scommessa e, fino a quando non vinse di nuovo, rimase al verde
Perse la scommessa e rimase al verde. Fino a quando non vinse di nuovo

In secondo luogo, si può osservare – puntualizzando quanto detto in precedenza – che la frase minima non ha sempre, necessariamente, un'azione opaca. In virtù delle sue proprietà semantiche, la parte del discorso abbinata a *rimanere* tende a determinare un orientamento azionale di partenza. Tutte queste eventualità possono essere esemplificate in un prospetto complessivo:

<table>
<tr><th colspan="2"></th><th>stativo</th><th>eventivo</th></tr>
<tr><td rowspan="3">rimanere</td><td>avverbio /
loc. prep.</td><td>in casa
in sella[4]</td><td>incinta
di stucco
al verde</td></tr>
<tr><td>aggettivo /
nome</td><td>calmo
simpatico</td><td>incredulo
orfano
vedovo
vittima</td></tr>
<tr><td>participio</td><td>nascosto
seduto</td><td>colpito
schiacciato
danneggiato</td></tr>
</table>

Queste letture "di *default*" possono naturalmente cambiare in relazione al contesto e farsi da eventive stative e viceversa. Un aggettivo che avrebbe di per sé una lettura preferenzialmente stativa come *simpatico* può ad esempio dar luogo, in un contesto adeguato, a una perifrasi con valore eventivo:

Giovanni è rimasto simpatico a tutti
(sott. 'ancora oggi, dopo tanto tempo': lettura stativa)
(sott. 'ora che i suoi nuovi compagni lo hanno conosciuto': lettura eventiva)[5]

4 In questa casella figurano esempi di espressioni locative che non formano propriamente una perifrasi verbale. Altri avverbi o locuzioni preposizionali sembrano formare perlopiù perifrasi naturalmente passibili, in determinate circostanze contestuali, di letture durative (si pensi a *rimanere a bocca aperta / all'asciutto / in asso / indietro*).

5 Ai fini della lettura eventiva o stativa incide naturalmente anche il tempo verbale: BERTINETTO, *Tempo, aspetto e azione*, p. 262 ritiene infatti eccezionali enunciati (di per sé stativi) come, tra gli altri, «Sono rimasto sconvolto nell'apprendere la notizia», dove «il Perfetto Composto può essere interpretato, per l'appunto, in senso 'inclusivo', a differenza di quanto avviene di solito [...] È probabile, comunque, che in siffatte circostanze si abbia una qualche sorta di implicatura conversazionale. Poiché infatti si tratta sempre (a quanto pare) di predicati riguardanti lo stato psicologico del soggetto, è possibile che vi sia la tendenza ad interpretare tale condizione come

L'accezione eventiva di *rimanere* in abbinamento ad aggettivi e ad altre parti del discorso può essere considerato un costrutto 'fientivo'.[6]

Ma passiamo ora al tipo di perifrasi con *rimanere* che interessa più da vicino, quella con participio passato.

1.2 Participio passato

L'accezione eventiva di *rimanere* è nota da tempo ai grammatici, che hanno per questo considerato il verbo in combinazione con il participio passato alla stregua di un ausiliare del passivo.[7] Nella *Sintassi* Fornaciari osserva infatti come

> «anche i verbi *restare*, *rimanere*, *trovarsi* e simili possono fare da ausiliare nei passivi, ma in un modo più determinato; p. es. *resto abbandonato* (invece di *sono*), *rimasi stupefatto* (*fui* ecc.), *mi trovo disprezzato da tutti* (*sono* ecc.)»[8]

Da allora, molti altri studi hanno sottolineato il valore passivo di queste perifrasi, ponendo eventualmente l'accento su particolari sfumature semantiche:

> «[*scil. rimanere*] esprime il fatto che l'evento designato dal verbo è negativo per il referente del Soggetto [*scil. È rimasto ucciso, ferito*], come è il caso anche di alcuni usi di *rimanere* come verbo copulativo»[9]

e sul suo valore di variante aspettuale di *essere*.[10]

un fatto perdurante anche al momento in cui si parla». Su *rimanere orfano* in luogo di *essere orfano* cfr. ivi, p. 263 n. 8.

6 Per analogia con quei verbi «die den Beginn eines Zustands oder besser den Übergang in einen neuen Zustand ausdrücken» (MICHAELIS, *Antikausativ*, p. 73).

7 Più avanti (cfr. §2.4 e §2.5) entro la nozione di eventività si distingueranno verbi agentivi ([+intenzionalità]) e verbi eventivi ([-intenzionalità]).

8 Prima di Fornaciari, accanto all'unico costrutto passivo previsto da Bembo (formato da *essere* + PP), Castelvetro ne considera anche altri, pur ritenendoli «introdotti nella lingua nostra per licentia [...] et quasi per errore»: *si* passivante, *vedere* + infinito + *da* / *per* / *a*, *rimanere* / *restare* + *a* / *da* + infinito + *da* / *per* / *a*, *essere* + *da* + infinito + *da* / *per*: cfr., POGGIOGALLI, *Sintassi*, pp. 194-195 e CASTELVETRO, *Giunta*, p. 269. Si cita da FORNACIARI, *Sintassi*, p. 231 (parte II, cap. XXIII, §14).

9 SCHWARZE, *Grammatica*, p. 142. Sull'"adversative passive" formato da *get* + PP cfr. ALEXIADOU, *A note on non-canonical passives*, p. 17. Su queste costruzioni cfr. inoltre KONTZI, *Der Ausdruck*, pp. 57-62; AMBROSINI, *Negatività* pp. 6-12; e SALVI, *Frase semplice*, p. 80, pp. 107-108 e VIALE, *Diatesi passiva*, p. 43, che ricorda come alcune grammatiche ritengano «che non possono essere considerate costruzioni passive in senso stretto» anche le perifrasi con *lasciare*, *stare*, *finire*, *trovarsi*.

10 Cfr. SALVI, *Complementi predicativi*, p. 195 («*restare*, *rimanere* in quanto varianti aspettuali della copula *essere*») e KONTZI, *Der Ausdruck*, p. 60: «eine bedeutungsvollere, nuancereichere

In particolare, sulla base di esempi dell'italiano antico e moderno (ma spesso accettabili anche nell'italiano contemporaneo), si è distinto tra un valore mediale del costrutto (in presenza di participi come *sconsolata*, *punto* e *turbata*, eventualmente con valore anche aggettivale, oltre che di sostantivi e aggettivi) e un valore passivo, caratterizzato invece da participi agentivi (come *presi* 'catturati' e *morti* 'uccisi').[11]

Tuttavia, la perifrasi composta da *rimanere* + PP continua a porre diversi dubbi interpretativi sulla propria natura azionale e sintattica, se cioè sia stativa e aggettivale (copula / predicato + participio passato aggettivale) oppure eventiva e verbale (ausiliare + participio passato verbale); ed è dunque ancora «molto controverso» se il costrutto possa dirsi o no passivo,[12] nonostante sia «indubbio che si possono trovare esempi di costrutti con *rimanere* o *restare* + participio passato con chiaro significato passivo, specie in fasi diacroniche meno recenti», come in due frasi tratte da Spallanzani:

Questa prova rimane avvalorata dalla seguente
Questo mare non rimarrà mai abitato da anguille[13]

La ragione dell'incertezza risiede principalmente nell'indifferenziazione morfolessicale della funzione sintattica delle componenti principali della frase – il participio (verbale o aggettivale) e l'argomento esterno (Agente o Causa) – e nel ruolo di quest'ultimo nella struttura del predicato; non ultimo, però, anche su ciò che si intende con nozioni come Agente, Causa e passivo.[14]

Variante der normalen passiven Aussage»). AMBROSINI, *Negatività*, pp. 39-42, osserva che «gli ausiliari *andare* e *rimanere*, pur meno usati di *venire*, hanno distribuzione più ampia di quest'ultimo: limitatamente, invero, ad alcuni verbi, dànno infatti frasi accettabili anche in tempi composti, tranne che, come vedremo meglio in 3.1.2, in proposizioni non temporali col trapassato remoto» (pp. 39-40).

11 «die nur mit einem Urheber gedacht werden können»: KONTZI, *Der Ausdruck*, p. 59; su *rimanere* + parte del discorso cfr. ivi, pp. 57-62.

12 Propende per una lettura copulativa / predicativa SALVI, *Frase semplice*, pp. 80-81, 107; risultativa FICI GIUSTI, *Tra passivo e impersonale*, p. 62 n. 3 (oltre ad *andare* e a *finire*), e BENTLEY, *Split Intransitivity*, p. 109 e pp. 148-149.

13 VIALE, *Diatesi passiva*, p. 43 (da qui anche le due citazioni a testo).

14 Sulla storia della controversa definizione di passivo cfr. VIALE, *Diatesi passiva*, pp. 9-46. Sulla definizione di passivo basti qui rinviare anche a ALEXIADOU / SCHÄFER, *Non-Canonical Passives* e a HALLMAN / KALLULLI, *Passive* (e relative bibliografie). Le nozioni di transitività, passività e impersonalità sono anche state analizzate come scalari, lungo un *continuum* scandito da parametri essenzialmente semantici (tra queste telicità, definitezza, animatezza, agentività); sul *continuum* di detransitivizzazione, caratterizzato dalla funzione pragmatica di defocalizzazione dell'agente, comune a costrutti passivi e impersonali, cfr. ad es. CENNAMO, *Costruzioni passive e impersonali*, p. 92.

2 *Rimanere* + PP: costrutti stativi ed eventivi

2.1 Statività / eventività

Per distinguere la natura stativa o eventiva del predicato, si può ricorrere a una serie di test sintattici. Un primo test consiste nell'osservare l'equivalenza temporale, ovvero la simultaneità delle azioni descritte dalla perifrasi *essere* + PP e dalla corrispettiva frase attiva, presente in un caso (le due azioni sono simultanee: frase passiva), assente nell'altro (le due azioni avvengono secondo una successione temporale: frase copulativa / predicativa):[15]

> *la porta è chiusa* (*dal guardiano*) = *il guardiano chiude la porta*
> => frase passiva (PP eventivo: valore verbale)
>
> *la porta è chiusa* ← *qualcuno ha chiuso la porta*
> => frase copulativa / predicativa (PP stativo-risultativo: valore aggettivale)

D'altra parte, però, il PP di un verbo imperfettivo come *amare* non può indicare uno stato acquisito (come con il perfettivo *chiudere*) ma uno stato contemporaneo all'azione, lasciando ambiguità nella lettura.[16]

Si ritengono poi verbali i participi di frasi che siano compatibili con l'ausiliare *venire* e incompatibili con alcuni modificatori (*molto*, *-issimo*, l'intensificatore *bello*, il comparativo *più*), e viceversa aggettivali i participi che danno risultati opposti:

> *Il disastro venne determinato da molte cause* (PP verbale)
> *Sandro è molto / bello determinato / determinatissimo* (PP aggettivale)
> *Sandro è più determinato di tutti* (PP aggettivale)

Il test dei modificatori presenta tuttavia alcune caratteristiche.[17] Il participio con *-issimo*, ad esempio, risulta agrammaticale con *venire* ma possibile, sia pure marginalmente, con *essere*:[18]

[15] Cfr. PESCIA, *Sintassi e semantica*, p. 68.

[16] Cfr. SALVI, *Frase semplice*, pp. 101-103.

[17] Sulla validità e sui limiti di questi test cfr. PESCIA, *Sintassi e semantica*, pp. 54-69.

[18] Sul costrutto cfr. anche RENZI, *Come cambia la lingua*, pp. 66-67, che ne indica l'origine milanese. Si osservi che la diffusione di *-issimo* nei participi verbali è possibile a condizione che il predicato abbia accezione durativa: una condizione che assimila per l'appunto il participio all'aggettivo, consentendo anche l'estensione dal secondo al primo di una proprietà tipicamente aggettivale come quella del suffisso (anche se non tutti gli aggettivi sono compatibili con -*issimo*: cfr. RAINER, *Intensivierung*, pp. 56-60). Secondo LA FAUCI, *Modularità della diatesi*, la

**Il direttore d'orchestra venne festeggiatissimo*
Il direttore d'orchestra è stato festeggiatissimo

Quale che siano le motivazioni[19] sarebbe difficile negare a frasi come queste lo statuto semantico della passività. Ciò vale anche indipendentemente dalla presenza di complementi d'agente, che pure non sono del tutto esclusi in contesti di questo tipo:

> «il risultato complessivo della sua collezione è stato lodatissimo da italiani e stranieri», «Taratuta, che è stato applauditissimo dalla platea del Cnp, ha sostenuto che [...]», «Nelle ultime ore di libertà è stato corteggiatissimo dai giornalisti», «Già nel corso della stagione, è stato corteggiatissimo dall'Avvocato», «il sottogenere "poliziesco di strana coppia" è stato frequentatissimo da Hollywood», «Ed è stato applauditissimo da un pubblico delle grandi occasioni» (*Repubblica*)[20]

Tra i vari fattori discriminanti della passività o non passività del costrutto, infine, il complemento introdotto da *da* non viene abitualmente considerato determinante: non solo

grammaticalità con *essere* indicherebbe la natura derivativa del participio, mentre viceversa l'incompatibilità con *venire* ne denuncerebbe la natura flessiva.

19 Come la progressiva estensione del suffisso e la versatilità morfosintattica del participio, attestate in espressioni ai margini dello standard (come «ho famissima», «sono amicissimi»: PESCIA, *Sintassi e semantica*, pp. 61-65), insieme a un fenomeno analogo e inverso come l'alterazione del participio passato verbale («s'è ingrassatella»).

20 Oltre ai contesti citati a testo, su 1000 occorrenze di *stat** + *-issimo* estratte dal *corpus* del quotidiano *La Repubblica* (cfr. Bibliografia), si hanno nove esempi privi di agente. D'ora in avanti la documentazione relativa a *rimanere* + PP nell'italiano contemporaneo s'intenderà sempre estratta da questo *corpus* (tranne là dove non sia indicato diversamente) o dall'archivio online del quotidiano. Questi i contesti relativi ai nove esempi ricordati: «Oliver Stone è stato applauditissimo allo Zoo Palast» (senza data né autore), «il numero centenario era stato giocatissimo a Napoli» (Napoli, 18/8/1985), «Il concerto di Meredith Monk, replicato solo due volte, è stato applauditissimo» (Ugo Volli, 27/6/1987), «L'anno prossimo riprenderà a Broadway un Amleto, che ha già recitato per una stagione e per cui è stato premiatissimo» (Maria Pia Fusco, 20/1/1989), «Il romanzo "sacrilego" [...] è stato vendutissimo» (A. Z., 21/2/1989), «Questo caso è stato seguitissimo, più di molti altri» (nostro servizio, 14/5/1989), «Ed è stato festeggiatissimo il signor Umberto Tagliacozzo» (Leonardo Coen, 14/9/1990), «Il suo intervento all'assemblea di Agrigento è stato applauditissimo» (30.10/1990). Il costrutto ricorre naturalmente anche in frasi participiali: «Il volume di Molinari, illustratissimo da 97 foto, si sottrae al profilo assai personale ed epistolare [...]», «Anche amici e colleghi del ginecologo, stimatissimo da tutti, cercano di capire [...]», «L'inizio avvenne nel nome del clarinetto, strumento amatissimo da Bucchi», «C'era naturalmente Vittorio Missoni [...] e, contesissimo da tutti, il presidente dell'associazione», «Lui è una specie di buffo stregone [...] richiestissimo da grandi come Dylan, Hall & Oates», «quel poveraccio di Santiago Carrillo, odiatissimo da tutte le sinistre».

perché la sua assenza non esclude automaticamente la lettura passiva del predicato,[21] ma anche perché, quando presente, può figurare con participi in *-issimo* (anche in frasi participiali) oppure può non essere interpretato concordemente come agentivo, come ad esempio è stato ritenuto per frasi come *Giovanni fu / rimase colpito dalla bellezza di Maria.*[22]

Verifichiamo ora il risultato di questi test con la perifrasi *rimanere* + PP. Per questo controllo, torna utile distinguere tra participi telici e participi non telici.

2.2 PP telici

In presenza di PP telici e durativi il costrutto è copulativo perché il PP risulta avere valore non eventivo ma stativo-risultativo (dunque aggettivale).

Osservando infatti il comportamento di PP che in italiano hanno corrispettivi aggettivi omoradicali (ovvero forme "brevi" accanto a forme "lunghe": *asciutto / asciugato*, *gonfio / gonfiato*, *secco / seccato*),[23] si evidenzia che i PP "lunghi" possono avere non solo valore verbale (e dunque figurare in costrutti passivi con ausiliare *essere*) ma anche aggettivale, con accezione non stativa (propria invece della corrispettiva forma omoradicale 'breve') ma, in abbinamento a *rimanere*, stativo-risultativa, come è evidenziato da alcuni test sintattici.[24] Avremo dunque:

[21] Cfr. SALVI, *Frase semplice*, p. 80. Si ritiene anzi prototipico il passivo senza espressione dell'agente: cfr. CENNAMO, *Perifrasi passive*, pp. 105-106. SALVI, *Realizzazione sintattica*, p. 146, osserva inoltre che «la presenza del complemento d'agente non costituisce una prova per considerare la costruzione un caso di costruzione passiva, perché l'uso del complemento d'agente è ammesso, come in it. mod., anche con certi participi usati come aggettivi nel caso di verbi che indicano processi psichici»; su questo aspetto cfr. SALVI, *Frase semplice*, pp. 80-81 e la nota che segue.

[22] Secondo Salvi, in frasi come queste (cioè con verbi che indicano processi psichici) il complemento «non deve essere considerato un compl. d'agente, ma un argomento del participio *colpito*. Trattandosi di un complemento selezionato lessicalmente, esso è possibile solo con alcuni participi, mentre il complemento d'agente è possibile in tutte le strutture passive»: SALVI, *Frase semplice*, p. 81.

[23] La terminologia "breve" / "lungo" consente di distinguere morfosintatticamente le due forme prescindendo dall'etimologia delle diverse voci: tra i PP "brevi" rientrano ad esempio i cosiddetti participi "accorciati" o "senza suffisso" (*gonfio*), le forme derivate da PP forti latini (*asciutto*) o da aggettivi latini (*secco*): cfr. PESCIA, *Sintassi e semantica*, p. 71.

[24] Il valore risultativo del PP è indicato dalla diversa grammaticalità con modificatori che focalizzano aspetti relativi alla temporalità dell'azione, come *ancora*, che rimarca la continuatività dello stato (*la palla non si è sgonfiata, è ancora gonfia / ???gonfiata*) e, viceversa, *giusto* ('appena'), anche duplicato, che ne sottolinea invece la conclusione (*quella palla è giusto (giusto) gonfiata / ???gonfia e adesso la puoi prendere*): cfr. PESCIA, *Sintassi e semantica*, pp. 84-91, che sottolinea la marcatezza diatopica del costrutto con *giusto* e dunque la diversa accettabilità da parte dei parlanti. Che si tratti di participi con valore aggettivale e non verbale è invece indicato dall'insostituibilità con *venire* (**quella palla viene giusto gonfiata*: cfr. *adesso*

Il pallone è stato gonfiato da Maria (PP eventivo; passivo)
**Il pallone è rimasto gonfiato da Maria* (PP eventivo; passivo)
Il pallone è rimasto gonfiato (**da Maria*) *per pochi minuti* (PP risultativo; copulativo)[25]

Accanto al valore stativo, la forma breve può però assumere con *rimanere* (così come con *venire*, ma non con *essere*) anche valore stativo-risultativo:[26]

La torta è rimasta (un po') asciutta / gonfia / secca
La torta è venuta (un po') asciutta / gonfia / secca
**La torta è stata (un po') asciutta / gonfia / secca*

Mentre la perifrasi stativo-risultativa formata da *rimanere* con PP lunghi (*gonfiato*) esprime un processo reversibile (ovvero compatibile con '*per* X tempo'), quella con PP brevi esprime un processo non reversibile (incompatibile con '*per* X tempo'); condizione che risulta peraltro la sola possibile nelle perifrasi stativo-risultative con *venire*.[27]

Con alcuni PP telici "lunghi" ma non durativi, come *gettato*, *incaricato*, *restituito*, *trovato*, e con altri, come *calmato*, *fermato*, *sporcato*, *stancato*, *svegliato*, che risultano ibridi dal punto di vista della duratività (dipendente dal contesto e dalla presenza o meno dell'oggetto e del tipo di soggetto ([±umano] [±animato]), i test di aggettivalità sono sempre negativi.[28]

sì che quella gomma è gonfiata, non prima vs. **adesso sì che quella gomma viene gonfiata, non prima*), dalla mancata equivalenza temporale (*adesso sì che quella gomma è gonfiata, non prima ≠ qualcuno ha gonfiato la gomma*), dalla grammaticalità della frase modificata da avverbi intensificatori (come *bello* e *completamente*, non del tutto grammaticali in contesti passivi: *entro qualche giorno il lievito sarà bello / completamente gonfiato* (???*dai fermenti*)): cfr. Pescia, *Sintassi e semantica*, pp. 76-82.

25 Pescia, *Sintassi e semantica*, p. 81 osserva che un telico non reversibile non è tuttavia ammesso: **questi pantaloni sono rimasti logorati a lungo*.

26 Sull'interpretazione stativo-risultativa di alcune espressioni formate da *venire* + PP cfr. Squartini, *Grammaticalizzazione*, pp. 27-29. Nei telici si distingue tra eventività e risultatività, che, nel caso di aggettivi o di altra parte del discorso, si assommano indistintamente.

27 Si avrebbero dunque due tipi di perifrasi risultative: non durative (formate ad esempio con *venire*, in particolare con i tempi composti, e PP di verbi telici non reversibili) e durative (formate da *rimanere* + PP lunghi, telici e reversibili). Le prime hanno PP *resultant-state*, le seconde PP *target-state*: cfr. Anagnostopoulou, *Participles and Voice*, Alexiadou / Gehrke / Schäfer, *Argument structure*, Cennamo / Eythórsson / Barðdal, *The Rise and Fall of Anticausative*.

28 Cfr. ad esempio: *le scarpe sono *sporcatissime / *più sporcate delle tue / ???del tutto sporcate / *belle sporcate* (ess. da Pescia, *Sintassi e semantica*, p. 97). Questi PP descrivono «una caratteristica del referente del soggetto acquisita in seguito ad un evento causato da un agente o avvenuto in modo spontaneo e di conseguenza non possono essere usati come predicati aggettivali»: ivi, pp. 99-100. Si noti tuttavia che un verbo telico come *chiudere*, abitualmente stativo-risultativo in unione con *rimanere* (cfr. *il pacco è completamente / del tutto chiuso*,

Ricorrono dunque solo in contesti eventivi, che tuttavia con *rimanere* non danno risultati accettabili:[29]

*Il bambino è stato / *rimasto svegliato (dal rumore)*
*La tenda è stata / *rimasta sporcata (dalla pioggia)*

Verbi telici non durativi sono compatibili con *rimanere* solo nelle rispettive forme corradicali brevi, in un costrutto copulativo a lettura stativa (*rimasto sveglio, rimasto sporco*).

Con verbi telici, il costrutto formato da *rimanere* + PP equivale dunque a un costrutto copulativo con valore perlopiù stativo o stativo-risultativo. Marginalmente, risultano possibili costrutti a lettura eventiva con PP telici non reversibili [-*si*] [-controllo] come *affogato, bruciato, cambiato*, in contesti puntuali:[30]

affogato: «Ho scelto l'acqua santa, e sono rimasto affogato» (Giampiero Carolla, *Era l'anno delle ghiande*, Ibiskos Editrice Risolo, Empoli, 2006, p. 232);
bruciato: «Chi è rimasto bruciato in Asia non vuole finire arrostito in America Latina» (Loretta Napoleoni, *Il contagio*, Rizzoli, Milano, 2012; contesto estratto tramite Google Libri);
cambiato: «L'uomo, prosciolto "a fatta di causa", era rimasto cambiato, curvo, prostrato, tremante all'idea dello Stato» (Severini Santiapichi, *Romanzo di un paese*, Milano, Rizzoli, 1995, p. 46), «Per anni mi son sentita come minorata, storpia, e tutto il mio modo di considerare le cose e la gente ne è rimasto cambiato, deformato» (Billie Holiday, *La signora canta il blues*, Milano, Feltrinelli, 2002, p. 133).

2.3 PP atelici: PP1 [-*si*] / PP1 [±*si*] / PP1 [+*si*]

Ammettono invece una lettura eventiva i PP di alcuni predicati transitivi (PP1 [-*si*]) non telici e non durativi (*colpire, schiacciare, uccidere*), che non possono ricorrere in una proposizione copulativa (né stativa, né stativo-risultativa).[31]

questo pacco è più chiuso dell'altro: cfr. ivi, p. 98), può figurare in contesti eventivi se seguito da un complemento avverbiale che ne modifica l'accezione (**La corrente è saltata e sono rimasto chiuso* vs *La corrente è saltata e sono rimasto chiuso dentro (l'ascensore) / fuori di casa*).

29 Nel *corpus* della *Repubblica* non si hanno esempi di *rimas* / riman** + i cinque PP citati a testo.

30 Su questi verbi cfr. CENNAMO, *Transitivi e intransitivi*, pp. 1513-1514. Cfr. anche BERTINETTO, *Tempo, aspetto e azione*, p. 284.

31 Cfr. *lo squillo è *sentitissimo / *bello sentito / *del tutto sentito*: cfr. PESCIA, *Sintassi e semantica*, p. 100. Appare questa la condizione che consente l'accezione eventiva di *rimanere* + PP ricordata in apertura e di cui si discuterà più distesamente nei prossimi paragrafi. La perifrasi è tuttavia incompatibile con verbi come *sentito* e *visto*, citati da PESCIA, *Sintassi e semantica*, p. 100 come esempio, perché implicano un Agente prototipico (su questo aspetto cfr. più avanti cfr. §2.5).

I test con i modificatori, anche se non decisivi (cfr. §2.1 e n. 17), danno risultati agrammaticali con questo tipo di PP:

**L'uomo rimase molto ucciso*
**L'uomo rimase uccisissimo*
**L'uomo rimase bello ucciso*
**L'uomo rimase più ucciso di tutti*

Mentre sono viceversa positivi i test di eventività (equivalenza temporale e *venire*):

L'uomo rimase ucciso da un colpo d'arma da fuoco
= *Un colpo d'arma da fuoco uccise l'uomo*
L'uomo venne ucciso da un colpo d'arma da fuoco

Nel test del primo tipo, risultati migliori si hanno con verbi transitivi con diatesi media (PP1 [±*si*]: *ferire, bloccare, danneggiare*):

?*L'uomo rimase molto ferito* (ma: *L'uomo rimase gravemente ferito*)
?*L'uomo rimase feritissimo*
?*L'uomo rimase bello ferito*
?*L'uomo rimase più ferito di tutti*

A questo primo gruppo di verbi compatibili con *rimanere* ci si potrà riferire d'ora in poi complessivamente con la sigla PP1. Verbi transitivi come questi sono naturalmente passibili anche di un'interpretazione traslata, a seconda dell'argomento che segue:

L'agente è rimasto colpito da un fulmine / dalle tue parole
L'operaio è rimasto schiacciato da un camion / dai debiti
L'uomo è rimasto stordito dallo scoppio di un petardo / dalla sua bellezza
L'addetto è rimasto ucciso da una scarica elettrica / ???dalle tue parole

Come esemplificano questi casi, i participi transitivi in accezione traslata presentano forti affinità con i *verba affectuum* o verbi psicologici, che raccoglieremo in un gruppo distinto (denominato PP2: cfr. §2.4).

Rimanere è compatibile anche con PP1 intransitivi (PP1 [+*si*]) come *impigliarsi, incagliarsi, infortunarsi, invischiarsi.*[32] I test con modificatori danno risultati più accettabili che non con i PP1 [-*si*]:

La bandiera rimase molto impigliata
La bandiera rimase impigliatissima
La bandiera rimase bella impigliata
La bandiera rimase più impigliata di tutte

32 Alcuni di questi verbi, ad es. *impigliarsi*, ammettono anche un costrutto transitivo, che tuttavia appare qui secondario.

I test di eventività danno risultati grammaticali in un caso (equivalenza temporale):

La bandiera rimase impigliata in seguito a un colpo di vento
= *Un colpo di vento impigliò la bandiera*[33]

ma non in un altro (*venire*):

=**La bandiera venne impigliata in seguito a / da un colpo di vento*

L'agrammaticalità è data da fattori semantici: *venire* implica infatti un Agente prototipico che i verbi intransitivi (e intransitivi pronominali) di norma non ammettono.[34]
Comportamento analogo ai PP1 [+*si*] hanno i verbi psicologici, siglati PP2.

2.4 PP atelici: PP2 [±*si*] / PP2 [-*si*]

Delle tre classi individuabili per i verbi psicologici, risultano compatibili con *rimanere* in accezione eventiva solo i verbi della II classe che infatti, accanto a una lettura stativa (esclusiva dei verbi della I e della III classe), ne ammettono anche una denotante un cambiamento di stato.[35] Con verbi come *colpire*, *meravigliare*, *sbalordire*, *sorprendere*, *spaventare*, *stupire* (d'ora in poi, ci si riferirà a questi participi eventualmente con la sigla PP2) avremo dunque:

[33] Sulla grammaticalità di una frase così costruita cfr. §2.5, §3.10, §6.2. Più accettabile sarebbe un costrutto causativo: *Un colpo di vento fece impigliare la bandiera*.

[34] Assume valore eventivo l'imperfetto indicativo usato con accezione perfettiva (il cosiddetto "imperfetto storico"): «Ma il 6 gennaio sempre a Gonnives, un altro manifestante era ucciso dalle forze dell'ordine, mentre in tutto il paese si sviluppava lo sciopero degli studenti», «Nello stesso momento veniva bombardato un villaggio vicino, Orljane, e una donna rimaneva uccisa» (*Repubblica*).

[35] I verbi della I classe hanno soggetto esperiente ed oggetto tema (*amare*, *desiderare*, *temere* ecc.), i verbi della II classe soggetto tema o causa e oggetto esperiente (*colpire*, *disgustare*, *sorprendere* ecc.), i verbi della III classe oggetto esperiente (codificato con *a*) e soggetto tema (*piacere*, *rincrescere*, *seccare* ecc.). Sulle tre classi di verbi psicologici cfr. CENNAMO, *Verbi psicologici*, che riprende soprattutto BENTLEY, *Split Intransitivity*, pp. 93-120 (si noti che quest'ultima studiosa ritiene che il verbo *colpire* sia non solo puntuale ma anche telico e che *rimanere colpito* induca una lettura psicologica, come per *Leo è rimasto colpito da Marco*: cfr. BENTLEY, *Split Intransitivity*, pp. 109-110; la lettura letterale del costrutto è forse esclusa perché non si prende in considerazione l'eventualità di un Agente non prototipico) e, per la distizione tra lettura agentiva, eventiva e stativa, ARAD, *VP-Structure*, spec. pp. 180-187. Marginalmente, il costrutto *rimanere* + PP sembra possibile anche con un verbo della I classe come *ammirare*, che assume valore eventivo («A questo punto il ciclista fu costretto a volgere lo sguardo verso le cime e rimase ammirato da tanta bellezza»: esempio tratto da www.sudtirol.com/de/alta-val-pusteria/stoneman-trail.htm).

Giovanni è rimasto colpito / meravigliato / sbalordito / sorpreso / spaventato / stupito dalle tue parole

Sulla base dei test di aggettivalità i PP transitivi in accezione traslata (PP1) e i PP di verbi psicologici (PP2) escludono la lettura risultativa e risulterebbero dunque stativi:[36]

Giovanni rimase molto stupito
Giovanni rimase stupitissimo
Giovanni rimase bello stupito
Giovanni rimase più stupito di tutti

Tuttavia, dà risultati accettabili anche il test di equivalenza temporale:

Giovanni rimase (molto) stupito dalle tue parole
= Le tue parole stupirono (molto) Giovanni

che può peraltro essere rappresentato anche da una frase con predicato formato da *si* + verbo:

Giovanni rimase (molto) stupito dalle tue parole
= Giovanni si stupì (molto) delle tue parole
= Le tue parole stupirono (molto) Giovanni

[36] Data la compatibilità con *-issimo* e l'incompatibilità con *giusto giusto* (**Maria è giusto giusto stupita e adesso può aprire il regalo*): cfr. PESCIA, *Sintassi e semantica*, pp. 100-101. Cfr. anche ROTHMAYR, *It takes two*. Cfr. *Giovanni è preoccupatissimo* ma **Giovanni è giusto giusto preoccupato*: PESCIA, *Sintassi e semantica*, pp. 101-102. Sul valore aggettivale dei PP psicologici cfr. GUASTI, *Struttura interna*, p. 331. Su 369 occorrenze di *rimanere* + *-issimo* (201 occorrenze per *-issimo*, 83 per *-issima*, 52 per *-issimi*, 33 per *-issime*), nel *corpus* della *Repubblica* i participi passati sono 36 (*abbottonatissimo* 2, *abbottonatissima*, *affezionatissimo*, *apertissimo*, *apertissima* 2, *azzeccatissime*, *colpitissima*, *compostissimi*, *defilatissimo*, *elevatissimo* 3, *elevatissima* 2, *elevatissimi*, *garbatissimo*, *preoccupatissimo*, *riservatissimo* 4, *riservatissima*, *scopertissima*, *scottatissime*, *scottatissimi*, *seccatissimo*, *soddisfattissimo* 2, *strettissima* 2, *strettissimi*, *tesissima* 3). Accanto a un PP2 con Causa espressa da *ne* («L'onorevole Maria Pia Garavaglia, della stessa commissione antimafia, ha visto tutte le puntate, e ne è rimasta colpitissima, fino, dice "all'infelicità"», Daniela Brancati e Anna Maria Mori, con la collaborazione di Attilio Bolzoni, 23/1/1986), si contano due soli esempi di Causa espressa da *da* (peraltro dello stesso autore: «Le azioni Ntt erano state quelle delle casalinghe, dei piccoli investitori che sono rimasti scottatissimi dal crollo che ha seguito i picchi del 1989», Marco Panara, 8/4/1993, «L'unica vera garanzia contro una nuova esplosione della speculazione sembra essere la situazione delle banche che sono rimaste scottatissime dalla bolla precedente e devono ancora tapparne i buchi», Marco Panara, 14/4/1993).

Dà invece risultati di grammaticalità dubbia oppure parziale (a seconda del PP2) il test con *venire* (su *venire* + PP2 cfr. §3.9):

> ??? *Giovanni venne meravigliato dalle tue parole*
> *Giovanni venne spaventato dalle tue parole*

2.5 PP2 stativi, eventivi, agentivi

Per spiegare l'asimmetria appena osservata, bisogna ricordare una specifica proprietà dei verbi della II classe, i quali, oltre ad avere valore stativo, possono indicare un cambiamento di stato ed avere valore ora eventivo (s'intende [-intenzionale]: come per *impressionare* e per la maggior parte dei verbi), ora agentivo ([+intenzionale]: come, in contesti appropriati, per *spaventare*).

Di qui, l'eterogeneità dei comportamenti prima osservati e la diversa compatibilità di PP2 con *venire* e *rimanere*. Mentre *venire* richiede infatti un argomento preposizionale con valore di Agente prototipico ([+umano] [+controllo] e perlopiù [+intenzionale], anche se non si esclude un Agente [-umano] e [-animato] e dunque indifferente al tratto [±intenzionale]: cfr. §4.5) che i PP2 tuttavia tendono a escludere (ma cfr. §3.9),[37] *rimanere* è compatibile con un argomento preposizionale dalle proprietà semantiche più ristrette e non pienamente agentive (perlopiù [-umano]: cfr. §3.2), come appunto conferma, per altra via, la selezione preferenziale di PP2 eventivi.

Il predicato con *rimanere*, infatti, oltre ad avere valore durativo in unione con verbi stativi (come il PP2 *preoccupare*), può indicare cambiamento di stato, prediligendo nettamente, in questo caso, PP eventivi (e solo eccezionalmente agentivi).

Questa proprietà emerge chiaramente con un PP1 fortemente agentivo come *assassinare* ([+intenzionale]) che risulta perfettamente compatibile con *venire* ma del tutto incompatibile con *rimanere*:

> *L'uomo venne assassinato*
> **L'uomo rimase assassinato*[38]

Sul PP della perifrasi con *rimanere* in accezione eventiva (nel senso di 'processuale' adottato al §2, comprendente i valori 'anticausativo' e 'passivo') agisce dunque, oltre a

[37] BENTLEY, *Split Intransitivity*, p. 148 ricorda la relativa incompatibilità di questi verbi con Causa agentiva; su *venire* + PP2 cfr. §3.9. Si faccia attenzione al fatto che nella terminologia usata per i verbi psicologici si distingue *eventivo* da *agentivo*, laddove in queste pagine il primo termine s'intende iperonimo rispetto al secondo, se non diversamente specificato (cfr. più avanti §2.4 e §2.5).

[38] PP di verbi agentivi ([+intenzionalità]) con *rimanere* sono indubbiamente rari ma forse non del tutto agrammaticali: si pensi a ??? *sono rimasto raggirato / truffato / ingannato / fregato da un tizio*, che tuttavia preferibilmente si renderà come *sono stato fregato da un tizio* (passivo) oppure come *sono rimasto fregato* (anticausativo).

una restrizione azionale (solo verbi atelici: §§2.3-2.4), anche una restrizione semantica ([-intenzionale]), la quale è strettamente correlata all'argomento selezionato dal PP.[39]

D'altra parte il carattere eventivo o agentivo (ovvero, secondo la definizione usata, [±intenzionale]) è determinato, oltre (o prima?) che dalle proprietà semantiche delle componenti del predicato, dalla sua configurazione sintattica all'interno della frase, ovvero, in primo luogo, dalla presenza o assenza di un argomento preposizionale e dalla sue proprietà funzionali e sintattiche.

È proprio la configurazione argomentale del predicato, e in particolare l'argomento esterno, che riceve codifiche differenti (*da* / *di* ecc.) in relazione alle proprietà semantiche del PP (PP2: *sorprendere*, PP1 [-*si*]: *colpire*, PP1 [+*si*]: *impigliarsi*), a determinare, in correlazione alle caratteristiche semantiche e azionali del PP, l'interpretazione del predicato in un determinato contesto. Di là dalla distinzione tra PP2 aggettivale e PP1 verbale, un verbo come *paralizzare* ad esempio, mostra, proprio in ragione di questi fattori, forti analogie con PP2 anche quando riceve un'accezione traslata. Su questi aspetti ci soffermeremo nel capitolo che segue.

2.6 Riepilogo

Il costrutto *rimanere* + PP quando ammette una lettura eventiva privilegia verbi atelici: verbi puntuali transitivi (PP1 [-*si*] e [±*si*]) e verbi intransitivi (PP1 [+*si*]) con valore incoativo, condiviso anche con i verbi intransitivi pronominali "psicologici" eventivi (PP2 [±*si*]). Negli altri casi, i costrutti avranno una lettura stativa oppure stativo-risultativa. Il rapporto tra i diversi fattori in gioco in contesti eventivi (verbi telici / atelici; PP1 / PP2; *venire* / *rimanere*) può essere espresso in un prospetto riassuntivo:

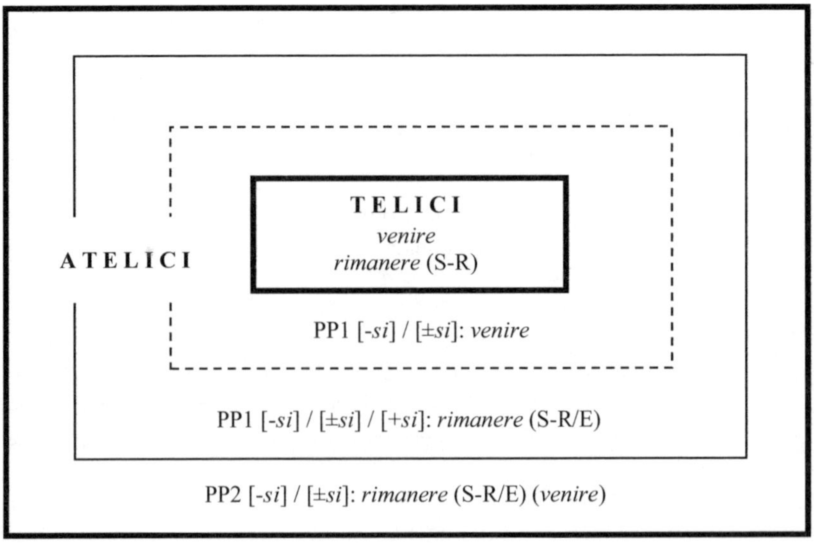

[39] Sulle proprietà semantiche del verbo *to assassinate* cfr. KOONTZ-GARBODEN, *Anticausativization*, pp. 86-91.

Come illustra il grafico, *venire* e *rimanere* si distribuiscono in zone complementari, in relazione al grado di agentività dell'azione, che va, procedendo dal centro verso la periferia, da un massimo (verbi telici) a un minimo (verbi PP2).[40] Su questo aspetto ([±Agentività]) converrà dunque soffermarsi nelle pagine che seguono.

[40] Per la quasi totalità PP2 eventivi, benché sussista la possibilità di verbi agentivi, compatibili con *venire*: cfr. §3.9. Si ricordi che, eccezionalmente, è stata riscontrata compatibilità tra *rimanere* e verbi telici (*affogare*): cfr §2.2.

3 Anticausatività e passività: l'argomento preposizionale

3.1 Anticausatività e argomento esterno

Sotto la voce "eventività", usata finora in riferimento a tutte le azioni marcate da processualità, possiamo rubricare sia il costrutto passivo, sia un altro tipo di costrutto ritenuto di significato quasi passivo, perché «senza il controllo dell'attante interessato».[41] Il costrutto, cosiddetto "anticausativo", presenta in italiano antico due configurazioni sintattiche: Oggetto indiretto [+umano] + *venire* + PP + Soggetto (ess. 1-2) e Soggetto + *venire* + PP (ess. 3-4):

1. *vennegli lasciata aperta la sua camera per dimenticanza* (*Tavola ritonda*)
2. *la quale viene chiamata compagnia e fraternita de la casa* (*Statuti fiorentini*, 1317)
3. *E bene sia egli molto fiero, non per tanto viene privato molto tosto come egli è preso* (*Tesoro di Brunetto Latini volgarizzato*).
4. *Chatone fu paghano e uccise se medesimo con sua propia mano per non venire sottoposto alla signioria di Julio Ciesare* (*Chiose falso Boccaccio*, *Purgatorio*)[42]

L'anticausatività può essere intesa come come 'cambiamento di stato senza un argomento esterno',[43] intendendo con "argomento esterno" in primo luogo l'Agente (prototipico: [+umano] [+intenzionale], vale a dire l'argomento, espresso o no, caratterizzante della

[41] SALVI, *Realizzazione sintattica*, p. 146. Di «quasi-passive meaning» parlano GIACALONE RAMAT / SANSÒ, *Venire*, p. 31.

[42] Cfr. GIACALONE RAMAT / SANSÒ, *Venire*, p. 26, dove si ricordano la varietà delle definizioni e delle descrizioni («dative construction»: Giacalone Ramat; *anticausative*: Squartini, e anche Michaelis; «un incrocio tra le modalità eventiva e risultativa dell'azione»: Ambrosini) e si propone l'etichetta «uncontrolled eventive/resultative». Accanto a questi costrutti si ricorda inoltre il tipo *non li venne fatto*, anch'esso dal significato «eventivo più che passivo» (SALVI, *Frase semplice*, p. 105; cfr. anche AMBROSINI, *Negatività*, pp. 31-34). Su costrutti di questo tipo, analizzabili nello stadio precedente al passivo come anticausativi o come risultativi, cfr. SQUARTINI, *Grammaticalizzazione*. Sulla doppia accezione di *mi è venuto fatto* (nel senso causale di 'mi è capitato' e in quello risultativo di 'mi è riuscito') cfr. AMBROSINI, *Sulla sintassi del verbo*, p. 560.

[43] Seguendo qui ALEXIADOU, *Morphosyntax*, p. 177: «Here the term "anticausative" is not used as in Haspelmath (1993), where it refers to an intransitive form derived from a transitive one; it is rather meant in a broader sense as 'change of state without an external argument'». A differenza del passivo, «beim Antikausativ der Agens aus der Ereignisstruktur getilgt wird, also semantisch nicht impliziert und somit auch syntaktisch nicht ausdrückbar ist»; col passivo, invece, «findet semantisch keine Valenzreduktion statt, da der Kausator ohne weiteres durch eine präpositionalen Ausdruck angeschlossen werden kann» (MICHAELIS, *Antikausativ*, p. 71).

costruzione passiva), come appunto si constata per alcuni costrutti formati da *venire* + PP attestati nell'italiano antico.

Per distinguere un costrutto passivo da un costrutto anticausativo si fa ricorso in prima istanza ad alcuni test sintattici ritenuti validi interlinguisticamente, finalizzati ad accertare la compatibilità (passivo) o incompatibilità (anticausativo) del costrutto con elementi marcatori di agentività (avverbi come *di proposito* e frasi finali introdotte da *allo scopo di* / *per*).[44]

Ciò tuttavia non basta a distinguere in modo definitivo tra i due costrutti. I test menzionati rilevano infatti l'Agente prototipico ([+controllo] [+intenzionale] e perlopiù, in seconda battuta, [+umano]), ma non anche altri argomenti caratterizzati da un grado più basso di agentività. Correntemente, infatti, anche costrutti in cui l'argomento esterno corrisponde a una Causa (la cosiddetta "causa efficiente", caratterizzata dai tratti [-intenzionale] e anche [-umano], come in *Il tronco venne portato via dalla corrente*) sono considerati passivi. Questa eventualità è particolarmente rilevante se si tiene presente che il costrutto anticausativo esclude l'Agente (prototipico) ma appunto, come si vedrà, non la Causa (cfr. §§3.1-3.2).

Stando così le cose, risulta chiaro che se i costrutti passivo e anticausativo si presentano indifferenziati dal punto di vista della morfologia verbale (com'è per l'italiano in relazione alla perifrasi formata da verbo + PP), il discrimine tra l'uno e l'altro non sarà determinato soltanto dall'espressione o inespressione di un argomento esterno (Causa) ma anche dalle proprietà sintattiche e semantiche dell'argomento esterno e del PP e dalla loro correlazione.

3.2 Argomento esterno (Causa / Agente) e PP1/PP2

Considerato che nelle frasi passive l'argomento esterno può prestarsi a ricoprire più ruoli tematici (Agente, Esperiente, Causa), la letteratura linguistica tende a riferirsi a questo elemento per via non semantica ma morfolessicale: si parla quindi, ad esempio, di *by-phrase* per l'inglese e di *sintagma-por* per lo spagnolo.[45]

La codifica morfolessicale dell'argomento esterno varia naturalmente in relazione alla lingua e al verbo, determinando una costruzione passiva o anticausativa. In inglese, ad esempio, in presenza di un predicato con morfologia non attiva (ovvero caratterizzata da

[44] Viceversa, gli anticausativi sono compatibili con espressioni come *da sé* 'by itself'; ma sulla diversa compatibilità delle lingue con questi test cfr. ALEXIADOU / ANAGNOSTOPOULOU / SCHÄFER, *Properties of anticausatives*. Su analogie e differenze tra anticausativo e passivo mi limito qui a rimandare a SCHÄFER, *Two types*, spec. 160-176 e relativa bibliografia.

[45] Cfr., per lo spagnolo, JIMÉNEZ / MARÍN, *Por*, p. 1 che ricorda i ruoli di Agente, Esperiente e Causa (cfr. rispettivamente gli esempi: *Guille fue asasinado por María*; *La carta fue recibida por Guille*; *El profesor es temido por sus alumnos*). Sulla sintassi di *per* e *de* in portoghese: cfr. NARO, *History of Portuguese passives*, p. 66. Cfr. anche SALVI, *Frase semplice*, pp. 70 e 108, che ritiene passivizzabili i verbi con soggetto Esperiente o Agente (probabilmente da intendersi nell'accezione estensiva che include la Causa).

to be + PP), l'Agente o la Causa sono introdotti da *by* (e non da altra preposizione) e il costrutto è passivo:

The window was broken by John / by the storm / (with a stone)
**Eva was killed from John / cancer / the book*

Parallelamente, i costrutti anticausativi con morfologia predicativa attiva ammettono un argomento introdotto da *from* (o *through*) che equivale a una Causa (dunque non a un Agente né a uno Strumento):

The window broke from the pressure / from the explosion / from Will's banging
**The window broke from John*
**The window broke by John / by the pressure / by Will's banging*[46]

Si tratta però di condizioni piuttosto eccezionali, perché solitamente le lingue non presentano una diversificazione così netta nella codificazione morfolessicale dell'introduttore in relazione al valore anticausativo o passivo del costrutto.[47]

Il tedesco, ad esempio, prevede *von* Agente del passivo, *durch* Causa del passivo (secondariamente anche *von*) e Causa dell'anticausativo, mentre il greco moderno presenta un sistema tripartito tra Agente (*apo*), espresso nel passivo, e Causa "diretta" (*apo*) e Causa "indiretta" (*me*) nell'anticausativo.[48] In italiano l'Agente e la Causa sono invece codificati indifferentemente con *da*.

Provando a schematizzare, e includendo anche la categoria del complemento avverbiale come modo di codificare debolmente e indirettamente una Causa (cfr. più avanti §.3.3), avremo:

[46] Cfr. ALEXIADOU / SCHÄFER, *Instrument subjects*, p. 41. Nei costrutti anticausativi, *from* può introdurre solo un evento [-animato] (*The window cracked from the pressure / *John / *the book*) e altrettanto accade nei costrutti inaccusativi (*Eva died from cancer / *John / *the book*): cfr. KALLULLI, *Rethinking*, p. 771. Si osservi che la denominazione corrente di "Agent *by*-phrase" nasconde altri possibili ruoli tematici presenti in frasi passive, come Esperiente (ad es. in *She was loved by the public*) e Possessore/Tema (in *The building is owned by an Australian businessman*): cfr. PUCKICA, *Passive Constructions*, p. 218 n. 5.

[47] Peraltro, *by*, e l'olandese *door*, «are used for more roles in the causal domain than just the passive: they are both used for causees, means and instruments, although by shares that domain with, among others, *through*»: CORNELIS, *English and Dutch*, p. 260.

[48] Cfr. ALEXIADOU / ANAGNOSTOPOULOU / SCHÄFER, *Properties of anticausatives*, pp. 193-199. In particolare, in greco, *natural forces* e *causers* sono introdotti *apo* o da *me*, mentre *causing events* da *me* (si ha causa indiretta quando «the causal chain includes intermediate causes», ivi, p. 206, n. 8) e non figurano in costrutti passivi (dove si ha invece solo l'agente): cfr. anche ALEXIADOU / SCHÄFER, *Instrument subjects*, e SCHÄFER, *Two Types*; su *durch* cfr. in part. SOLSTAD, *Implicitness*. Sugli usi di ted. *durch*, ol. *door* e ingl. *by* e *through* cfr. Cornelis, *English and Dutch*, p. 260.

	Passivo → → → →		→ → → →	Anticausativo
	Agente →	Causa →	→ Causa →	→ avv.
ingl.	*by*	*by*	*from*	[...]
ted.	*von*	*durch* (*von*)	*durch*	[...]
gr.	*apo*	–	*apo* (dir.) | *me* (indir.)	[...]
it.	*da* (ant. *per*)	*da*	*da* / *di*	≠ *da, di*

Detto questo, va però tenuto presente che le nozioni di Causa e di Agente non sono così distinte in modo netto, né sono definite in modo univoco.

La Causa – che non ha autonomia nella scala dei ruoli semantici abitualmente riconosciuti (composti da Agente, Esperiente, Beneficiario, Tema o Paziente, Possessore, Strumento, Luogo), anche se si ritiene prossima all'Agente[49] – è stata infatti considerata una nozione scalare, definita non solo in relazione alla distinzione diretta / indiretta (come nel caso del greco), ma anche in base ai tratti [-umano][+animato] (propri di un evento: *terremoto*, *pressione*) e [-umano][-animato] (tipici di un oggetto: *libro*).[50] Ed è del resto anche, o soprattutto, la distinzione tra Causa e Agente ad essere stata messa in discussione, e in particolare il tratto [+animato] su cui è solitamente fondata. Accanto a proposte interpretative di carattere per così dire categoriale,[51] elementi utili di valutazione

[49] Per una descrizione della Causa in latino cfr. LURAGHI, *Adverbial phrases*, pp. 44-70, spec. pp. 60-66. Come scrive GRAFFI, *Sintassi*, p. 141, «un preciso inventario dei ruoli tematici, cioè una specificazione di quanti siano e di come esattamente vadano definiti, non è stato ancora elaborato» (traggo la citazione da LO DUCA, *Complementi*, p. 244). Elenchi dei principali ruoli tematici sono in JEZEK, *Struttura argomentale*, p. 83, e in DARDANO / COLELLA, *Verbo*, pp. 41-42, e LORENZETTI / SCHIRRU, *Sintassi*, pp. 274-77.

[50] Sulla distinzione tra Agente e Causa cfr. ALEXIADOU / SCHÄFER, *Instrument*, e FOLLI / HARLEY, *Teleology and animacy*, SCHÄFER, *Two types*, e CORNELIS, *English and Dutch*. Cfr. anche, sulla definizione di Agente protitipico, ÖSTERREICHER, *SE im Spanischen*, p. 252, cit. in SANSÒ, *Grammaticalization*; su diretto / indiretto cfr. anche ALEXIADOU / ANAGNOSTOPOULOU / SCHÄFER, *Properties of anticausatives*; su nozioni come [+activity] [+cause] [+intent] cfr. KALLULLI, *A unified analysis* (che inoltre specifica: «though *from*-phrases identifying causes are generally fine with anticausatives, they are bad when the cause is not an event, as shown in **The window cracked from John / the book*»: ivi, p. 203). Sotto la denominazione Causa si includono d'ora in poi anche i cosiddetti *causing events* (cfr. NEELEMAN / VAN DE KOOT, *Linguistic Expression*, pp. 94-99). CORNELIS, *English and Dutch*, p. 260, osserva che «the causer can be seen as an intermediary causal factor rather than the causer and originator of the event. *He was killed by* (*means of*) *a shot* implies that someone else actually fired the shot, thereby initiating and causing the event, but the event developed via ('through') the shot as causal intermediary». Il primo esempio citato a testo è tratto da ALEXIADOU / ANAGNOSTOPOULOU / SCHÄFER, *Properties of anticausatives*, p. 194; il secondo da KALLULLI, *A unified analysis*, p. 203 (l'autrice precisa inoltre che «*from*-phrases are uniformly disallowed in passives, irrespectively of whether they introduce events [...] or non-eventive participants»; si veda a questo proposito anche la nota che segue).

[51] Ad esempio, è stato proposto che il fattore discriminante non sia il tratto [±animato] ma la *teleological capability*, ovvero «the subject's internal teleological capability of generating the

possono essere ricavati a questo proposito osservando le diverse configurazioni del passivo in altre lingue.

In spagnolo, ad esempio, due complementi, uno [+animato], l'altro [-animato], possono cooccorrere in sequenza all'interno di una stessa frase senza generare agrammaticalità; ciò che ne indica l'appartenenza a una medesima categoria sintattico-semantica (agentiva, secondo gli studiosi).[52] Parallelamente, accanto a participi del tipo PP1 (richiamando qui i due gruppi di participi precedentemente individuati), anche participi del tipo PP2 ammettono un argomento esterno che, indipendentemente dal tratto [±animato], viene interpretato come Causa:[53]

event on their own, from start to finish» (FOLLI / HARLEY, *Teleology and animacy*, p. 200). Intendendo per *teleological capability* «the inherent qualities and abilities of the entity to participate in the eventuality denoted by the predicate (Higginbotham, 1997)»: FOLLI / HARLEY, *Teleology and animacy*, p. 191.

52 Cfr. «La crisis ha sido provocada por su máximo dirigente y por la mala administración de los fondos», citata in JIMÉNEZ / MARÍN, *Por*, p. 3.

53 La compatibilità di argomenti esterni con PP stativi e aggettivali è stata osservata, in determinate condizioni, per diverse lingue (spagnolo, inglese, tedesco, ebraico, greco): cfr. GEHRKE, *Passive states*, GEHRKE, *Still puzzled*, GEHRKE / SÁNCHEZ MARCO, *Different* by-*phrases*, GEHRKE / SÁNCHEZ MARCO, *The role of* by-*phrases*, MCINTYRE, *Adjectival passives*, ANAGNOSTOPOULOU, *Participle and Voice*, ALEXIADOU / GEHRKE / SCHÄFER, *Argument structure*; cfr. anche sull'argomento esterno dei participi aggettivali in inglese PUCKICA, *Passive Constructions*, p. 220 n. 9. Su "passivi di stato" per lo spagnolo (*La carretera está cortada por los manifestantes*): cfr. CONTI JIMENEZ, *Costrucciones pasivas*, pp. 25-31; il *sintagma-por*, sempre possibile in combinazione con *ser*, ricorre con *estar* solo quando l'agente sia «reconocible en lo estado resultante» (JIMÉNEZ / MARÍN, *Por*, p. 4, come in *El Quijote fue/*está escrito por Cervantes*, ma *El documento está firmado por el embajador*, *El camino está bloqueado por la policía*); la presenza del sintagma-*por* è stata ritenuta agentiva nei costrutti con *ser* e pseudoagentiva in quelli con *estar* (cfr. FUNES, *Alternancia*, pp. 143-144: *En este momento la ciudad es rodeada por las tropas enemigas*: argomento agente; *En este momento la ciudad está rodeada por las tropas enemigas*: complemento pseudoagentivo). Per l'inglese, *by*-phrases si ritrovano in presenza di passivi aggettivali con valore eventivo, anche negativo (cfr. risp.: *Former investigator says he remains disturbed by what he saw at baby murder scene* e *Steve Jobs' birthday doesn't go unnoticed by spammers*: cfr. ALEXIADOU / GERHKE / SCHÄFER, *Argument structure*, p. 126 e BRUENING, *Word formation*, pp. 13-14) e ancora in PP esprimenti stato (ancora con valore aggettivale: *The house is owned / surrounded by the army*; *Max was worried / surprised / excited (by the news)*: cfr. GEHRKE / GRILLO, *How to become passive*, pp. 246-247. Cfr. inoltre BRUENING, *Word formation*, pp. 379-381, GEHRKE / SÁNCHEZ MARCO, *Different* by-*phrases* e ALEXIADOU / GEHRKE / SCHÄFER, *Argument structure*, p. 128, dove si osserva inoltre che «event-related *by*-phrases, instruments and adverbs can be found in both verbal and adjectival passives. While in English and German these are more restricted in adjectival participles than in verbal passive participles, Greek adjectival participles allow such modifiers quite unrestrictedly». Cfr. anche sul medio e sulle nozioni di eventività e statività, LAZZERONI, *Diatesi*.

Eva se ha emocionado / preocupado por (culpa de) Juan / por (culpa de) la película

Come già illustrato in precedenza (§3.1), è evidente come la compatibilità del sintagma preposizionale vari in relazione ai fattori semantici e sintattici del verbo al participio. Soffermandoci ancora sullo spagnolo, *por* risulta ad esempio sempre compatibile con verbi con valore semantico causativo (indipendentemente dal tratto [+animato] e [-animato] come, rispettivamente, negli esempi che seguono):

La crisis del partido ha sido provocada / causada por su màximo dirigente
La crisis del partido ha sido provocada / causada por la mala administración de los fondos

e parzialmente compatibile con verbi che indicano cambiamento di stato non necessariamente agentivi:

*La puerta ha sido abierta por el bedel / *por el viento*
*Los precios han sido aumentados por el gobierno / *por la inflación*

Mentre ancora più limitata è la grammaticalità con verbi psicologici (riprendendo in parte la terminologia corrente, nei due esempi che seguono il sintagma-*por* è considerato rispettivamente «sujeto agente causante» (*Juan*) o «sujeto causante» (*película*) e Causa):[54]

*Eva ha sido molestada / asustada por Juan / *por la película*
**Eva ha sido emocionada / preocupada por Juan / por la película*

Tornando all'italiano e riprendendo quanto detto in precedenza, l'argomento preposizionale selezionato dal predicato formato da *rimanere* + PP è tipicamente [-intenzionale] e perlopiù [-umano] [-determinato], dunque marcato da caratteristiche semantiche opposte a quelle abitualmente riconosciute come prototipiche dell'Agente (appunto [+umano] [+determinato], [+intenzionale]) (si veda la Documentazione)[55] e prossime invece alla Causa (il soggetto risulterà invece semanticamente Paziente con PP1 oppure Esperiente con PP2).[56]

[54] Cfr. anche per gli esempi, JIMÉNEZ / MARÍN, *Por*, p. 3. Il *sintagma-por* è possibile sempre in combinazione con *ser*, mentre con *estar* solo quando l'agente sia «reconocible en lo estado resultante»: cfr. ivi, p. 4 (cfr. *El Quijote fue/*está escrito por Cervantes*; *El documento está firmado por el embajador*; *El camino está bloqueado por la policía*). Sull'attribuzione del ruolo di Agente anche ad elementi [-animati] cfr. FUNES, *Alternancia*, p. 147 e segg. Sull'espressione della Causa nei costrutti anticausativi in spagnolo cfr. anche JIMÉNEZ PEÑA / RODRÍGUEZ SELLÉS, *Agentes*, spec. pp. 221-223.

[55] All'indefinitezza dei referenti oggetto dell'azione accenna anche, per l'italiano antico, BERTUCCELLI PAPI, *Studi*, pp. 78-80.

[56] Si osservi che con un aggettivo come *simpatico* (*Giovanni è rimasto simpatico a tutti*) il ruolo di Esperiente è assegnato all'argomento dell'aggettivo (*a tutti*) mentre il soggetto potrà essere ritenuto Tema. Il fatto, peraltro, che frasi passive-impersonali ([+*si*]) con sintagma-*da* agentivo,

Della quadripartizione dei verbi proposta da alcuni studi sulla base dell'argomento selezionato semanticamente dal PP, la perifrasi con *rimanere* risulta infatti compatibile solo con alcune delle classi che la compongono, vale a dire la seconda e la terza (tra parentesi si specificano i verbi e i tipi di costrutto possibili):

1. Agente (*ammazzare*, *assassinare*: costrutti causativi con soggetto Agente)
2. Causa esterna (*distruggere*, *uccidere*: costrutti causativi con soggetto Agente o Causa)
3. Causa non specificata (*rompere*, *aprire*: costrutti causativi e anticausativi)
4. Causa interna (*fiorire*, *appassire*: costrutti anticausativi/incoativi)[57]

Rimanere + PP può dare luogo a costrutti passivi o anticausativi solo con PP caratterizzati da Causa esterna o da Causa non specificata (gruppi 2 e 3), nei limiti dei requisiti azionali indicati in precedenza (cfr. cap. 2). Il discrimine tra gli uni e gli altri risiede, oltre che nella semantica del verbo, nell'argomento esterno ovvero, per la fattispecie di *rimanere* + PP, nell'espressione della Causa e in particolare nella sua codifica morfolessicale.

un tempo possibili in italiano antico (cfr. ANDREOSE, *Sintagma preposizionale*, p. 662, SALVI, *Realizzazione sintattica*, pp. 157-158, SANSÒ, *Grammaticalization*) e oggi agrammaticali (**Quest'opera si accoglie con entusiasmo da Giorgio*), siano viceversa più accettabili in presenza di un attante [-determinato] («Sono tutte cose che si dicono dagli altri», Pirandello, e *Quest'opera si accoglie con entusiasmo da tutti*), consente di dimostrare che, pur nel rispetto di altri parametri ritenuti prototipici dell'Agente, ci sono margini perché un sintagma-*da* possa figurare anche là dove abitualmente non ricorre, a condizione di rinunciare a una lettura strettamente agentiva (l'eccezione, notata da Lepschy, è ricordata da MICHAELIS, *Antikausativ*, p. 92, e BENTLEY, *Split intransitivity*, pp. 164-169; cfr. ivi, p. 166, per il secondo esempio appena citato; l'esempio pirandelliano è invece ricordato da SANSÒ, *Grammaticalization*). Sulla possibilità di avere *da tutti* (significativamente menzionato tra gli esempi anche da Fornaciari: cfr. §2.2) nella perifrasi con *andare* + PP cfr. SANSÒ / GIACALONE RAMAT, Andare *'go' + past participle* e SANSÒ / GIACALONE RAMAT, *Deictic motion verbs*. Cfr., similmente, per lo spagnolo: *Era un profesor querido por todos* / $^{???}$*por Juan*: cfr. JIMÉNEZ / MARÍN, *Por*, p. 2; cfr. anche MICHAELIS, *Antikausativ*, pp. 91-92, e ancora SANSÒ, *Grammaticalization*. Sulla relativa specularità tra frase attiva e frase passiva si ricordi qui quanto osservato da AMBROSINI, *Diatesi passiva*, p. 6 («la frase passiva non corrisponde al rovesciamento formale della frase attiva, e [...] al reciproco dell'azione transitiva») e da PRANDI, *Regole*, pp. 110-111 («sopprimere l'agente di una frase passiva non è come sottintendere il soggetto di una frase attiva [...]»).

57 Cfr. ALEXIADOU / ANAGNOSTOPOULOU / SCHÄFER, *Properties of anticausatives* (a testo la traduzione in italiano delle quattro coppie di verbi *murder*, *assassinate*; *destroy*, *kill*; *break*, *open*; *blossom*, *wilt*).

3.3 Espressione della Causa: codifica morfolessicale e caratteristiche semantiche

Relativamente alla Causa e alla sua codificazione grammaticale, PP1 e PP2 mostrano alcune differenze, che riguardano sia la sintassi, sia il lessico.[58]

Quando è espressa, con PP2 la Causa è codificata attraverso il sintagma-*da*, ma può altrimenti figurare in trasparenza attraverso altre espressioni perlopiù circostanziali-temporali: oltre al sintagma-*di* compaiono infatti altre soluzioni nominali (*di fronte a*, *per* e altro ancora) e frasali (*quando*, *nel* + infinito, gerundio).[59]

La variabilità dei costrutti possibili può essere documentata dai dati ricavati da un sondaggio circoscritto a quattro verbi intransitivi pronominali precedentemente citati (PP2 dei verbi *meravigliare*, *sbalordire*, *spaventare*, *stupire*).[60]

	stupire 121	*sbalordire* 82	*meravigliare* 18	*spaventare* 7
da	31	2	2	4
di	13	3	6	-
di fronte a	1	3	-	1
davanti a	1	-	-	-
mentre	1	-	-	-
a	1	1	-	-
per	4	2	1	-
che	3	-	1	-
perché	2	1	-	-
quando	7	4	-	-
nel + infinito	6	2	1	-
gerundio	2	3	-	-
Espressione	71 (= 58.6%)	21 (= 25.6%)	11 (= 61.1%)	5 (= 71.4%)

58 I dati forniti in questo paragrafo sono stati estratti dalla documentazione del costrutto *rimanere* + PP per l'italiano contemporaneo (cfr. Documentazione §2).

59 Effettivamente, considerando la Causa una categoria sovraordinata a quella di Agente (e dunque l'Agente come una Causa connotata dai tratti [+umano] ed eventualmente [+intenzionale]), la sua individuazione e la sua codifica linguistica non sono cosa ovvia: cfr. NEELEMAN / VAN DE KOOT, *Linguistic expression*.

60 Sulla varietà delle espressioni preposizionali relative alla Causa tra latino e lingue romanze cfr. da ultimo LURAGHI, *Adverbial phrases*, spec. pp. 66-70. Sulla variabilità dell'espressione della Causa con i verbi psicologici in italiano cfr. SALVI, *Frase semplice*, pp. 69-70, e GUASTI, *Struttura interna*, p. 331; per l'inglese cfr. PUCKICA, *Passive Constructions*, p. 220 n. 9 (cfr. *satisfied with the service*; *satisfied by the service*; *surprised at the announcement*; *worried about the news*; diversamente, con verbi fortemente transitivi come *break* solo *by* è ammesso: *The window was broken by / *with / *at / *about / *of one of the kids*). Sui complementi (in)compatibili con *stupire* cfr. AMBROSINI, *Negatività*, pp. 7-9. Il sondaggio è stato condotto sul *corpus* della *Repubblica* interrogando le combinazioni formate da *rimas** (dunque dalle voci del passato remoto e del participio) + PP (si omette la documentazione).

Dal punto di vista semantico, tutte le diverse soluzioni sopra citate possono esprimere una forma di Causa: con alcuni sintagmi nominali o frasali (espliciti o impliciti) introdotti da congiunzioni, preposizioni o locuzioni preposizionali il valore causale apparirà racchiuso in una cornice avverbiale-temporale generica;[61] mentre con altre, cioè con *di* e soprattutto *da*, emergerà in modo più netto (su *di* e *da* cfr. §§3.3-3.7). Si confrontino in proposito alcune frasi con PP2:[62]

Si dice che lo stesso Netanyahu sia rimasto sbalordito dalle richieste di Sharon
Sono rimasto sbalordito della sua forza
Ma sono rimasto sbalordito di fronte alla incredibile ricostruzione che la Repubblica crede di poter fare sullo stato dei rapporti tra Forza Italia e An[63]

La Causa espressa tramite il sintagma-*da* contiene soprattutto nomi-evento, perlopiù deverbali (d'azione e di risultato: *affermazione*, *assicurazioni*, *atteggiamento*, *deflagrazione*, *discorsetto*, *esperienza*, *fatto* (*che*), *offerta*, *prestazione*, *risultato*), ma non solo (*film*, *guerra*, *morte*, *storia*), e più in generale nomi astratti (*fascino*, *frase*, *idea*, *inerzia*, *modo* (*in cui*), *praticità*) o che tendono a un significato astratto o traslato (*atletica*, *continente*, *profondità*, *luci*). Possibile, ma nettamente più rara, è la possibilità di avere sintagmi-*da* frasali (*dal ricorrere*).[64]

Con PP1 l'espressione della Causa tramite il sintagma-*da* è nettamente più rara rispetto a quanto si riscontra con PP2 (nel nostro *corpus*, limitando ai PP eventivi ed escludendo PP aggettivali, si hanno rispettivaamente 20 occorrenze su 122 totali = 16.3% vs 31 occorrenze su 88 totali = 35.2%) e le soluzioni alternative si limitano quasi esclusivamente a circostanziali con valore temporale (nominali ed eventualmente frasali, introdotti da *durante*, *dopo*, *mentre*, *nel corso di* e soprattutto *in*, eventualmente articolato).[65] I nomi sono soprattutto nomi-evento (*agguato*, *crollo*, *incidente*, *scoppio*, *sparatatoria*, *tamponamenti*, ecc.), che ritroviamo anche con il sintagma-*da* (*bomba* 'scoppio di una bomba', *ondata*, *sciopero*, *scoppio* e, con quattro occorrenze, *esplosione*) accompagnato anche a nomi astratti (*delibere*, *doveri*) o più concreti (*fiamme*, *gelo*, *sole*

61 Temporalità e causalità sono infatti spesso sovrapposte se non indistinguibili: cfr. PATOTA, *Poiché*, spec. p. 15.

62 O ancora: «Salza ha spiegato di essere rimasto sorpreso dall'intervento delle forze dell'ordine» (*Stampa* 17/12/2005) e «Sono rimasto un po' sorpreso – ha detto – nel leggere la dichiarazione» (*Stampa* 7/12/2005).

63 Gli esempi uno e tre sono tratti dal *corpus* della *Repubblica*; il secondo è fittizio. Il valore circostanziale/avverbiale del sintagma preposizionale è evidenziato peraltro dalla possibilità di figurare in un altro punto della frase, ad esempio prima del verbo, senza dare luogo a un costrutto marcato (come in *Di fronte alla incredibile ricostruzione... sono rimasto sbalordito*).

64 Per questa valutazione, si rimanda ai contesti della documentazione per l'italiano contemporaneo. Sui nomi-evento cfr. JEZEK, *Polisemy*, e KALLULLI, *Rethinking*, p. 771.

65 Si può avere inoltre *con* (strumentale: «Un giovane napoletano, Salvatore Schiano, di 24 anni, è rimasto ucciso con un colpo di pistola sparato accidentalmente da un agente»), il participio passato (modale: «è rimasto ucciso, schiacciato da un tronco», «rimasto ucciso nel 1956, travolto da una valanga») e altre soluzioni (cfr. Documentazione).

'calore del sole', *tronco d'albero*). Solo eccezionalmente si ha invece un nome [+umano] (cfr. §5.6):

> «[...] un loro compagno rimasto ucciso martedì scorso da un poliziotto mentre distribuiva manifestini che chiamavano alla lotta gli studenti»
> «un hezbollah è rimasto ucciso dagli uomini di Amal»

Ai fini della comprensione del costrutto, sarà opportuno soffermarsi sulle espressioni argomentali, rappresentate dal sintagma-*da* e dal sintagma-*di*.

3.4 Sintagma-*di* / -*da*: Causa e Strumento

La Causa è spesso espressa da un sintagma-*di* sia con PP2, sia con PP1 con lettura traslata:

> *Marco si è sorpreso (delle tue parole)*
> *Marco si è ammazzato (di lavoro)*

Ai fini dell'interpretazione del costrutto, la presenza del sintagma-*di* è indifferente per PP2 ma, come mostra l'esempio citato, è decisiva per PP1, che altrimenti (prescindendo qui dal contesto) è interpretato nel suo significato letterale, con *si* pienamente riflessivo.[66]

[66] Tuttavia, con un altro verbo che consente la doppia lettura come *colpire*, il costrutto con *si* è sempre pienamente riflessivo e la lettura anticausativa non è possibile (risulta infatti agrammaticale il costrutto con *di*: **Marco si è colpito di*...; accenna alla questione BENTLEY, *Split Intransitivity*, pp. 109 e 148-49, che ricorda in sostituzione la costruzione con *rimanere*, pur riconoscendole una lettura esclusivamente psicologica: cfr. ivi, p. 109). Ne consegue che il verbo può avere accezione psicologica solo nei tempi composti (con soggetto Esperiente: *Sono colpito della sua ingenuità* / **Mi sono colpito della sua ingenuità*; diversamente, se l'Esperiente è oggetto: *La sua ingenuità mi ha colpito*). Il discrimine tra i due valori di *si* (riflessivo o mediale) può essere determinato composizionalmente o, meno spesso, lessicalmente. Rientrano di norma nella prima eventualità i verbi transitivi (PP1), come ad esempio *tagliarsi*, che si presta ad entrambe le letture («durante un intervento si tagliò con un bisturi sul quale c'era il sangue infetto del paziente che stava operando»: *si* mediale; «Il figlio Marco si tagliò le vene in carcere per il disonore»: *si* riflessivo indiretto). Un verbo come *ferirsi* ha perlopiù *si* mediale, ma non esclude il *si* riflessivo, naturalmente più raro («si è sempre detta innocente sostenendo che il figlioletto si ferì accidentalmente con la siringa»: *si* mediale; «egli si ferì volontariamente al piede con una spina e chiese alla figlia del Sole di trasportarlo sulla schiena sino al villaggio»: *si* riflessivo; esempio da C. Levi-Strauss, *Dal miele alle ceneri*, Milano, Il Saggiatore, 2008, p. 115; gli altri esempi sono estratti dal *corpus* della *Repubblica*). Rientrano invece nella seconda eventualità innanzitutto i verbi psicologici (PP2).

Il sintagma codificato con *di* potrebbe essere ritenuto in particolare, in questi costrutti, un *instrument causer*, che caratterizza costrutti anticausativi nonché altre frasi non agentive (come ad esempio l'inaccusativa *Eva morì di cancro*).[67]

In contesti con predicato verbale passivo, invece, il ruolo svolto dal sintagma-*di* risulta differente, come mostra il confronto tra le due frasi seguenti, costruite con il PP1 *coperto*:[68]

La casa venne coperta dalla neve
La casa venne coperta di neve

Mentre il sintagma-*da* copre il ruolo di Causa (in particolare, di *instrument causer*), il sintagma-*di* svolge la funzione di Strumento (ovvero di *pure instrument*) e in quanto tale implica dipendenza da un Agente, che può infatti trovare espressione tramite il sintagma-*da*:

La casa venne coperta di neve dai ragazzi

La funzione puramente strumentale è infatti propria dei costrutti passivi (e, naturalmente, attivi) ed è incompatibile con i costrutti anticausativi, come mostrano peraltro gli esiti del test con *con* (preposizione tipicamente strumentale):[69]

La casa venne coperta con la neve (costrutto passivo)
Si coprì la casa con la neve (*si* passivante, costrutto passivo)
**La casa si coprì con la neve* (*si* mediale, costrutto anticausativo)

ma

La casa si coprì di neve (*si* mediale, costrutto anticausativo)

[67] La nozione di *instrument causer*, introdotta da Kamp e Rossdeutscher in opposizione a quella di *pure instrument*, è ripresa da ALEXIADOU / SCHÄFER, *Instrument Subjects*, p. 43: «The former are instruments who are conceived as strictly auxiliary to the action of the Agent by whom they are being employed [...]. The latter are instruments which can be conceived as acting on their own, once the Agent has applied or introduced them [...] Only the latter type of instrument can become subject. [...] We follow Kamp & Rossdeutscher in assuming that these instruments, when they are subjects, are Causers». Sull'espressione della causa in costrutti anticausativi (e con verbi inaccusativi) cfr. ALEXIADOU / ANAGNOSTOPOULOU / SCHÄFER, *Properties of anticausatives*, KALLULLI, *Rethinking*, e NEELEMAN / VAN DE KOOT, *Linguistic expression*.

[68] Si esclude qui il test con *meravigliare*, che non ammette l'ausiliare *venire*: cfr. §2.4 e §3.9.

[69] Cfr. anche ALEXIADOU / SCHÄFER, *Instrument Subjects* (KIM, *External Argument*, p. 104 ricorda *die vase zerbrach *mit dem hammer*). Come si può notare dagli esempi che seguono, il costrutto con *si* passivante / impersonale risulta più accettabile se il soggetto è postverbale, probabilmente in ragione della natura inaccusativa del costrutto (cfr. SALVI, *Frase semplice*, pp. 57 e 116-117) e della combinazione tra un verbo morfologicamente attivo e il ruolo semantico Paziente (non Agente) del soggetto.

dove il sintagma-*di* ha appunto, come è stato detto in apertura di paragrafo, valore di *instrument causer*.

In contesto agentivo, dunque ancora non anticausativo, la diversa funzione dei due sintagmi risulta neutralizzata a favore del valore Strumentale:[70]

Il bambino venne coperto di neve / con la neve (costrutto passivo)
Si coprì il bambino di neve / con la neve (*si* passivante, costrutto passivo)
Il bambino si coprì di neve / con la neve (*si* riflessivo, costrutto attivo)

Quanto osservato fin qui per PP1 vale anche per la quasi totalità dei PP2, che selezionano abitualmente *di* (oltre naturalmente a *da*). La maggior parte dei PP2 ha valore eventivo (quando non stativo, riprendendo qui la tripartizione introdotta al §2.5), come conferma peraltro l'agrammaticalità di costrutti con *si* passivante e con *venire* (costrutti pienamente passivi):

Marco si meraviglia della telefonata (*si* mediale, costrutto anticausativo)
**Marco si meraviglia con la telefonata* (*si* mediale, costrutto anticausativo)
**Si meraviglia Marco della telefonata* (*si* passivante, costrutto passivo)
**Si meraviglia Marco con la telefonata* (*si* passivante, costrutto passivo)
**Marco venne meravigliato* (*della* / *con la telefonata*) (costrutto passivo)

PP2 che ammettono anche costrutti con *si* passivante e con *venire* (cioè passivi, che escludono costrutti con *di*) hanno una lettura agentiva:

Marco si spaventò della telefonata (*si* mediale, costrutto anticausativo)
?*Marco si spaventò con la telefonata*[71] (*si* mediale, costrutto anticausativo)
**Si spaventò Marco della telefonata* (*si* passivante, costrutto passivo)
Si spaventò Marco con la telefonata (*si* passivante, costrutto passivo)
Marco venne spaventato con la telefonata (costrutto passivo)[72]

Concludendo, il sintagma-*di* avrebbe il valore di strumento pieno (*pure instrument*) nei costrutti passivi e di causa strumentale (*instrument causer*) nei costrutti anticausativi.

70 Si veda anche il sintagma-*di* in costrutti attivi come *Ti ammazzo di botte* e *Ti mangio di baci*.

71 Il costrutto anticausativo con *con* (*spaventarsi con*) sembrerebbe possibile, ma marginale (cfr. «Ci fummo vicini con la bicamerale e d'Alema ma poi Berlusconi si spaventò con i risultati delle regionali [...]», Alessio Calcagno, *Maggioritario doppio turno*, 28/7/2011, cfr. *Lavoce.info*; «è sempre più difficile trovare un uomo che non si spaventi con me», cfr. *La Repubblica*, 31/7/1988; si veda anche il sintagma *con poco / niente*, che può figurare liberamente accanto a PP1 e PP2: *Questo tavolo si rovina con poco / niente*, *Marco si meraviglia con poco / niente*).

72 È anche grammaticale il costrutto riflessivo, che tuttavia è piuttosto improbabile empiricamente se il soggetto coinvolto è uno solo (*Marco si spaventa con...*); sarebbe invece meno improbabile con un costrutto riflessivo reciproco (*Marco e Anna si spaventano (l'un l'altro) con le maschere*).

Vediamo ora qual è il comportamento dei due sintagmi accompagnati da PP1 o PP2 in presenza del verbo *rimanere*.

3.5 Sintagma-*di* / -*da* + *rimanere*

Diversamente da quanto avviene con *venire*, il sintagma-*di*, in presenza di *rimanere*, non ha valore di *pure instrument* ma di *instrument causer*, con lettura anticausativa sia con PP1 (per i non molti verbi che ammettono argomenti introdotti da *di*: cfr. §3.6), sia con PP2:

> PP1: *La casa rimase coperta di neve*[73]
> = *La casa si coprì di neve* (*si* mediale, costrutto anticausativo)
> ≠ *Si coprì la casa di neve* (*si* passivante, costrutto passivo)
>
> PP2: *Marco rimase sorpreso delle tue parole*
> = *Marco si sorprese delle tue parole* (*si* mediale, costrutto anticausativo)
> ≠ **Si sorprese Marco delle tue parole* (*si* passivante, costrutto passivo)

Si noti che nell'eventualità di un PP1 con soggetto animato, il corrispondente costrutto con *si* assume valore riflessivo: questa frase, caratterizzata da soggetto Agente e dall'assenza della Causa, non può equivalere, dal punto di vista semantico, alla frase con *rimanere*, che mostra invece un'affinità con la frase con *venire* / *essere* (*fu*) nella condivisione del ruolo semantico Paziente del soggetto:

> PP1: *Il bambino rimase coperto di neve*
> ≠ *Il bambino si coprì di neve* (*si* riflessivo, costrutto attivo)
> ≈ *Il bambino fu / venne coperto di neve* (costrutto passivo)[74]

Il sintagma-*da* svolge invece funzione di Causa e ammette una lettura passiva, sia con PP1 sia con PP2:

> PP1: *Ci fu una bufera e la casa rimase coperta dalla neve*
> = *La casa si coprì di neve* (*si* mediale, costrutto anticausativo)
> = *La casa fu / venne coperta dalla neve* (costrutto passivo)
>
> PP2: *Marco rimase sorpreso dalle tue parole*
> = *Marco si sorprese delle tue parole* (*si* mediale, costrutto anticausativo)
> = *Marco fu sorpreso dalle tue parole* (costrutto passivo)

[73] Si noti peraltro che in un contesto di questo tipo, *venire* non sembra la soluzione più adatta: ???*Ci fu una bufera e la casa venne coperta di neve*.

[74] Si tralascia naturalmente il fatto che, diversamente dalle due frasi con *si* e con *fu* / *venne*, la frase con *rimanere* qui commentata potrebbe avere valore non solo eventivo (qui oggetto di discussione) ma anche stativo.

Naturalmente anche i costrutti con il sintagma-*di* consentirebbero di essere parafrasati con costrutti passivi con sintagma-*da*, come avviene in quest'ultimo caso, ma seguire questo procedimento significherebbe venir meno all'ipotesi che la codifica morfolessicale (sintagma-*di* o sintagma-*da*) contribuisca alla determinazione della passività o anticausatività del costrutto.[75]

Si consideri inoltre che la nozione di eventività che caratterizza di solito i PP2 (intesa come 'cambiamento di stato involontario') non esclude affatto una Causa.[76] Con *rimanere*, in particolare, il sintagma-*da* che spesso accompagna i PP2 non può infatti essere interpretato come Agente prototipico ([+intenzionale] [+controllo]), ma può senz'altro ritenersi una Causa. Con *rimanere* i tratti semantici in gioco non sono infatti [+intenzionale] o [+controllo], perché la perifrasi inquadra l'azione entro una cornice causale più ampia.[77] Si prenda ad esempio in considerazione un verbo come *paralizzare*, che ammette la presenza del sintagma-*da* con *venire* e con *rimanere*:

L'intero paese venne paralizzato dalle agitazioni sindacali[78]
L'intero paese rimase paralizzato dalle agitazioni sindacali

Entrambi i contesti sono interpretabili come passivi: in presenza di *venire* si avrà una lettura agentiva (con Agente [+intenzionale][+controllo]), mentre in presenza di *rimanere* questi due tratti non sono posti in rilievo (ma nemmeno esclusi) e la lettura è eventiva.[79] D'altra parte, sono tratti che il corrispettivo costrutto attivo non espliciterebbe se non attraverso il ricorso a una specifica perifrasi verbale:

Le agitazioni sindacali paralizzarono l'intero paese
= *Le agitazioni sindacali riuscirono a paralizzare l'intero paese*

La lettura agentiva ([+intenzionale][+controllo]) delle perifrasi verbali con *venire* è d'altronde solo tendenziale e non si escludono ovviamente letture non agentive:

L'economia del paese venne paralizzata dalla guerra

[75] Il sintagma-*da* è invece incompatibile, com'è noto, con il costrutto con *si* (cfr. BENTLEY, *Split intransitivity*, pp. 164-169; il costrutto è invece possibile nell'italiano antico: cfr. BENTLEY, *Split intransitivity*, p. 167, GIACALONE RAMAT / SANSÒ, *From passive to impersonal*, pp. 196-199, SALVI, *Realizzazione sintattica*, pp. 151-152; cfr. §3.2 e n. 56).

[76] Se è vero che i PP2 sono verbi a lettura abitualmente eventiva, non è escluso che alcuni di questi (come *meravigliare* e *sorprendere*, oltre a *stupire*) non possano avere una lettura anche di questo tipo, come avviene correntemente con *spaventare* (si tengano d'altra parte presenti costrutti attivi come «il tedesco Hackl / che viaggia verso i quaranta e vuole stupire», Tg3 Sport, esempio tratto da *LIT*, e la possibilità di costrutti causativi: *ti sorprenderò / meraviglierò* ecc.).

[77] Secondo FOLLI / HARLEY, *Teleology and animacy*, «Causers (again which may be animate or inanimate) may trigger the initiation of an event, but do not exercise control over its unfolding, due to their teleological incapability»: cfr. ivi p. 200. Cfr. § 3.2 e n. 51.

[78] Esempio tratto dalla *Repubblica*.

[79] Si vedano gli esempi citati al §3.2.

= *L'economia del paese finì paralizzata dalla guerra*

In assenza di una Causa, *venire* continuerà a dar luogo a costrutti con lettura passiva:[80]

L'intero paese venne paralizzato (per via delle agitazioni sindacali)
**L'uomo venne paralizzato (in seguito all'incidente)*

Diversamente, con *rimanere*, nell'eventualità di una Causa non espressa o espressa diversamente che dal sintagma-*da*, la lettura più che passiva è anticausativa:

L'intero paese rimase paralizzato
L'uomo rimase paralizzato in seguito all'incidente

Il costrutto formato da *rimanere* + sintagma-*di* / -*da* mostra però compatibilità differenti a seconda dei PP1 e PP2. Soffermiamoci per un momento su questo aspetto.

3.6 Sintagma-*di* / -*da* + PP1/PP2

Il sintagma-*di* risulta possibile solo con PP1 di alcuni verbi (ad es., *coprire*, *macchiare*, *riempire*) e non anche di altri (ad es. *colpire*, *schiacciare*, *uccidere*): si direbbe, solo con i PP1 di quei verbi che consentono a questo sintagma di figurare come argomento con valore di *instrument causer*. Con i PP1 degli altri verbi è ammesso solo il sintagma-*da* che, stando a quanto detto fin qui (ma cfr. oltre §6.3), suggerirà una lettura passiva del costrutto con *rimanere*.

Meno netto appare invece il panorama relativo ai PP2, con i quali i diversi costrutti illustrati finora (con *si*, con *rimanere*, con *venire*) mostrano compatibilità diverse con i due sintagmi (d'ora in poi abbreviati eventualmente s-*di* e s-*da*).

A questo proposito, per valutare l'effettiva distribuzione dei vari costrutti, è parso opportuno compiere un sondaggio, di cui si dà conto sinteticamente nel prospetto che segue:[81]

80 O eventualmente risultativa (certa solo nei tempi composti: *Il ciambellone è venuto bruciato*; di contro a *Il ciambellone venne bruciato*, frase a lettura passiva o risultativa).

81 Il sondaggio è stato condotto sui due *corpora* di testi di prosa contemporanea (giornalistica e letteraria) della *Repubblica* e del *Primo tesoro* (cfr. documentazione §1). Questo il significato dei simboli usati nella tabella: * = nessuna attestazione (o attestazioni con accezioni particolari, come ad es. *venire confuso* / *interessato*); √ = attestazioni correnti; (√) = attestazioni rare o marginali; ** = nessuna attestazione del costrutto con il sintagma-*di*/-*da*, ma solo senza; A = agentivo, E = eventivo, S = stativo; [±*si*] + s-*di* = costrutti formati da verbo [±*si*] seguito da sintagma-*di*; R + s-*di* = costrutti con *rimanere* e sintagma-*di*; R + s-*da* = costrutti con *rimanere* e sintagma-*da*; V = costrutti con *venire*.

	PP2	[±*si*] + s-*di*	*R* + s-*di*	*R* + s-*da*	*V*	Valore
A	*spaventare*	√	*	√	√	A/E/S
	irritare	√	*	√	√	A/E
B	*stupire*	√	√	√	(√)	(A)/E
	sorprendere	√	√	√	(√)	(A)/E
C	*disgustare*	√	*	√	*	E/S
	divertire	√	**	√	*	E/S
D	*seccare*	√	*	*	(√)	(A)/S
	nauseare	√	*	*	*	S
	interessare	√	**	*	*	S
	preoccupare	√	*	*	*	S
	annoiare	√	**	*	*	S
E	*confondere*	*	*	√	*	E
	colpire	*	(√)	√	*	E
	attrarre	*	**	√	*	E

I verbi sono stati ripartiti in più gruppi (da A a E) in base alle loro diverse caratteristiche sintattiche.

Si va da gruppi di verbi (A e B) che ammettono impieghi anche agentivi (oltre che eventualmente eventivi e stativi: si vedano A, E, S nella colonna di destra), a un gruppo con valori eventivi e stativi (C) o solo stativi (D), per finire con costrutti dal valore eventivo (E).

Il quadro presenta naturalmente, specie per alcuni verbi, margini di oscillazione, specie nella zona intermedia (B, C, D) e bassa (E), dove, a parte verbi che tendono a non ricorrere senza sintagma-*di*/-*da* (*annoiare*, *attrarre*, *divertire*, *interessare* e *nauseare*), compaiono verbi con possibili usi agentivi (*stupire*, *sorprendere*, *seccare*) e verbi che non sono compatibili con il sintagma-*di* ([±*si*] come *confondere* oppure [-*si*] come *attrarre* e *colpire*).[82] Due verbi adombrano poi comportamenti eventivi: *colpire* (come mostra la combinabilità con *rimanere*, anche in combinzione, rarissima, con il sintagma-*di*) e *divertire* (per il quale è possibile individuare, sia pure fuori del nostro *corpus*, abbinamenti con i costrutti formati da *si* + s-*di* e da *rimanere* + s-*da*).[83]

[82] Con *attrarre* e *colpire* (di cui BENTLEY, *Split Intransitivity*, pp. 108-109, notando l'accezione psicologica e fisica, descrive alcune particolarità sintattiche, sulle quali cfr. §2.4 e n. 35 §3.4 e n. 66 e §4.2 n. 118) sono possibili alcuni usi traslati, ma non propriamente psicologici (con *attrarre*: «La sua attenzione venne attratta, in particolare, da alcuni depositi ultramiliardari», «Fu nel 1839 che con Adele-Jauna il nostro venne attratto da un'aristocratica in un Cercle di amori segreti»; con *colpire*: «Conducendo quel sondaggio, Tullio-Altan venne colpito da una massa di risposte», «Sospettato di collaborazionismo nel 1945 venne colpito da un mandato di cattura»).

[83] Alcuni esempi dei due costrutti si estraggono interrogando Google Libri. *Si* + *divertire* + s-*di*: «Nasses, che si divertiva di tutte queste manovre, le permise [...]», M. A. Del Boccio, *Tutti i piaceri dell'intelletto. Antologia di testi libertini francesi del XVIII secolo*, Bari, Dedalo, 2012; «E si divertiva di questa pretesa di fissare un'ora [...]», G. Leroux, *Il mistero della camera*

3.6.1 Verbi stativi

Con il PP2 [+*si*] di un verbo stativo come *preoccupare* la lettura eventiva appare improbabile o perlomeno rara con *rimanere* e del tutto agrammaticale con *venire*. I pochi esempi che si estraggono dal *corpus* riguardano *rimanere* e il valore del costrutto è sempre stativo-durativo:[84]

> «L'Ente Fs, comunque, rimane preoccupato per l'"effetto annuncio"»
> «Il presidente Cee ha ribadito comunque di "rimanere preoccupato"»
> «Il mercato rimane preoccupato per il dibattito sulla finanziaria»

Diversamente, il costrutto anticausativo con *si* rimane possibile (con argomento esterno introdotto da *di*). Avremo dunque:

> ???*Marta rimase preoccupata (delle tue parole) / (dalle tue parole)*
> => *Marta si preoccupò (delle tue parole) / (*dalle tue parole)*
> => ???*Marta fu preoccupata (delle tue parole) / (dalle tue parole)*
> => **Marta venne preoccupata (delle tue parole) / (dalle tue parole)*

Anche con *essere* compaiono forti restrizioni sui tempi verbali eventivi (non compaiono esempi di passato remoto di *essere* + participio) e i non molti casi di ausiliare composto, quando non sono determinati da circostanze temporali al passato,[85] sono accompagnati da avverbi che ne sottolineano la duratività:

> «I cancellieri, cristiano-democratici o socialdemocratici, sono sempre stati preoccupati anche di un impiego autonomo dei missili»
> «D'altronde noi siamo sempre stati preoccupati per le scissioni del Psi»
> «Sono stata preoccupata fino all'ultimo»

gialla, Roma, Newton Compton, 2012; «Quasi quasi si divertiva di questa sua lotta contro il peso eccessivo delle canne», D. B. Y. Cohen, *Uri e Sami*, Firenze, Giunti, 2010. *Rimanere* + *divertito* + s-*da*: «Leo era rimasto divertito dal fatto che il tizio trattasse quell'arnese come un organismo vivente», A. Piperno, *Persecuzione*, Milano, Mondadori, 2010; «Gianfranco era rimasto divertito da quella frase», A. Amoruso, *Rue Amor. Il tempo della mail*, Trento, Forme Libere, 2011; «Era rimasto divertito da quell'atteggiamento», M. Dezzi, *L'occhio di Roxane*, Vimodrone, Ipoc, 2010.

84 Esempi estratti dalla ricerca della combinazione *riman** / *rimas** + *preoccupat** nel *corpus* della *Repubblica*.

85 Come alcuni contesti ipotetico-condizionali al passato: «Ma se Claudio fosse stato preoccupato per qualcosa [...]»; «Ma io ho detto che sarei stato preoccupato se fossi stato il padre di qualsiasi calciatore»; «Quanto alla notizia riportata ieri dalla stampa di un possibile forfait di Blair, che sarebbe stato preoccupato di incontrare a Milano il ministro [...]»; «dichiara che "se fosse stato preoccupato di lasciare il Tesoro" nelle sue mani "non sarebbe mai andato via"».

La caratteristica del verbo sembrerebbe quella di escludere il tratto tipicamente agentivo [+intenzionalità]. La Causa è espressa abitualmente con *per* o *di*:[86]

> «Anche il segretario repubblicano è preoccupato per la stabilità democratica»
> «Il sindacato vuole al vertice della nuova azienda Fs un manager ed è preoccupato delle voci che circolano»

Eppure il costrutto con *da* non è affatto peregrino; si consideri del resto che il verbo può avere un uso transitivo e causativo («mi preoccupi» 'mi fai preoccupare'):[87]

> «Si va da un amico, non ti parla che della revolverata toccata a Gambetta; si tratta con qualcuno d'affari ed il vostro cliente è preoccupato dalle revolverate e da Gambetta; si va dal calzolaio e lui non vi parla che di Gambetta e qui meno male», «Da alcuni istanti io ero fortemente preoccupato da una sola persona: quel noioso Copler» (I. Svevo, *La coscienza di Zeno*; fonte: *BIZ*)
> «Israele è preoccupato dal ritiro dal Libano», «Siclari, inoltre, è preoccupato dall'abitudine di molti ministri che [...]», «L'opposizione è preoccupata dall'incognita Le Pen», «La Jugoslavia [...] è preoccupata dal dibattito tra i governi occidentali», «Bush è preoccupato dalla possibilità che si diffonda un senso d'allarme»

Parallelamente, può aversi, sia pure in modo occasionale, l'uso del sintagma-*da* nel costrutto con *rimanere*:

> «La famiglia cristiana rimase preoccupata da queste formali dichiarazioni per circa settanta anni» (E. Renan, *Vita di Gesù*, Roma, Newton Compton Editori, 2012)
> «Drumont Simonini era rimasto preoccupato da quel colloquio» (U. Eco, *Il cimitero di Praga*, Milano, Bompiani, 2010)

Si tratta di contesti a lettura ancora stativa (benché, nell'ultimo esempio, la duratività non traspaia chiaramente).

Comportamento analogo mostra il PP2 [-*si*] *allibito*, che può essere dal sintagma-*da*, anche con *rimanere* (nel secondo esempio, in coordinazione con *preoccupato*):

> «restò lì allibito dal gorgogliare strano di quella tosse» (Fucini, *Le veglie di Neri*; fonte: *BIZ*)

[86] Cfr. BENTLEY, *Split Intransitivity*, p. 107: «Being an effector, this argument tends to be encoded as the non-macrorole adjunct of a resultative construction, rather than as the canonical *da*-actor of a passive: *Livia è preoccupata *da / per gli esami*».

[87] Cfr. ad es.: «Una decisione che non preoccupò la Nato», «l'Europa tornerebbe allo stesso livello di vulnerabilità militare e politica che preoccupò il cancelliere Schmidt negli anni '70», «dopo aver creato Umberto D., il mite pensionato che preoccupò molto i governanti dell'epoca per la sua presunta carica eversiva [...]» (cfr. *corpus* della *Repubblica*). Su valori eventivi e non stativi di *preoccupare* cfr. GEHRKE / SÁNCHEZ MARCO, *Pasivas psicológicas*. Diversamente, SALVI, *Frase semplice*, p. 70, analizza il predicato di una frase come *Giorgio è affascinato dalle corse dei cavalli* non come passivo ma come formato da *essere* + aggettivo.

«siamo rimasti tutti allibiti e preoccupati dalla sentenza» (dichiarazione dell'on. Maurizio Lupi, TG1, 20/6/2013, ore 20)
«Anche i vicepresidenti del Milan sono rimasti allibiti dalla decisione di Farina», «C'è da rimanere allibiti da tutta questa vicenda», «Siamo rimasti allibiti da quanto successo», «L'incontro con Pasolini avviene nel segno della musica: "Rimasi allibita dall'*Accattone* dal punto di vista musicale: mi colpì la sincronizzazione della musica di Bach con le immagini"»

È interessante però notare che nei dizionari la transitività di *allibire* non è altrettanto pacifica come quella di *preoccupare*: è segnalata dal *GDU* ('stupire', 'sconcertare': *li ho allibiti con le mie affermazioni*), ma non da altri vocabolari (*T*, *Z* 2015). Potrebbe dunque trattarsi di un fenomeno di transitivizzazione ancora *in fieri*, cosa che induce a chiedersi se non sia possibile che la codificazione della Causa con il sintagma-*da* in funzione di argomento del PP2, del tutto corrente con questi verbi nelle frasi assolute («Craxi l'ha chiamato in mattinata a via del Corso, allibito dai titoli dei giornali») e nelle frasi a morfologia passiva (*rimasto* + *allibito*) non sospinga, in analogia con gli altri costrutti con sintagma-*da* e PP1 / PP2 transitivi, verso un impiego attivo del verbo.

Il sintagma-*da*, se anche considerato argomento del PP (Causa), assumerebbe in costrutti a morfologia passiva (*rimanere* + PP2) un ruolo indistinto tra argomento del PP e argomento del verbo, mentre ciò non accadrebbe nel corrispondente costrutto attivo, dove il sintagma svolge il ruolo predicativo di soggetto (con valore di Causa, poi, segnando un passo ulteriore, anche di agente, come nell'esempio citato dal *GDU*). Ricapitolando: *allib(b)ire* (intrans.) + Causa complemento di PP (con *di*, *per*, *da*) → *rimanere allibito* (intrans.) + Causa complemento di PP (con *per* e *di*) / Causa complemento di PP oppure argomento del verbo (con *da*) → Causa (soggetto) + *allibire* (trans.).

3.7 *Ne* + *rimanere*

Un'altra soluzione possibile sia con PP1 sia con PP2 è rappresentata dall'espressione della Causa tramite il pronome *ne*.
La presenza di predicati formati da *rimanere* (oppure *diventare*, *sentirsi*) + PP2 rappresenta la condizione ideale perché si abbia *ne* con valore causale: [88]

Ho visto una sola volta quel quadro, ma ne sono rimasto molto colpito
Avendo sentito il discorso di Mario, ne sono rimasto offeso
Quando lo zio riceverà la lettera, ne sarà commosso[89]

[88] Come si constata scorrendo le 146 occorrenze di *ne* + *rimas** estraibili dalla ricerca nel *corpus* della *Repubblica*, i PP2 ricorrono effettivamente in stragrande maggioranza.

[89] Cfr. CORDIN, *Il clitico* ne, pp. 648-649. Su *ne* '*da* + N' cfr. anche BENTLEY, *Split intransitivity*, pp. 319-320. Cfr. inoltre: «Diedi un tale pugno ad un giornalista dell'Associated Press, certo George Brian, che quello ne rimase stordito», «Solo Mozart, alla fine della sua vita, si rese conto della vera grandezza di Bach e ne rimase profondamente influenzato», «Ai veneziani

Ne è la pronominalizzazione del sintagma equivalente a una Causa ovvero a un *instrument causer* selezionato dal PP2: per PP2 [+*si*] corrisponderà al sintagma-*di* o al sintagma-*da*, per PP2 [-*si*] solo al sintagma-*da* (cfr. §2.4). In questa eventualità, possono aversi PP2 transitivi come *attratto* e *confuso*:

> «Eppure il Duce ne rimase attratto» (G. Pansa, *La guerra sporca dei partigiani e dei fascisti*, Milano, Rizzoli, 2012; dove *ne* rimanda a un sintagma [+animato])
> «[...] ripetè Sc'vèik con un tono cosi dolce che Slàvik ne rimase confuso» (J. Hăsek, *Il buon soldato Sc'vèik*, Milano, Feltrinelli, 2003)

ma anche PP2 intransitivi / transitivi correntemente stativi come i citati *preoccupato* e *allibito*:

> *preoccupato*: «L'agente lo lesse e ne rimase preoccupato» (A. Rosselli, *Memorie*, Bologna, Il Mulino, 2001, p. 171), «Ma anche sul Diotallevi, come sul Balducci, si erano addensati sinistri sospetti e pesanti insinuazioni di natura morale tanto che lo Spada ne rimase preoccupato» (L. Pisanu, *I frati minori di Sardegna dal 1900 al 1925*, Cagliari, Edizioni della Torre, 1995, p. 172)
> *allibito*: «L'avevo risentito più volte nelle scorse settimane per il caso Sofri, ricorda Boato[,] ne era rimasto allibito» (*Repubblica*), «Quando nel 1961 ho vinto il Premio Strega con *Ferito a morte*, il mio superiore Rai ne rimase allibito» (G. Mughini, *In una città atta agli eroi e ai suicidi: Trieste e il "caso Svevo"*, Milano, Bompiani, 2011)

Possibile, ma decisamente raro, *ne* in costrutti participiali con *rimanere*:

> «guarda in tv l'esibizione di Elvis Presley all'Ed Sullivan Show e, rimastone impressionato, implora i genitori di comprargli una chitarra» (a cura di L. Colombati, *Bruce Springsteen. Come un killer sotto il sole*, Alpha Test, Milano, 2011, p. 607)[90]

Quando il verbo non è psicologico, il valore di *ne* non è Causale (ma cfr. poco oltre) ma partitivo dell'oggetto diretto, come bene esemplifica il confronto tra frasi contenenti le due diverse accezioni di *ferire*:

> PP2: «Un grande critico, che poi mi ha onorato della sua approvazione, lo definì "pernicioso". Avevo 35 anni, e ne rimasi profondamente ferito».
> PP1: «Nella ressa morirono nove persone e ne rimasero ferite ottanta»

queste maschere piacevano moltissimo; J. Caspar Goethe (padre di Wolfgang) ne rimase invece disgustato» (*Repubblica*).

90 Non si hanno esempi di *rimastone* + PP nel *corpus* della *Repubblica*. Con altre parti del discorso al posto del PP abbiamo ad esempio: «L'opera fu volontariamente danneggiata dallo scultore che, rimastone insoddisfatto, spezzò con una martellata il braccio sinistro del Redentore» (E. Crispino, *Michelangelo*, Firenze, Giunti, 2001, p. 116).

Questi valori ricorrono anche quando *ne* compare in posizione enclitica al participio (eventualità molto rara):

> «Il quale [scil. Paese invaso], una volta sconfittone il barbaro paganesimo, seppe poi valersi delle loro innegabili doti» (*Quei nostri amici Vichinghi*, *Stampa* 6/4/1992)[91]

Anche se non frequentemente, è però possibile ritrovare usi di *ne* causale anche con PP1,[92] forse retaggio di un uso dei secoli precedenti (cfr. §7.2.3), sia in verbi all'attivo:

> «lei ruppe un bicchiere, e ostentatamente se ne ferì il braccio» (D. Galateria, *Il valzer del diavolo*, *Repubblica*, 29 giugno 1993)

sia in frasi al participio:

> «Il canotto, che attraversava obliquamente la cresta dell'onda, colpitone all'improvviso, sbandò violentemente» (J. London, *I grandi romanzi e i racconti*, *– Il lupo dei mari*, cap. XXVII, Roma, Newton Compton, 2012; contesto estratto tramite Google Libri)
> «il consulente di parte, dott. Giacomo Dardi, ha dimostrato come in tale tipo di patologia i tempi per l'intervento utile a salvare la vita e l'integrità neurologica del soggetto colpitone, sono assai ristretti» (Nota d'udienza, firmata il 2/10/2002 dell'avv. Tiziano Esperanto, in F. Ruggieri, *L'omicidio. Questioni processuali*, Giuffrè Editore, 2007, p. 139)

eventualmente anche con *rimanere*:

> «la piccola figura umana sotto il basamento di una colonna ricorda un operaio rimastone schiacciato» (L. Senna, *Provenza e Costa Azzurra*, Guide Verdi Europa, Milano, Touring Club Editore, 2002, p. 152)

3.8 *Ne + venire / essere*

Il valore causale di *ne*, caratteristico della perifrasi con *rimanere*, risulta possibile anche con gli ausiliari *venire* ed *essere*. Con *venire* – con il quale il clitico ha per il resto valore

[91] Se l'argomento soggetto è pronominalizzato dal riflessivo *si*, ovvero quando è presente il gruppo *-sene*, il valore di *ne* sarà dunque Causa; altrimenti sarà partitivo. Si confrontino: *Spaventatone il re,...* (PP1 trans.; *il re*: oggetto diretto; *ne*: partitivo) / *Spaventatosene, il re...* (PP2 intrans.; *il re*: sogg.; *si* rifl.; *ne*: arg. causale) / **Spaventatone, il re ...* (PP2 intrans; *il re*: sogg; *ne*: arg. causale) / *Rimastone spaventato, il re...* (PP2 intrans; *il re*: sogg; *ne*: arg. causale). Con i verbi intransitivi *ne* può assumere valore argomentale (locativo: *Partitone, ...*) o partitivo (*Partitine molti...*). Su *ne* nei costrutti participiali dipendenti cfr. LOPORCARO, *The Unaccusative Hypothesis*, pp. 208-209, 236-241, 244.

[92] In generale, l'antecedente della causa espressa da *ne* può essere ricondotto a un sintagma formato da *da* + nome: cfr. CORDIN, *Il clitico* ne, pp. 648-649 (dove si riportano solo esempi con verbi psicologici).

soprattutto partitivo («dieci ne vennero eletti») e locativo (più o meno figurato: «ne venne prontamente tolto [*scil.* dalla lista]», «ne venne scacciata [*scil.* dalla farmacia]») – il costrutto ricorre con PP1 e implica il più delle volte una Causa:[93]

> «Di una mina italiana porta un segno lungo, cicatrizzato, sull'avambraccio destro e, in memoria, il ricordo dei suoi due cuginetti che ne vennero maciullati accanto a lui», «Il match ne venne falsato [*scil.* dall'espulsione di un giocatore]», «Pollastrini fu fra i dirigenti comunisti più apertamente schierati a supporto delle inchieste del pool Mani pulite, ma ne venne coinvolta nel settembre '93, a causa di una chiamata di correo [...]», «Per opera di Craxi il Psi divenne un partito socialista di cultura europea e occidentale e di democrazia liberale. La democrazia italiana ne venne rafforzata»[94]

Eventualmente, si può avere PP1 in accezione traslata, analoga a un PP2, o anche letterale (come nel secondo esempio citato, attinto fuori del nostro *corpus*):

> «Io stesso, da ragazzo, ne venni catturato [*scil.* da una teoria]»
> «il peschereccio "Andrea Gail", destinato alla cattura del pesce spada, si trovò al centro della tempesta del secolo e ne venne travolto» (*Repubblica*, 4/8/2006)

Più raramente, *ne* implica non una Causa ma un Agente prototipico, anche se con PP2 o PP1 in accezione traslata il tratto [+intenzionale] (agentivo) rimane piuttosto dubbio:

> PP1: «giocò con il Brasile e ne venne pure sconfitta», «Come ebbe raggiunto l'arbitro per stringergli la mano, ne venne addirittura abbracciato»
> PP2 / PP1 (trasl.): «Perfino Charlie Chaplin, nel '34, ne venne sedotto», «Il burbero [...] ne venne fulminato [*scil.* da Maria Luigia Redoli]»

Come si può notare, in questo tipo di contesti l'ausiliare potrebbe essere spesso sostituito da *rimanere* e più in generale da *essere*, che con *ne* causale è possibile senza particolari condizionamenti contestuali. Limitando l'esemplificazione a quattro contesti con *essere* e *ne* causale:

> PP2: «La stampa anglosassone non esitò a bollare la prima donna chiamata in Francia ad assumere la guida di un governo come "la Pompadour di Mitterrand", alludendo alla favorita di Luigi XV. Lei ne fu ferita, ma non lo mostrò»
> PP1 (trasl.): «Fondò uno Stato autoritario che come ogni leninismo slavo si illuse di usare il nazionalismo, convertendolo ai propri obiettivi: invece ne fu divorato»

[93] Gli esempi sono ricavati dall'interrogazione della combinazione di *ne* + *venn** nel *corpus* della *Repubblica* (159 occorrenze complessive).

[94] Si osservi che dei quattro predicati citati negli esempi, due in particolare (*rimanere* + *falsato* / *rafforzata*) possono prestarsi a una lettura risultativa. Questa eventualità sembra correlata alle proprietà di *ne*: [+causale] con *rafforzata* e *falsato* e [+agentivo] con *maciullati* e *coinvolta*.

PP1: «La trovò nell'opposizione – cito lo splendido libro della storica Linda Colley – al nemico francese e all'eresia papista. Non solo la tavola ne fu condizionata, ma il costume e lo sport», «Al punto che il poeta che era in lui ne fu oscurato».

3.9 *Venire* + PP2

Come è stato accennato in precedenza (cfr. §2.4), l'ausiliare *venire* non mostra compatibilità con i PP2 (cfr. ad es.: **Marta venne meravigliata dalle tue parole*).[95] Prendendo ad esempio un verbo come *colpire*, passibile di figurare come PP1 e PP2, avremmo:

PP1: *Maria è stata colpita da Marco / Maria venne colpita da Marco*
PP2: *Maria è rimasta colpita da Marco / *Maria venne colpita da Marco*
(*da Marco* 'dalla sua bellezza', 'dalla sua reazione', ecc.)

A fronte di un costrutto passivo in cui un'accezione letterale del PP è ammessa (PP1), abbiamo un costrutto (PP2) in cui il PP avrà necessariamente interpretazione psicologica: in presenza di *rimanere*, infatti, il PP non è compatibile con un Agente prototipico, ma solo con una Causa, come testimonia la lettura necessariamente traslata dell'argomento.

Analogamente, quando il verbo *sorprendere* non ha l'accezione di 'meravigliarsi' (PP2) ma quella di 'colpire, cogliere all'improvviso' (transitivo, PP1), il passivo con *venire* risulta perfettamente grammaticale:

> «uno dei due capi di questa guerriglia, Ivan Marino Ospina, venne sorpreso dai militari in una casa di Cali e assassinato senza misericordia», «emerge come già stessero pensando di desistere dall'impresa quando vennero sorpresi dalla polizia», «in contrada Lenzi, dove Rostagno venne sorpreso dai suoi assassini», «Il gruppo, diviso in tre cordate, venne sorpreso dalla valanga mentre si trovava sulla via del ritorno» [...][96]

Il costrutto formato da *venire* + PP2 è dunque decisamente marginale. Nei rari casi in cui il costrutto è possibile, la lettura del PP2 è agentiva. Così avviene ad esempio con un verbo come *spaventare*, notoriamente eventivo o agentivo:

[95] Cfr., da ultimo, GEHRKE / SÁNCHEZ MARCO, *Pasivas psicológicas*.

[96] Con l'accezione di 'meravigliarsi' il costrutto è perlomeno marginale: tra le decine di esempi con accezione 'colpire, cogliere di sorpresa' (alcuni dei quali riportati a testo) solo una sembra l'occorrenza del verbo con accezione 'meravigliarsi': «All'inizio del mio lavoro vennero sorpresi dal fatto che, di mattina presto, andavo in giro per le strade». Una certa ambiguità si ha invece in questo contesto: «Mi premeva però stabilire preliminarmente il perché l'attuale schieramento di centro-destra venga sorpreso dalla nostra pubblicistica in carenza di cultura e di strategia moderata».

«I genitori o vengono spaventati dalle difficoltà o gli si prospetta un panorama ben lontano dalla realtà», «se le richieste di pensione aumentano è perché le persone vengono spaventate»

e con alcuni verbi abitualmente eventivi (in un caso con argomento [+umano]): [97]

irritare: «Anzi, è una tale girandola di scelleratezze sceniche che, probabilmente, ne vengono irritati nell'immobilità eterna anche ser Giovanni Fiorentino e Richard Robinson, che a Shakespeare fornirono i due spunti principali della trama», «Egli non può permettere, in guerra, segni di dissenso al vertice, e meno ancora può consentire che vengano irritati quegli israeliani tenuti a freno grazie alle batterie di Patriot», «Veratrima per i più paurosi, che non amano star soli, mordono se vengono irritati e hanno una gran sete di acqua fresca»
seccare: «molti altri locali aperti e non sorvegliati (così i custodi non vengono seccati dagli importuni visitatori)»
sorprendere: «L'anno scorso, quando pensavano che dovessi andarmene, non mi salutavano quasi più. Adesso hanno ripreso. Sono fatti così. All'inizio del mio lavoro vennero sorpresi dal fatto che, di mattina presto, andavo in giro per le strade. Prima mi fecero capire che non era cosa degna di un sovrintendente»
stupire: «È lui che impresta gli occhi alle cose senza pretendere di cambiarle e senza aspettarsi di venirne stupito»

Significativamente, richiamandoci al prospetto in §3.6, il costrutto con *venire* è attestato, sia pure eccezionalmente e in gradi diversi di ricorrenza, con verbi del gruppo A (e parzialmente B e D), altrimenti compatibili con *rimanere* + *da*. *Venire*, ausiliare perfettamente compatibile con i PP di tutti i verbi, durativi (*amare*) e non durativi (*incontrare*), si rivela dunque possibile con alcuni PP2 in accezione agentiva. La constatazione che l'ausiliare si combina pacificamente con i verbi psicologici di I classe (con esperiente soggetto: *amare*, *ammirare*, *odiare*, ecc.) induce a ritenere che la bassa compatibilità di *venire* con PP2 sia determinata dalla natura intransitiva / transitiva pronominale del verbo, in considerazione del fatto che i verbi [+*si*] non indicano uno stadio necessariamente finale e sottolineano non il processo ma il risultato del cambiamento.[98]

Osservati da questo punto di vista, i due ausiliari *rimanere* e *venire* presentano caratteristiche in certa misura complementari. Schematizzando, all'interno di un predicato con PP indicante cambiamento di stato, *venire* sottolinea l'esistenza di un punto finale dello svolgimento dell'azione e tende a non ammettere quantificatori (*molto*), mentre *rimanere* evidenzia il punto d'attacco di un cambiamento di stato: significativamente, il primo si combina con verbi telici e contesti fortemente agentivi,

[97] Agli esempi citati a testo e tratti dalla *Repubblica*, si aggiunga «Il torrione venne disprezzato» (*Stampa*, Genova, 17/03/1999).

[98] Cfr. JEZEK, *Classi verbali*, pp. 304-306, e JEZEK, *Inaccusativité*. Per una schematizzazione delle diverse accezioni temporali espresse dagli ausiliari del passivo cfr. BERTUCCELLI PAPI, *Studi*, pp. 82-83.

mentre il secondo trova nella non-telicità e nell'anticausatività le condizioni ideali di ricorrenza.

3.10 *Lasciare* + PP

Un test utile per comprendere la natura della perifrasi con *rimanere* può rintracciarsi nella reversibilità o irreversibilità del costrutto *lasciare* + PP1 / PP2 (con valore eventivo), sintatticamente speculare al primo (per l'inversione di ruolo semantico tra i due argomenti del predicato) ma equivalente dal punto di vista semantico (per via della sua agentività "debole").[99]

Con PP2 (agentivi e eventivi) il costrutto risulta sempre reversibile:

> PP2: *Il direttore è rimasto sorpreso delle / dalle tue parole*
> → *Le tue parole hanno sorpreso il direttore*
> → *Le tue parole hanno lasciato sorpreso il direttore*

Con PP1 gli esiti cambiano in relazione alla (in)transitività del verbo. Passiamo in rassegna le diverse possibilità.

PP1 transitivo ([-*si*]):

> *L'uomo è rimasto colpito / ucciso da un proiettile vagante*
> → *Un proiettile ha colpito / ucciso l'uomo*
> → **Un proiettile ha lasciato colpito / ucciso l'uomo*

[99] Per continuità con la terminologia usata fin qui, si preferisce richiamare l'opposizione *agentivo / eventivo* per indicare quello che in alcuni studi specifici è chiamato *grado forte* (per il solo *fare*) e *grado debole* (per *lasciare* e anche per *fare*) della forza causativa dei due costrutti: cfr. SIMONE, *Costruzione causativa*, p. 192, dove si specifica fra l'altro che la costruzione causativa «serve per far risaltare il fatto che la propria [*scil.* dell'Esecutore, corrispondente, nel costrutto con *rimanere*, al soggetto] responsabilità nell'evento è relativamente scarsa» (p. 192). Il costrutto *lasciare* + PP con valore eventivo condivide con il costrutto causativo *lasciare* + infinito l'identificazione del soggetto del verbo di modo implicito con l'oggetto del verbo flesso (si confronti, in inglese, la costruzione causativa *let* + infinito e la costruzione predicativa *leave* + PP). Questa struttura della frase è tuttavia solo una delle quattro possibili dei costrutti causativi, che potrebbero essere distinti a seconda della morfologia (attiva e passiva) e della sintassi (attiva o passiva). Frasi come *L'ho lasciato uccidere* (morfologia attiva) e *L'uomo è stato lasciato uccidere* (morfologia passiva) ammettono infatti due diverse letture a seconda dell'interpretazione coreferenziale o non coreferenziale dei soggetti del verbo *lasciare* e del verbo *uccidere*. Dunque: *L'ho lasciato uccidere* = *Ho lasciato che lui uccidesse* (lettura attiva) oppure = *Ho lasciato che uccidessero lui / che lui fosse ucciso* (lettura passiva). Similmente, *L'uomo è stato lasciato uccidere* = *È stato lasciato che l'uomo uccidesse* (lettura attiva) oppure *È stato lasciato che uccidessero l'uomo / che l'uomo fosse ucciso* (lettura passiva). A differenza di *lasciare* + infinito, *lasciare* + PP ammette solo verbi transitivi e non anche verbi intransitivi.

PP1 intransitivo pronominale ([±*si*]):

Il presidente è rimasto paralizzato ???*da / a causa di un ictus*
→ ???*Un ictus ha paralizzato il presidente*
→ ???*Un ictus ha lasciato paralizzato il presidente*

Se però il verbo ha accezione traslata, si comporta come un PP2:

Il paese è rimasto paralizzato dallo / a causa dello sciopero
→ *Lo sciopero ha paralizzato il paese*
→ *Lo sciopero ha lasciato paralizzato il paese*

PP1 intransitivo pronominale [+*si*]:

*Il giocatore è rimasto infortunato *da / in uno scontro*
→ **Uno scontro l'ha infortunato*
→ ???*Uno scontro l'ha lasciato infortunato*

Come emerge da un sondaggio più ampio, mentre i PP2 si mostrano perfettamente compatibili con il costrutto con *lasciare*, altrettanto non avviene con i PP1.[100] Osserviamo dunque alcune differenze.

[100] L'indagine è stata condotta sul *corpus* della *Repubblica*, da cui sono stati estratti 116 contesti della combinazione *lasciato* + *-ato*. Tralasciando PP aggettivali negativi (*immutato*, *inalterato*, *intentato*, *invariato* ecc., su cui cfr. §5.4), si riportano qui di seguito i contesti con PP2 (i contesti con PP1 sono commentati a testo): «Persone a lui molto vicine riferiscono che l'affare Montedison-Bonomi lo abbia lasciato irritato, deluso, dispiaciuto», «I concerti di Vivaldi, eseguiti dai Virtuosi di Roma con una maestria che lo ha lasciato incantato», «i 40 anni di guerra che hanno lasciato prostrato il paese», «La spia perfetta mi ha lasciato svuotato», «Questo per grandi linee è la riforma organizzativa delle Fs che non ha lasciato sconcertato solo il ministro dei trasporti ma [...]», «Sul caso Polvani, che ha lasciato sconcertato lo stesso presidente della Mangiagalli [...]», «E comunque questo nuovo sequestro mi ha lasciato disarmato», «L'approccio di Bossi mi ha lasciato sconcertato», «vedere un governatore che diventa presidente della Confindustria [...] mi ha lasciato sconcertato», «La prova di Reid ha lasciato ammirato Marvin Hagler», «Una decisione che ha lasciato sconcertato Mazzone», «queste leggende del Guatemala che avevano lasciato trasognato Valéry», «è una notizia che mi ha lasciato sconcertato», «Nello spettacolo, che a gruppi il pubblico benpensante del Theater an der Josefstadt al Festival di Vienna aveva lasciato indignato, succede [...]», «Mi ha lasciato costernato il fatto che [...]».

3.10.1 Costrutti stativi e costrutti non stativi

Entrambi i tipi di frase, con PP1 e PP2, ammettono il costrutto attivo senza *lasciare* ma non, naturalmente, il costrutto con *lasciare* ed omissione del PP senza che vi sia un'anomalia semantica:

> PP2: **Le tue parole l'hanno lasciato* (*sorpreso*)
> PP1: **Un proiettile l'ha lasciato* (*colpito*)
> PP1: **Un ictus l'ha lasciato* (*paralizzato*)
> PP1: **Il vento l'ha lasciata* (*impigliata*)

L'omissibilità di PP1 risulta invece possibile in contesti frasali in cui il verbo *lasciare* è dotato, oltre che dell'oggetto diretto, di un corredo di complementi aggiuntivi che contribuisce a orientare l'azione e il significato del verbo:

> compl. di termine + avverbiale di tempo / durata (non obbligatorio) = 'dare':
> «in una militanza che gli ha lasciato (appiccicato) per sempre addosso il soprannome di "Straccio"», «quel marchio a fuoco di corruzione e parassitismo che i dinosauri della Prima Repubblica ci hanno lasciato (appiccicato) addosso», «io gli ho lasciato (applicato) un registratore Holter che deve restare ventiquattr'ore», «dove poi lo ha lasciato (confinato) per due decenni buoni»

> avverbiale di spazio (non obbligatorio) = 'mollare, abbandonare, separarsi da':
> «I cinque hanno poi tentato di impalare il cadavere e lo hanno lasciato (sdraiato) per terra», «Due taniche di benzina per rifornire il suo motofurgone che però ha lasciato (parcheggiato) vicino alla stalla», «Quasi un'ora quotidiana nelle mani di un Boncompagni che avevamo lasciato (assediato da Lolite)», «facendo per ora masochistica pulizia di tutto o quasi il letterario lasciato (incrostato) dalla tradizione del romanzo moderno»

Talvolta, però, *lasciare* figura al participio passato e costituisce con PP1 un unico predicato verbale con un solo soggetto (il costrutto ha dunque morfologia passiva). In questo caso, l'omissione è impossibile:

> «il detenuto Geoffrey Thomas lasciato *(ammanettato e incatenato al letto) fino a quattro ore prima della sua morte», «ma il vuoto, se fosse lasciato *(spalancato), sarebbe angosciante»

Come si può ricavare dal confronto tra i due contesti, si può notare che l'omissibilità di PP1 è tanto più difficile quanto più il predicato è povero di complementi: se ad esempio, considerando il primo dei due contesti citati, il complemento di spazio (*al letto*) non fosse argomento di PP1 (*incatenato*) ma dipendesse da *lasciato* (*nel letto*), questo verbo assumerebbe l'accezione di 'abbandonare', favorendo l'omissibilità del PP1 («il detenuto Geoffrey Thomas lasciato (ammanettato e incatenato) nel letto fino a quattro ore prima della sua morte»).

Analogamente, i predicati con *paralizzare* non presentano determinazioni spazio-temporali e la lettura stativa è esclusa:[101]

> «Nel 1985 l'ex premier nipponico fu colpito da un ictus cerebrale che lo ha lasciato semiparalizzato», «ha subito un ictus nel giugno del 1984 che lo ha lasciato semiparalizzato», «in seguito ad un incidente che lo ha lasciato paralizzato», «un terribile incidente che lo ha lasciato paralizzato», «uno smottamento mi ha causato una caduta rovinosa con fratture multiple alla colonna vertebrale, che per poco non mi hanno lasciato paralizzato», «Pochi giorni dopo la caduta da cavallo che lo ha lasciato paralizzato».

Altrettanto vale per un altro contesto:

> «Le assenze di giocatori come Berti, Sosa e Seno hanno lasciato abbandonato a sé stesso un gruppo dove [...]»

In questi contesti, *paralizzare* e *abbandonare a sé stesso* assomigliano ai contesti con PP2 per via della non statività, dell'assenza di determinazioni spazio-temporali e della caratteristica del soggetto (là dove presente), equivalente a una Causa – per l'esattezza, a un *instrument causer* – e non a un Agente né a uno Strumento.

Ricapitoliamo, distinguendo tre possibilità.
Con i costrutti stativi (predicativi) la reversibilità dà luogo a contesti durativi, contrassegnati dalla presenza di avverbi di duratività (la reversibilità può altrimenti essere bloccata da un Agente prototipico: «quel marchio [...] che i dinosauri della Prima Repubblica ci hanno lasciato appiccicato addosso» → *«Il marchio ci è rimasto appiccicato addosso dai dinosauri della Prima Repubblica»).
Anche con i costrutti passivi, la lettura è durativa:

[101] Dal sondaggio non emergono invece attestazioni di *lasciare* + *impigliato* (e verbi intransitivi). Due esempi rilevati *extra corpus* riguardano *infortunarsi* e *incagliarsi* e potrebbero doversi a una traduzione approssimativa dall'inglese («Ogni caduta mi ha lasciato incagliato» = «Each falls has left me stranded», Tone Damli Aaberge, *I'll Get Myself Together*: cfr. testo e traduzione in http://testi-di-canzoni.com/canzone/mostrare/1598413/tone-damli-aaberge/testo-e-traduzione-ill-get-myself-together/; «Patrick Beverley [...] ha riferito di aver ricevuto minacce di morte, dopo un contrasto che ha lasciato infortunato Russell Westbrook», *Nba, Patrick Beverly minacciato di morte*, di Jack Phillips, 29/4/2013, in http://epochtimes.it/news/nba-patrick-beverly-minacciato-di-morte---122843; per il quale cfr. «Patrick Beverley has reportedly received death threats after Oklahoma City Thunder guard Russell Westbrook's injury earlier this week», *NBA Player Death Threats: Patrick Beverley Threatened Over Westbrook Injury*, di Jack Phillips, 28/4/2013: cfr. http://www.theepochtimes.com/n3/28981-nba-player-death-threats-patrick-beverley-threatened-over-westbrook-injury/).

«il detenuto Geoffrey Thomas lasciato ammanettato e incatenato al letto fino a quattro ore prima della sua morte» → «il detenuto Geoffrey Thomas rimasto ammanettato e incatenato al letto fino a quattro ore prima della sua morte»
«ma il vuoto, se fosse lasciato spalancato, sarebbe angosciante» → «ma il vuoto, se fosse rimasto spalancato, sarebbe angosciante»[102]

Nella documentazione raccolta, l'interpretazione non stativa appare invece sempre possibile con i PP2 (cfr. gli esempi alla n. 100) e soltanto in un paio di casi con i PP1:

«Le assenze di giocatori come Berti, Sosa e Seno hanno lasciato abbandonato a sé stesso un gruppo dove [...]» → «Il gruppo è rimasto abbandonato a sé stesso ???dalle assenze / in seguito alle assenze [...]»
«ha subito un ictus nel giugno del 1984 che lo ha lasciato semiparalizzato» → «è rimasto paralizzato ???da / in seguito a un ictus».

3.10.2 Causa del predicato / Causa del participio

Come è stato via via evidenziato, i contesti eventivi reversibili (con PP1 e con PP2) mostrano compatibilità intermittente con argomenti preposizionali introdotti di *da*. Su questo aspetto è opportuno soffermarsi.

L'argomento preposizionale introdotto da *da* figura, nella nostra documentazione, in due contesti a lettura predicativa aventi uno PP1 transitivo (*assediare*), un altro PP1 transitivo / intransitivo (*incrostare*). Nel primo caso, la reversibilità non è possibile perché il predicato con *rimanere* implicherebbe che il PP (*assediato*) riceva un argomento preposizionale con *da* Agente o Causa (corrispondente al soggetto di *lasciare*), il quale però confliggerebbe con l'argomento preposizionale Agente con *da* retto dal PP transitivo (*da Lolite*), cioè:

«Quasi un'ora quotidiana nelle mani di un Boncompagni che avevamo lasciato assediato da Lolite» → **Boncompagni è rimasto (da noi) assediato da Lolite*

La presenza di un Agente retto dal PP blocca insomma la possibilità che il predicato in cui il PP è implicato abbia a sua volta una Causa anch'essa retta da un sintagma introdotto da *da*.

[102] Si avvertirà però qualche differenza. Nel primo esempio è innanzitutto semantica: *lasciato ammanettato* implica un Agente che il corrispettivo predicato con *rimanere* non esprime. Nel secondo esempio, il transitivo *lasciare* comporta una lettura passiva del gruppo predicativo e dunque la prospettazione di un'ipotesi futura, mentre l'intransitivo *rimanere* esclude la lettura passiva e impone un'ipotesi passata non realizzata; equivalenza d'interpretazione si avrebbe invece con il tempo semplice (*se rimanesse spalancato*).

Il contesto con il verbo *incrostare* è invece reversibile perché il predicato è caratterizzato dalla forma passiva e dall'assenza di uno dei tre argomenti possibili con il PP (Agente, Paziente, IC/PI[103]), ciò che esclude un conflitto come quello osservato sopra:

> «facendo per ora masochistica pulizia di tutto o quasi il letterario lasciato incrostato dalla tradizione del romanzo moderno» → il letterario rimasto incrostato dalla tradizione del romanzo moderno

In questa frase, l'argomento preposizionale con *da* può essere interpretato infatti come Causa dell'intero predicato (Causa predicativa) oppure come argomento del PP, con valore di Causa (IC) oppure di PI. Da ciò discendono quattro letture possibili (nella fattispecie, la favorita è la quarta):

1= il letterario che [è stato lasciato incrostato dalla tradizione del romanzo]
(= il letterario che [è rimasto incrostato dalla tradizione del romanzo])
2a = il letterario che è stato lasciato [incrostato dalla tradizione del romanzo]
(= il letterario che è rimasto [incrostato dalla tradizione del romanzo])
2b = il letterario che è stato lasciato [incrostato della tradizione del romanzo]
(il letterario che è rimasto [incrostato della tradizione del romanzo])
3 = la tradizione del romanzo ha lasciato [incrostato di letterario]
(? è rimasto dalla tradizione del romanzo [incrostato di letterario])

	il letterario	*tradizione*	?
1	Paziente	Causa Pred.	Mezzo
2a 2b	Paziente	Causa PP PI PP (*da* = *di*)	Causa Pred.
3	PI PP	Causa Pred.	Paziente

Un costrutto come questo appena osservato è naturalmente possibile anche con PP2 (si riporta un esempio fuori *corpus*):

> «il nuovo monovolume Fiat, pur lasciando paralizzati dallo stupore come design esterno, ha un interno bellissimo»

Questi sono i ruoli degli argomenti del predicato:

monovolume	*stupore*	? (indef./impers.)
Causa Pred.	Causa PP	Paziente/Esperiente

Il predicato di forma attiva e la saturazione dei diversi argomenti, diversamente dalla fattispecie del contesto precedente, impedisce però la reversibilità del costrutto:

> → rimasero / vennero paralizzati dallo stupore *da parte del / dal nuovo monovolume

[103] Cioè *instrument causer* o *pure instrument*, a seconda del contesto.

Mentre la Causa PP rimane collegata al PP, la Causa predicativa non trova un'adeguata forma di espressione.[104]

Quando si ha un PP transitivo e un argomento introdotto da *da* il costrutto con *rimanere* / *venire* + PP sembra dunque neutralizzare la distinzione tra Causa predicativa e Causa PP. La Causa predicativa è altrimenti identificabile nel caso in cui occorra un diverso introduttore, come ad esempio *a causa di*. Si confrontino due passi tratti dalla nostra documentazione:

> «Uno studente è rimasto ferito piuttosto seriamente e si trova ora ricoverato al centro ustioni del Sant'Eugenio a causa dello scoppio di una bottiglia incendiaria lanciata da uno sconosciuto contro l'istituto Don Orione»
> «Appena più importante è l'indizio fornito dalla testimonianza di un passeggero portoghese, rimasto leggermente ferito dallo scoppio»

Una diversa codifica morfolessicale comporta però un cambio di *status*, ovvero, per riprendere la terminologia in uso nelle grammatiche tradizionali, da complemento di causa efficiente (*da*) a complemento di causa (*a causa di*):[105] una prova è nella diversa collocazione del complemento, rigidamente postverbale nel primo caso, più libera di posizionarsi all'interno della frase nel secondo.

Questa indistinguibilità di funzioni comporta che costrutti con PP aggettivali (come i PP2) seguiti da un argomento introdotto da *da* siano equiparabili ai medesimi costrutti con PP1 e che anche per l'italiano, così come per molte altre lingue (cfr. più avanti cap. 4), possano dunque darsi passivi verbali e passivi aggettivali, come i test di aggettivalità hanno evidenziato.[106]

[104] Sembra dunque agire qui la "restrizione omocasuale" osservata per i costrutti causativi (da Fillmore: cfr. AMBROSINI, *Negatività*, p. 8, e LEPSCHY, *Saggi*, p. 45). Diversa sarebbe la situazione se il PP ammettesse argomenti introdotti non solo da *da* (come *paralizzare*) ma anche da *di* (cfr. «si vede assediato di richieste» e «è assediato dalle richieste»).

[105] SERIANNI, *Grammatica*, II 52 e 58, VIII 55-56.

[106] Si aggiunga qui anche la possibilità, indice di aggettivalità, di avere *rimanere* + PP negativo (*in-*) (cfr. Documentazione, §2.5). La compatibilità di argomenti esterni con PP stativi e aggettivali è stata osservata, in determinate condizioni, per spagnolo, inglese, tedesco, ebraico, greco: cfr. ANAGNOSTOPOULOU, *Participles and Voice*, ALEXIADOU, *Noncanonical passives revisited*, ALEXIADOU / GEHRKE / SCHÄFER, *Argument structure*, FUNES, *Alternancia*, GEHRKE / SÁNCHEZ MARCO, *The role of* by-*phrases*, MELTZER, *Adjectival Passives*, MCINTYRE, *Adjectival Passives*; per l'inglese cfr. anche PUCKICA, *Passive Constructions*, p. 220 n. 9.

3.11 Riepilogo

Riepilogando, si può osservare che PP1 e PP2 escludono reciprocamente alcuni costrutti e ne condividono pochi altri (il costrutto attivo e il costrutto con *rimanere*):

Costrutto[107]	PP1	PP2
Attivo	√A *ferì* B	√A *sorprende* B
Attivo-L	*A *lasciò ferito* B	√A *lasciò sorpreso* B
Riflessivo-*Si*	√B *si ferì*	*B *si sorprese*
Anticausativo-*Si*	*B *si ferì di* A	√B *si sorprese di* A
Anticausativo-R	√B *rimase ferito*	√B *rimase sorpreso*
Passivo-R	√B *rimase ferito da* A	√B *rimase sorpreso da* A
Passivo-V	√B *venne ferito da* A	*B *venne sorpreso da* A

[107] L = *lasciare* + PP, R = *rimanere*, V = *venire*, A = Agente / Causa, B = Paziente / Esperiente. Il segno √ indica costrutti accettabili.

4 *Rimanere* + PP in altre lingue

Elementi utili di indagine possono derivare dal confronto tra *rimanere* e verbi che appaiono per quanto possibile equivalenti in altre lingue, come lo spagnolo *quedar(se)* e l'inglese *remain* / *get*.[108]

4.1 sp. *quedar(se)* + PP

Come *rimanere*, *quedar(se)*, oltre ad accompagnarsi con participi, aggettivi e altre parti del discorso con sfumature semantiche perlopiù negative, permette una doppia lettura: nel suo impiego stativo, esprime la permanenza di uno stato (*quedarse despierto* / *soltero*); con valore eventivo, può manifestare un cambiamento di stato puntuale (*quedarse atónito* / *de piedra*) oppure "culminativo" (*quedarse calvo* / *sin fuerzas*).[109] Quando il verbo si accompagna a un participio passato (perlopiù PP2: *sorprendido*, *alucinado*) la variante con *se*, in particolare, sembra sottolineare il cambio di stato (*El conductor se quedó muy asustado después del accidente*); *quedarse* + PP, a differenza di *quedar* + PP, non risulterebbe però compatibile «con la construcción pasiva adjetiva, que tiene ya un agente sobreentendido» (*quedó prendada de la belleza de la isla*).[110] *Quedar* + PP, infatti, quando non ricorre, come è di solito, senza altri argomenti, può essere seguito da *por* oppure *en* (quest'ultimo possibile anche con *quedarse*), come negli esempi seguenti:

> *Aunque antes vio cómo su hermano quedaba inmovilizado dentro de su Williams por un accidente sufrido a la entrada de meta*

[108] Per un quadro d'insieme cfr. ALEXIADOU / SCHÄFER, *Non-Canonical Passives*, pp. 8-12 (tedesco, olandese, francese, giapponese) e gli interventi nel volume ALEXIADOU / SCHÄFER, *Non-Canonical Passives*; cfr. inoltre per il tedesco ALEXIADOU, *Noncanonical passives revisited*, pp. 1101-1104, STEINITZ, *Deutsch* werden, bleiben, MAIENBORN, *Das Zustandspassiv*, MAIENBORN, *Building* ad hoc *properties*, SCHLUCKER, *Passive*, p. 111; per l'inglese, oltre ai titoli indicati nelle note che seguono, ANAGNOSTOPOULOU, *Participles and Voice*, BROWNLOW, *Towards a unified analysis* e in parte anche HEIDINGER / SCHÄFER, *The French Reflexive Passive*. Per l'olandese, cfr. CORNELIS / VERHAGEN, *Does Dutch really have a Passive?*.

[109] Cfr. MORIMOTO / PAVÓN LUCERO, *Los verbos pseudo-copulativos*, p. 276, e BYBEE / EDDINGTON, *A Usage-Based Approach*, pp. 331-340.

[110] Così BOSQUE / DEMONTE, *Gramática descriptiva*, p. 2513, cit. in PRESTIGIACOMO, Diventare *e i "verbos de cambio"*, p. 482 n. 14. A conclusioni analoghe giunge anche SPIESSENS, *Estudio comparativo*, che evidenzia alcune eccezioni alla correlazione *quedarse* [+controllo][+cambio di stato] e *quedar* [-controllo][-cambio di stato]. Gli esempi sono tratti da OREAL ÁLVARO, *El tratamiento de verbos*, pp. 368-369.

[...] *para rescatar a varios ocupantes que habían quedado atrapados en los vehículos*[111]

Il valore del participio, se verbale o aggettivale, può risultare dubbio (specie con participi come *admirado, callado* e *sorprendido*).[112] Solo *quedarse* però, quando si combina con un aggettivo o un participio, assume valore figurato (*La figura se quedó paralizada como si fuera una estatua obrera o tal vez minera*) mentre *quedar* si abbina a stati perlopiù irreversibili di cui si vuole evidenziare la duratività.[113]

4.2 ingl. *remain* + PP / *get* + PP

L'inglese presenta due costrutti parzialmente sovrapponibili a *rimanere* + PP: *remain* + PP e *get* + PP. Il primo è ritenuto correntemente un costrutto azionalmente stativo e sintatticamente copulativo ed è analizzato in particolare come verbo + PP stativo-risultativo; il secondo è invece considerato un costrutto eventivo, formato da ausiliare + PP verbale. Le cose risultano tuttavia più complesse.

L'incompatibilità di *remain* + PP con elementi agentivi e con una lettura passiva, benché minoritaria, non è infatti del tutto esclusa, come si ricava dagli esempi che seguono:

> **The door remained opened by John*[114]
> *The road remained blocked by police / supported by pylons*

Questi esempi consentono di mettere in luce due aspetti tra loro correlati. Il primo riguarda la compatibilità con un Agente [+umano], il secondo l'aspetto durativo / non durativo.

Anche se le ragioni della (a)grammaticalità delle frasi citate non sono pacifiche,[115] le condizioni appaiono del tutto analoghe a quelle che caratterizzano *rimanere*,

111 Questi i dati di ricorrenza illustrati da SPIESSENS, *Estudio comparativo*: *quedar* + PP 44, *quedarse* + PP 4, *quedar* + PP + *por* 5, *quedar* + PP + *en* 19, *quedarse* + PP + *en* 3.

112 Cfr. SPIESSENS, *Estudio comparativo*, p. 60 e n. 85.

113 Cfr. SPIESSENS, *Estudio comparativo*, pp. 38-43. *Quedar* può essere inoltre usato anche transitivamente (*Me he quedado frío*: cfr. PRESTIGIACOMO, Diventare *e i "verbos de cambio"*, p. 482), equivalente all'it. *Mi ha lasciato freddo*; in molte varietà regionali meridionali anche *rimanere* può assumere valore transitivo (cfr. BIANCHI / DE BLASI / FANCIULLO, *Basilicata*, p. 770 n 23; LOPORCARO, *Grammatica storica*, p. 281, e LEDGEWAY, *Grammatica diacronica*, p. 851 (sarà questa marcatezza ad aver connotato e contribuito a rendere celebre l'espressione sconsolata di Peppe il Pantera, alias Vittorio Gassmann, nel film *L'audace colpo dei soliti ignoti*, di Nanni Loy: «M'hanno rimasto solo, quei quattro cornuti!»).

114 Esempio da EMBICK, *On the Structure of Resultative Participle*, p. 357 n. 1.

115 MCINTYRE, *Adjectival Passives*, p. 30, osserva che si ha compatibilità tra *remain* + PP e *by* «if the *by* phrase referent is responsible for continuing the state expressed by the participle» (ma cfr. ivi per ulteriori dettagli). In italiano, in presenza di un agente, la duratività è possibile con verbi come *bloccare* e *assediare* ma non con *aprire*. Peraltro, anche il test di compatibilità con

esemplificate negli esempi in apertura (cfr. Introduzione), cioè: incompatibilità con argomento [+umano] [+determinato] e compatibilità con argomento [±umano] [-determinato].

Ma è d'altra parte importante osservare che ai fini della grammaticalità i costrutti formati da *remain* + PP devono essere stativi (durativi) e non eventivi, come si ricava anche dalla grammaticalità di altre frasi con *remain* dove la duratività è in alcuni casi sottolineata da avverbiali di tempo (*from the time*..., *until*...):[116]

That we remain held down by gravity has its benefits
The share remained undervalued by investors from the time of its issue
Wupwup free relatives remained neglected until they were first studied in 1979

La concomitanza del tratto [+duratività] con il tratto [+agentività] (*by*) nei costrutti formati da *remain* + PP finisce col rendere dubbia la lettura correntemente copulativa del costrutto.[117]

L'indicazione di un cambio di stato, possibile con *rimanere* + PP ma non con *remain* + PP, è invece espressa da *get* + PP, anch'essa incoativa e con PP aggettivale o verbale (là dove *rimanere* + PP stativo con valore durativo può essere reso con *remain* + PP):[118]

Gianni si preoccupa
= ingl. *Gianni gets worried* (incoativo)

frasi introdotte da *in order to* può andare contro le aspettative e dare risultati accettabili: *The investigation launched by the prosecution remained limited in order to protect the police*; anche su questo punto cfr. McIntyre, *Adjectival Passives*.

116 Gli esempi sono tratti da McIntyre, *Adjectival Passives*.

117 McIntyre, *Adjectival Passives*, pp. 23-24, considera questi verbi stativi come participi 'situation-in-progress'. La lettura copulativa è dubbia nonostante sia stato osservato che costrutti con *by* sono possibili non solo con *verbal passives* (sp. *ser* + PP), ma anche con *adjectival passives* (sp. *estar* + PP), pur con alcune differenze. A fronte di costrutti caratterizzati da *adjectival passives* accompagnati da «eventive *by*-phrases» (come in *Former investigator says he remains disturbed by what he saw at baby murder scene*), Bruening, *Word formation*, p. 381 conclude che «adjectival passives include an implicit external argument, just like verbal passives. It is true that *by*-phrases, instrumentals, and manner adverbials occur more frequently with verbal passives than with adjectival passives, and are easier to construct and for speakers to accept. I assume that this is simply because adjectival passives are stative, while verbal passives are eventive». Sia i participi stativi che i participi risultativi possono essere *adjectival passives*: Embick, *On the Structure of Resultative Participle*, p. 388.

118 Traggo gli esempi da Arad, *VP-Structure*, p. 187 e n. 12. Bentley, *Split Intransitivity*, p. 109 traduce la seconda frase con una frase a struttura passiva, *Leo was impressed by Mark*; cfr. anche *Giorgio rimane colpito (da Luca)* con *George is impressed by Luke* e **Luca si colpisce* con *Luke is / gets impressed* (cfr. p. 149), che però non è agrammaticale in inglese (è però meno usata la variante con *get*); cfr. anche *La fidanzata offese Filippo = Philip got offended by his fiancé*, ivi, p. 178. Cfr. anche Nolan, *The* get *constructions*, p. 1123 («The *get* passive is more likely to be inchoative and punctual»).

= ingl. *Gianni worries* (stativo)

Come *rimanere*, la perifrasi esclude infatti avverbiali durativi (*The table was / *got wiped for an hour*)[119] ed ammette participi eventivi ed agenti (introdotti da *by*) ma non anche modificatori agentivi come frasi finali o avverbi (sono esclusi avverbi "agent-oriented" come, nell'esempio che segue, *carefully*, ma sono possibili avverbi 'result-oriented', come *sloppily*):[120]

The package remained carefully opened
??? *The manuscript got carefully destroyed*
Egbert got arrested by the police
John got sloppily dressed

A differenza di *rimanere*, le costruzioni passive con *get* sono però compatibili con un agente prototipico, con PP risultativi e con PP telici. Si vedano, rispettivamente:[121]

Mary got hurt by John
John got arrested by the police (vs. **John is arrested by the police*)
I got dressed (by my mother / by myself)

La versatilità del costrutto e l'ambiguità morfosintattica comporta incertezze nell'interpretazione del predicato, oscillante tra la lettura passiva e la lettura anticausativa:[122]

Samantha got hurt	(anticausativo / passivo)
Samantha got hurt by a truck	(passivo verbale)
Samantha got (very) hurt	(passivo aggettivale)

119 Ma cfr. ad es. *rimanere assediato per due ore*.

120 Cfr. **The ship got sunk* [PRO *to collect insurance money*] e **The book got torn on purpose*: cfr. ALEXIADOU, *A note on non-canonical passives*, p. 15 (ma sull'eventualità di costrutti passivi con *get* [+controllo]: cfr. ALEXIADOU, *Noncanonical passives revisited*, p. 1087). Il controllo non può essere esercitato da un Agente, a meno che non coincida con il soggetto animato (*John got burned* [PRO *in order to collect disability insurance*]): cfr. ORFITELLI, *Parsimony in Passivization*. Il primo esempio citato a testo (*remain* + PP) è tratto da EMBICK, *On the Structure of Resultative Participle*, p. 357; il secondo e il quarto (*get* + PP) da ALEXIADOU, *A note on non-canonical passives*, p. 18 (dalla p. 19 è tratto anche il precedente esempio a testo, con avverbiale di tempo); il terzo da MCINTYRE, *English* get-*passives*. Su *get* + PP cfr. anche TARANTO, *An event structure analysis*.

121 Cfr. ALEXIADOU, *A note on non-canonical passives*, pp. 19-20. MCINTYRE, *The BECOME=CAUSE hypothesis*, pp. 1276-1277, ritiene che questo PP possa non essere risultativo. Secondo EMBICK, *On the Structure of Resultative Participle*, pp. 364-365, in inglese le *by-phrases* non sono compatibili con predicati risultativi.

122 Cfr. ALEXIADOU, *Noncanonical passives revisited*, pp. 1088-1089.

In contesti eventivi, lo statuto aggettivale o verbale del PP è peraltro reso incerto da fattori come ad esempio la presenza del modificatore *very* (esclusivamente aggettivale), che può figurare in compresenza con l'agente introdotto da *by*:[123]

The tower got very damaged
I got very frustrated by his remarks

Il costrutto *get* + PP, suscettibile di interpretazione passiva e anticausativa, realizzerebbe un particolare tipo di diatesi media, o meglio medio-passiva, caratterizzata da un predicato con morfologia non attiva il cui argomento esterno non è necessariamente un Agente ma può essere anche un Esperiente o una Causa, a seconda della semantica del verbo.[124] Analogamente a *rimanere*, infine, *get* tende ad esprimere situazioni negative nei confronti del soggetto (cfr. §1.2),[125] ma, viceversa, ammette un'interpretazione attiva ([+responsabilità]) del soggetto, che è invece tendenzialmente esclusa con *rimanere*.[126]

[123] Il primo esempio è tratto da MCINTYRE, *English* get-*passives*, p. 6, il secondo da ALEXIADOU, *Noncanonical passives revisited*, p. 1087. I participi passati sono modificati da *very much* se verbali e da *very* se aggettivali (cfr. BRUENING, *Word formation*, p. 367). *Get* è possibile in contesti agentivi (somigliando così a *venire*: *X got arrested by the police*: cfr. almeno BACHVAROVA, *Actions and attitudes*) e implica perlopiù responsabilità e *affectedness* (cfr. MCINTYRE, *English* get-*passives*). Su *get* + PP aggettivale ma anche verbale cfr. MCINTYRE, *English* get-*passives* (*The present got opened by the wrong person / Egbert got arrested by the police*: cfr ivi, p. 6); cfr. anche BUTLER / TSOULAS, Get-*passives*, che tra l'altro analizzano *get* + PP come costrutto a controllo. Sulla possibilità di avere *by-phrases* anche con PP di verbi psicologici cfr. GEHRKE / SÁNCHEZ MARCO, *Pasivas psicológicas*.

[124] Cfr. ALEXIADOU, *Noncanonical passives revisited*, e ALEXIADOU / DORON, *The syntactic construction*.

[125] Anche se, diversamente, il passivo con *get* «often suggest an idea of active participation, effort or responsibility, etc., of the subject referent in "obtaining" what is denoted by V-EN2»: PUCKICA, *Passive Constructions*, p. 222 n. 13; cfr. anche CONTI JIMÉNEZ, *Construcciones pasivas*, p. 25 n. 11 (dove si ricorda lo studio di GIVÓN / YOUNG, *The rise*).

[126] Sulla presenza del tratto [+responsabilità] (il fattore "secondary agent") cfr. WANNER, *Deconstructing*, pp. 103-107, ALEXIADOU, *Non-canonical passives*, WANNER, *The* get-*passive*, pp. 54-56, e MCINTYRE, *English* get-*passives* (che parla di responsabilità e *affectedness*).

5 Eventività / statività

5.1 Fattori azionali e semantici

Dal punto di vista dell'azione espressa dal predicato, alcuni contesti possono risultare ambigui tra eventività e statività. A indirizzare verso l'una o l'altra lettura sono in particolare (come si diceva all'inizio del cap. 1) l'avverbiale di tempo (§5.2) e il sintagma-*da* (§5.3).

Oltre a questi, sembra però entrare in gioco, come emerge in particolare in contesti negativi, anche un fattore più specificamente contestuale e pragmatico (cfr. ad es. §5.4). Come è stato già notato, il predicato con *rimanere* esprime infatto molto spesso, ma non necessariamente, un'azione sfavorevole per il soggetto a cui si riferisce.

Questa eventualità può essere inserita in un quadro più generale sulla semantica del predicato con *rimanere*. A seconda delle caratteristiche sintattiche e semantiche dell'elemento che accompagna il verbo, il cambiamento di stato può infatti risultare per il soggetto (Paziente o Esperiente) un evento

– favorevole: PP2 (*soddisfatto*), aggettivo (*contento*)
– neutro: aggettivo (*vacante*), nome (*padrone*), locuzione (*a bocca aperta*)[127]
– sfavorevole: PP1 (*ferito*), PP2 (*insoddisfatto*), aggettivo / nome (*scontento*, *vedovo*), locuzione (*senza* / *con* + nome)

Come si può osservare, la terza eventualità (quella che consente la cosiddetta *adversative reading*) viene espressa in forme e modi diversi. Provando a stabilire un ordine e tenendo per fermo che si tratta di contesti sempre positivi, l'elemento che accompagna *rimanere* può esprimere la sfumatura negativa non solo attraverso mezzi lessicali e semantici che hanno, di per sé, questo valore (PP1: *ferito*; PP2: *spaventato*; locuzione: *male*), ma secondo due modalità, che chiameremo negazione implicata (cfr. §5.4) e negazione esplicita (cfr. §5.5).

La negazione implicata è marcata da elementi che indicano restrizione o privazione (aggettivo: *privo*; aggettivo / nome: *vedovo*; locuzione: *con* (*solo*) + nome; locuzione avverbiale: *all'asciutto*).

La negazione esplicita è invece contrassegnata da prefissi negativi (*in*- PP1: *immutato*; PP2: *insoddisfatto*; agg.: *incredulo*; *s*-: PP1 *sprovvisto*) o da altri elementi negativi (*senza* + nome).

Passiamo dunque in rassegna, nell'ordine, le quattro componenti ricordate: avverbiali di tempo (§5.2), sintagma-*da* (§5.3), negazione implicata (§5.4) e negazione esplicita (§5.5).

[127] Anche se combinazioni qui classificate come neutre tendono ad assumere, nel contesto, una connotazione negativa: cfr. Documentazione, §2.7, §2.8, §2.9, §2.10.

5.2 Avverbiali di tempo

Il predicato riceve un'interpretazione stativa quando è accompagnato da un avverbio temporale che indica la durata dell'azione. Può trattarsi di avverbiali di durata ('per X tempo': *per quasi quindici ore*) o culminativi (*finora*):

> *incollato*: «Giovanni Bestagno è rimasto incollato per quasi quindici ore ad una macchina di giochi elettronici in un bar della città»
> *pietrificato*: «Rispetto ad essi Gorbaciov si pone, intanto in termini sociologici, come primo anello di congiunzione con un vertice politico rimasto sinora pietrificato [...]»

La presenza di un avverbiale temporale con un punto d'attacco definito (come con *dopo* anaforico) suggerisce invece un'interpretazione leggermente diversa. Nell'esempio che segue, l'espressione avverbiale *dopo il suo arresto* ('a partire dal suo arresto') indica, temporalmente, il momento in cui l'azione del predicato ha avuto inizio, indicando così l'inizio del cambiamento di stato:

> *isolato*: «Prima di leggere alcuni stralci di quell'interrogatorio, il presidente ha tentato di capire perché Agca è rimasto completamente isolato e senza alcun aiuto, morale e economico, dopo il suo arresto in piazza S. Pietro»

In assenza di avverbiali di tempo all'interno della frase, l'interpretazione eventiva o stativa dipende dal contesto, e in particolare dalla presenza (lettura eventiva) o assenza (lettura stativa) di una cornice causale rispetto alla quale l'azione indicata dal predicato formato da *rimanere* può venire interpretata come effetto (e dunque come cambiamento di stato). In base a questo, ricevono lettura eventiva i seguenti contesti, formati dai tre verbi di cui abbiamo appena esemplificato usi stativi:

> *incollato*: «Sono stati momenti drammatici. Pietro Patti è rimasto incollato al sedile della vettura con il capo reclinato indietro, mentre il killer faceva pochi metri, saltava su uno scooter guidato da un complice che lo attendeva con il motore acceso, facendo perdere ogni traccia»
> *pietrificato*: «La scena è stata imbarazzante. L'intero negozio è rimasto pietrificato»
> *isolato*: «In più il direttore olandese ha fatto piazza pulita delle caccole della tradizione – dai "tagli" alle corone o agli arbitrii agogici – restituendo la partitura allo stato di massima smaglianza strumentale, ottenendo dall'orchestra eccellenti risultati. Il lavoro di concertazione non è rimasto però isolato, come spesso accade con direttori provenienti dal versante sinfonico»

Si aggiungano a questi altri due esempi, ancora dalla lettura eventiva, con assenza di avverbiali:

> *scolpito*: «Complessivamente i colpi esplosi sarebbero stati 4, due dispersi, uno che si è conficcato nel tronco di un albero e l'altro è rimasto scolpito sullo stipite della porta del "Museo Nuovo", facendo scattare l'allarme generale»

bloccato: «Il pilota austriaco stava avvicinandosi a tutta velocità alla curva Stavelot quando ha tolto il piede dall'acceleratore per cambiare marcia. Ma l'acceleratore è rimasto bloccato, Niki ha sbandato paurosamente fermandosi poi ai bordi della pista».

Incertezze di lettura possono comportare sia un avverbiale di tempo codificato con *in* 'durante', che può riferirsi alla durata dell'azione espressa dal predicato ('per X tempo', con conseguente lettura stativa) oppure al momento in cui è avvenuta l'azione ('in', con lettura eventiva):[128]

bloccato (stativo) «Il dipartimento del Lavoro di Washington ha reso noto infatti che anche nel mese di giugno il tasso di disoccupazione è rimasto bloccato sul 7,3%»
bloccato (eventivo): «In serata è rimasto bloccato a Cagliari il traghetto diretto a Livorno»

sia contesti in cui l'azione espressa dal predicato con *rimanere* implica una durata definita, come in:

interrotto (stativo?): «I giocatori avevano cenato, si erano fermati un po' davanti alla tv, poi avevano ripreso il torneo di briscola rimasto interrotto»

Tuttavia, l'azione durativa caratteristica dei verbi psicologici può naturalmente emergere in presenza di determinati fattori contestuali, come ad esempio determinati avverbiali di tempo:

Sono rimasto spaventato per tutto il giorno

Questa lettura durativa è possibile anche con molti participi di verbi transitivi, come evidenzia il confronto tra le frasi che seguono:

Un cacciabombardiere F16 è rimasto distrutto in Florida dopo aver investito due cinghiali sulla pista di atterraggio[129]
Un cacciabombardiere F16 è rimasto per molto tempo distrutto sulla spiaggia.

5.3 Sintagma-*da*

L'individuazione di una Causa esterna appare una condizione importante perché il predicato possa dotarsi di una lettura eventiva. D'altra parte, però, la Causa può consistere in una cornice causale generica, eventualmente posta al di fuori della frase. In contesti di questo tipo la presenza di un avverbiale di durata suggerirà una lettura stativa:

[128] L'avverbiale '*per* X tempo', compatibile con verbi indicanti stati o processi (contesti atelici), può essere accettato in contesti indicanti transizione (contesti telici) in riferimento alla durata dell'azione risultante («Luca è partito per due giorni, poi è ritornato»): cfr. JEZEK, *Inaccusativité*, p. 170.

[129] Esempio tratto dalla *Repubblica*.

interrotto: «Le fiamme giovedì hanno anche distrutto un tratto della linea ferroviaria "Calabro-Lucana" che collega Carpanzano con Cogliano. Il traffico è rimasto interrotto per l'intera giornata».
paralizzato: «Il traffico, logicamente, è rimasto paralizzato per ore»

L'interpretazione cambia se la Causa è espressa all'interno della frase da un sintagma introdotto da *da*:

paralizzato (eventivo): «[...] mentre il sud Libano è rimasto paralizzato dallo sciopero generale indetto per l'attentato attuato lunedì sera contro Mustafa Saad [...]»

Solitamente, i due elementi (avverbio temporale di durata e sintagma-*da*) non cooccorrono all'interno della stessa frase, e questo avvantaggia, alternativamente, una lettura stativa oppure eventiva. Nel raro caso in cui vi sia compresenza si generano ambiguità azionali e la lettura stativa o eventiva sarà determinata soprattutto dall'espressione della Causa e, insieme, dalla semantica del PP. Questa varietà può essere esemplificata da tre diversi contesti:

sepolto: «Mezz'ora son rimasto sepolto dai detriti»
sconvolto: «Lo scalo aereo è rimasto a lungo sconvolto dalla deflagrazione»
assediato: «Per quattro ore Milano è rimasta assediata dai convogli»

Se *sepolto* suggerisce un valore stativo(-risultativo) (il predicato esprime uno stato durativo), per *assediare* si ammettono interpretazioni eventive (il predicato esprime un'azione durativa), come mostra il confronto con le corrispettive frasi con *venire*:[130]

«(Per) mezz'ora son rimasto sepolto dai detriti» (stativo-risultativo)
«(Per) mezz'ora venni sepolto dai detriti» (eventivo)

«Per quattro ore Milano è rimasta assediata dai convogli» (eventivo)
«Per quattro ore Milano venne assediata dai convogli» (eventivo)

Nel predicato con *venire*, l'avverbio di tempo indica per quanto tempo si è prolungata l'azione di *seppellire* e di *assediare*; nel predicato con *rimanere*, che esprime un'azione con un punto d'attacco definito ovvero un cambiamento di stato, l'avverbio indica invece per quanto tempo si è protratto lo stato espresso dal PP (si confrontino le due accezioni di *rimanere colpito* PP1, puntuale, e PP2, durativo).

Un istruttivo confronto si ha con *essere*, che in questi contesti presenta invece un comportamento intermedio. L'avverbiale "per X tempo" indica il perdurare di un'azione

[130] Con *sconvolgere*, non compatibile con *venire*, la lettura eventiva è invece incerta. L'asimmetria dei tempi verbali negli esempi citati a testo è indifferente ai fini del test.

con il non telico *assediare* e il perdurare di uno stato (o forse di un'azione) con il telico *seppellire*:[131]

> «Per quattro ore Milano è stata assediata dai convogli» (eventivo)
> «(Per) mezz'ora sono stato sepolto dai detriti» (stativo-risultativo / eventivo?)

Ai fini della lettura eventiva (ed eventualmente passiva), la presenza del sintagma-*da* è comunque un elemento importante e, se il verbo lo consente, può introdurre una Causa definita, eventualmente anche con tratto [+umano], come nel terzo esempio:

> «Lo scalo aereo è rimasto a lungo sconvolto dalla deflagrazione»
> «Già sabato notte e domenica scorsa la città era rimasta paralizzata dallo sciopero dei lavoratori stagionali»
> «Dopo l'annullamento della partita tifosi e giocatori serbi sono rimasti assediati dagli avversari nello stadio»

Si tratta di PP durativi, il cui predicato implica, oltre che una durata espressa dall'avverbio, anche un cambiamento di stato, ed è proprio la presenza del sintagma-*da*, in unione con fattori semantici (dello stesso sintagma-*da* e del PP), a sospingere verso un'interpretazione passiva. In assenza del sintagma-*da* la passività del costrutto rimane dunque più incerta, anche se la semantica del PP può suggerire una lettura ancora agentiva (nonostante la presenza di avverbiali durativi), come nel caso di *assediare*:

> «La polizia ha deciso di chiudere lo stadio Picchi. Duecento dei circa cinquecento tifosi lariani sono rimasti assediati fino a tarda sera»
> «Dentro lo stadio, mentre il Parma continuava ad abbattersi sul Napoli, uno scenario drammatico e desolante: falò negli spazi vuoti delle gradinate, fuoco a striscioni e bandiere, seggiolini divelti e usati come improbabili proiettili. Il Napoli è rimasto assediato negli spogliatoi per quasi due ore»
> «Alla fine le squadre e l'arbitro Bolognino (non all'altezza) sono rimasti assediati per un paio d'ore»

5.4 Negazione esplicita e contesti a-eventivi

Nel caso di elementi a negazione esplicita (tipicamente, PP con *in-* negativo), la lettura può essere, a seconda del contesto, non solo stativa o (più raramente) eventiva, come ad esempio in:

> «La verità è che il divario fra Nord e Sud è rimasto immutato» (stativa)

[131] Anche *essere* può infatti trovarsi abbinato ad avverbiali di durata (*a lungo*) e a sintagmi-*da*: «O forse i banditi sono riusciti a raggiungere il senese, che ieri è stato a lungo setacciato dai carabinieri» (PP1), «Reston è stato a lungo preoccupato dal declino dell'ottimismo americano» (PP2).

«Anche il Pci è rimasto insoddisfatto dell'esposizione del ministro» (eventiva)

Ma anche di un terzo tipo, dal valore intermedio. Si vedano ad es. questi contesti con i PP *illeso* e *invenduto*:

> «si sarebbe trattato di uno scontro frontale nel quale il fratello sarebbe rimasto illeso»
> «l'offerta di mille miliardi di Bot annuali ha trovato richieste per quasi 672 miliardi e il rimanente è rimasto invenduto»

In contesti di questo tipo il predicato non esprime un cambiamento di stato vero e proprio (come con *insoddisfatto*: lettura eventiva), né il perdurare di uno stato acquisito in precedenza (come con *immutato*: lettura stativa).[132]

Il valore intermedio del predicato deriva dalla concomitanza di due circostanze. La statività è data dal fatto che lo stato indicato dal PP (o da altro elemento correlato a *rimanere*) esiste prima e dopo l'accadimento di un'azione esterna (rispettivamente, nella fattispecie dei due esempi citati, lo *scontro frontale* e l'*offerta di mille miliardi*) che avrebbe potuto o dovuto comportare un cambiamento di stato; ma d'altra parte è proprio la presenza di questa particolare circostanza a dotare il predicato di una sfumatura eventiva, che sussiste anche in presenza di uno stato negativo, ovvero di un cambiamento che non si è realizzato nonostante le condizioni lo lasciassero prevedere (potremmo chiamare contesti di questo tipo contesti "a-eventivi" o "eventivi non fattuali").

La negazione può altrimenti presentarsi come negazione implicata.

5.5 Negazione implicata

Alcuni aggettivi, nomi o locuzioni hanno la proprietà di esprimere stati di restrizione o privazione per il soggetto. Anche in queste circostanze, il confine tra le differenti letture dell'azione può non essere netto.[133]

Come avviene con i PP (cfr. §4.2, §5.2), con un aggettivo come *privo*, ad esempio, la compresenza di un avverbiale anaforico (che indica anteriorità e individua il punto d'attacco del cambiamento di stato) e, al tempo stesso, di un avverbiale di durata (che

[132] I participi con prefisso negativo sono considerati aggettivi (cfr. ad es. MAIENBORN, *Das Zustandspassiv*, p. 91, EMBICK, *On the Structure of Resultative Participle*, p. 359, GEHRKE, *Still puzzled*). Per l'inglese *un-* McIntyre, *Adjectival passives*, p. 22 n. 1, distingue tuttavia tra valori aggettivali e valori verbali (cfr. *unwrapped presents*, 'presents which got unwrapped' / 'presents which have not been wrapped'). Su PP con *in-* negativo, incompatibile con il sintagma-*da*, cfr. IACOBINI, *Caratteristiche*, p. 106.

[133] Si attinge, all'occorrenza, ad esempi tratti dalla *Repubblica* non contenuti nella Documentazione. Cfr. LAWLER, *Negation*, che distingue lessemi con negazione «overt (*never*), incorporated (*doubt*, *lack*), calculated (*few*), entailed (*prohibit*), or presupposed (*only*)», e KLIMA, *Negation*, pp. 314-315, che denomina "adversatives" «a class including negative emotive predicates such as *surprised*, *ashamed*, *stupid*, *absurd*, *refused*, *reluctant*».

esprime per quanto tempo si è prolungato lo stato espresso dall'aggettivo) può determinare letture ibride:

> «Per parecchie ore, dopo lo scoppio delle cariche, la capitale è rimasta priva di elettricità e i giornali lussemburghesi non sono potuti uscire»

Se persiste il solo avverbio di durata la lettura è più stativa che eventiva:

> «Invece, nell'estate '85, rieccoli di nuovo tutti, anzi qualcuno in più in qualche centro di villeggiatura che finora ne era rimasto privo»

In assenza di avverbiali di tempo, la lettura eventiva trova maggiore spazio:

> «ha battuto la testa ed è rimasto privo di sensi»

D'altronde, altrettanto accade con i PP, che spesso esprimono, più o meno esplicitamente, uno stato raggiunto che si protrae nel tempo (come il PP2 *colpito* PP2 e il PP1 *ferito*), ma anche, più raramente, stati momentanei (come il PP1 *colpito*).

Quanto detto per *privo* può essere esteso anche ad altri aggettivi (*scettico*, *solo*, *vuoto*), che hanno perlopiù valore eventivo:

> *scettico*: «Secci è rimasto, però, scettico: "Non vediamo progressi nell'inchiesta[...]"»
> *solo*: «Aiutatemi, sono un bambino di otto anni, sono rimasto solo sulla mia barca, papà e mamma sono scomparsi in mare»
> *sordo*: «Di chi ha costruito con lo sputo quella palazzina e di chi è rimasto sordo agli allarmi lanciati dai suoi inquilini»
> *vuoto*: «Lo stesso Nicolini ha però precisato che "il dipinto è sicuramente del Bril: il dilemma è nato soltanto perché nello spazio rimasto vuoto per il furto era affissa inutilmente una targa di ottone che recava il nome di Brueghel"»

Altri contesti, accanto a una lettura stativa (caratterizzata da un avverbiale di tempo), non sembrano escludere valori a-eventivi:

> *vacante*: «Un componente del Nucleo ha lasciato gli uffici di via XX Settembre il 22 febbraio per approdare all'Eni. Un altro posto è rimasto vacante da sempre»

Anche gli aggettivi o i nomi abbinati a *rimanere* (*orfano*, *padrone*, *prigioniero*, *vedovo*) e alcune locuzioni hanno valore eventivo, indicando un'azione di restrizione o privazione.

È interessante notare che anche la locuzione *rimanere con* + nome – che all'apparenza è semanticamente inversa rispetto *rimanere senza* + nome – può esprimere lo stesso valore di restrizione o privazione (come avviene anche con alcune espressioni idiomatiche, come ad es. *rimanere con le mani in mano*).[134] Queste due locuzioni hanno

[134] Sulla negazione implicata cfr. MANZOTTI / RIGAMONTI, *Negazione*, p. 271. *Rimanere con* N può ricevere l'avverbio *solo*, che contiene un «quantificatore negativo latente»: LONGOBARDI,

valore perlopiù eventivo (cfr. documentazione), che qui illustriamo con un esempio ciascuno:

> «Il partito, pur avendo avuto grandi successi elettorali, è rimasto con 34.000 iscritti»
> «Ma il ddl, in questo modo, era rimasto senza copertura finanziaria»

Le locuzioni con *rimanere* possono essere distinte sulla base della somiglianza con PP1 (come in *rimanere per terra*, *rimanere fuori* ecc.) e con PP2 (*rimanere a bocca aperta*, *rimanere di stucco* ecc.). In entrambi i casi, l'eventività può essere data dall'avverbio di tempo anaforico o dalla "cornice causale", come rispettivamente nei due esempi di *rimanere a terra* (assimilabile a PP1) riportati:

> «Qualche minuto dopo Marco Paternò è rimasto per terra»
> «Wilkins e Francis sono venuti a collisione ed è rimasto a terra il più fragile [...]»

Altrettanto vale con locuzioni assimilabili a PP2 come *rimanere di stucco* e *rimanere a bocca aperta*, il cui tratto eventivo è dato dalla cornice temporale in cui il predicato è inserito:

> «Sono rimasto di stucco nel vedere queste cose sulla Rete 1»
> «Quando il sindaco di Napoli, il socialista Carlo D'Amato, ha letto la sintetica relazione dell'assessore al personale è rimasto a bocca aperta»

Se questi indicatori temporali mancano o sono più vaghi, l'eventività tende a svanire:

> «Sono rimasti invece ancorati in porto gli altri due traghetti, l'"Emilia" e il "Boccaccio". Un altro migliaio di persone è quindi rimasto a terra»

5.6 Valori epistemici

Come è stato evidenziato, *rimanere* richiede una Causa [-intenzionalità]. Questo può significare che il suo uso può essere correlato a particolari valori epistemici.

La peculiarità semantica [-intenzionalità] comporta l'esclusione dell'Agente, perlomeno se inteso nella sua prototipicità. Nella prassi dell'informazione giornalistica è però possibile, sia pure raramente, imbattersi in contesti in cui la perifrasi verbale è accompagnata da un sintagma-*da* [+umano] (cfr. §3.6):

> «[...] un loro compagno rimasto ucciso martedì scorso da un poliziotto mentre distribuiva manifestini che chiamavano alla lotta gli studenti» (*Repubblica* 13/4/1985)
> «un hezbollah è rimasto ucciso dagli uomini di Amal» (*Repubblica* 9/6/1985)

Quantificatori, p. 678. Si veda ancora, fuori *corpus*, «Bersellini è rimasto con gli uomini contati», «i nostri caseifici sono rimasti con un due per cento di invenduto».

Se nel primo contesto l'ipotesi che vi sia stata l'intenzionalità di compiere l'azione di *uccidere* non è affatto esclusa, nel secondo la stessa ipotesi è invece più che probabile. Tuttavia, in entrambi i casi, il giornalista ha preferito prendere le distanze e non usare ausiliari come *essere* e *venire* che avrebbero invece gettato una luce completamente diversa sui fatti narrati.

Similmente, dando conto dell'epilogo della vicenda del bambino Ethan Alabama sequestrato da Jimmy Lee Dykes, il tg del canale televisivo La7 (5/2/2013, ore 14) riferiva che il rapitore era «rimasto ucciso» durante l'intervento delle forze dell'ordine; e stesso distacco assumevano altre fonti d'informazione italiane nei confronti della notizia.[135] La vicenda era invece riportata sotto tutt'altra luce dai canali e dai giornali statunitensi:

> «authorities killed the abductor», «He didn't specify how Mr. Dykes was killed» (*Boy Freed in Hostage Standoff*, in «the Wall Street Journal» 5/2/2013), «The standoff ended after six days when Dykes engaged in a firefight with SWAT agents before they stormed the bunker and killed him» (*Alabama Hostage Rescue: 6-Year-Old Ethan Speaks With 'Dr. Phil' After Abduction*, sito di ABC News, 12 febbraio 2013)

L'uso di *rimanere* sarebbe dunque determinato, in contesti dalle dinamiche poco chiare o non accertate, dall'intenzione di evitare l'attribuzione di responsabilità, così come avviene con il condizionale "di dissociazione".[136]
Questa cautela può tuttavia spingersi al punto da essere eccessiva:

> «L'assassino potrebbe essere rimasto a sua volta ferito dalla donna in un gesto di difesa» (*Corriere* 14/12/2012)

In questo contesto, *rimanere* opera sull'argomento preposizionale una sorta di scissione semantica: se nella sua unione con il PP l'argomento non può escludere il tratto [+intenzionale] (*ferito dalla donna*), la sua correlazione con un predicato formato con *rimanere* riduce l'Agentività di partenza entro un contesto più genericamente Causale: il tratto [+intenzionale] non è così escluso ma ricondotto e subordinato a un quadro causale-circostanziale esterno.

La relazione tra l'azione espressa dal predicato eventivo (anticausativo o passivo) e la Causa che la produce risulta dunque determinata, in presenza di un predicato con *rimanere*, dalla sovrapposizione dell'azione della Causa esercitata su due livelli, quello del PP (dove, riprendendo l'esempio citato, può eventualmente agire anche come Agente [±intenzionale]) e quello del predicato (*rimanere* + PP, dove invece agisce solo come Causa).

[135] Cfr. «[...] bimbo, tenuto per quasi una settimana in un bunker da Jimmy Lee Dykes, ucciso nell'operazione» (*Usa: Ethan libero, ride e gioca*, «Ansa» 5/2/2013), «L'uomo è rimasto ucciso nell'assalto: non è chiaro se colpito dagli agenti o perché si è tolto la vita» (*Ethan liberato con un «rapido» blitz*, *Corriere* 5/2/2013), «Il suo rapitore Jimmy Lee Dykes, che l'ha tenuto in un bunker di circa quattro metri quadrati per sette giorni, è morto» (*Usa: Alabama, liberato il piccolo Ethan, morto il sequestratore*, *Stampa*, 5/2/2013).

[136] Sul quale cfr. KRONNING, *Condizionale epistemico*.

Di norma però questa sorte di scissione non è rilevabile, perché l'argomento esterno non è espresso oppure, se è espresso corrisponde tipicamente non a un Agente ([+umano] [+determinato]), come nell'esempio citato, ma a una Causa indicante un evento esterno ([-intenzionale]).

6 Eventività di *rimanere* + PP tra valore anticausativo e passivo

Come si è potuto constatare, la perifrasi *rimanere* + PP risulta in bilico tra anticausatività e passività. A indirizzare verso l'una o verso l'altra interpretazione concorre ogni componente della frase con le sue caratteristiche sintattiche e semantiche: la lettura finale è dunque determinata dalla combinazione delle caratteristiche dei diversi componenti.

6.1 Fattori discriminanti

Ricapitoliamo i principali fattori discriminanti illustrati fin qui.

– Predicato. Il predicato ha un argomento Paziente (PP1) o Esperiente (PP2) in funzione di soggetto ed eventualmente un argomento esterno Causa (più che Agente). In contesti eventivi è favorita una lettura anticausativa.

– PP. PP1 e PP2, verbi puntuali (non telici), condividono il tratto semantico eventivo (ovvero non protitipicamente agentivo: sono quindi esclusi o marginalizzati PP1 come *assassinare*) e la possibilità che vi sia un argomento esterno (nella fattispecie, Causa).

– Causa. La Causa è spesso un nome-evento, perlopiù [-determinato], che trova espressione attraverso il sintagma-*da* oppure attraverso altre soluzioni (sintagma-*di* o altro).

– Avverbi. Il predicato può essere corredato da avverbi modificatori del PP (*gravemente*, *molto* ecc., con gradi diversi di compatibilità) e da avverbi di tempo, che rimarcano la processualità e la duratività / non duratività dell'azione.

Un elemento discriminante ai fini della lettura anticausativa o passiva della frase è la presenza o assenza della Causa e la sua codifica morfolessicale (cfr. §3.3). Se con *venire*, in virtù delle proprietà del verbo ausiliare, la presenza o assenza dell'Agente è indifferente ai fini della lettura del costrutto, che rimarrà comunque passivo e non stativo, altrettanto non avviene con *rimanere* che, da questo punto di vista, presenta analogie con l'ausiliare *essere*, la cui lettura, in assenza del sintagma-*da* e di avverbi di modo, non è altrettanto certa (cfr. *La porta è chiusa*, *Piero è amato*).[137]

Con *rimanere*, tuttavia, non è in gioco solo l'opposizione tra statività e processualità ma soprattutto, all'interno di quest'ultima, quella tra anticausatività e passività.

Mentre alcune lingue, come ad esempio l'inglese, dispongono di un argomento esterno codificato in modo distinto per costrutti passivi (*by*) e per costrutti anticausativi (*from* o *through*), l'italiano non presenta questo rapporto biunivoco, o tendenzialmente biunivoco, tra forma e funzione, dato che il sintagma-*da* figura come argomento tanto in

[137] Cfr. Salvi, *Frase semplice*, pp. 101-103.

costrutti certamente passivi (*venire* + PP) quanto in costrutti di lettura più incerta (*rimanere* + PP).

In queste condizioni, non risulta particolarmente agevole distinguere tra un'interpretazione passiva o anticausativa del costrutto; tuttavia è possibile avanzare una proposta per provare a discriminare in modo netto tra le due possibilità.

Consideriamo l'Agentività una nozione scalare, estesa tra il polo dell'Agente prototipico ([+intenzionalità] [+controllo] [+determinato]) e il polo opposto della Causa prototipica, che riceve una diversa codifica morfolessicale in relazione alla funzione svolta all'interno della frase: *da* (argomentale e agentivo/causale), *di* (argomentale e causale), *a causa di* (non argomentale, causale), *da parte di* / *per mano di* (non argomentale, agentivo); infine, si aggiungano a questi *di fronte a* e altre espressioni che codificano complementi in cui la Causa figura in trasparenza in un contesto genericamente avverbiale-circostanziale (cfr. §3.3 e §7.2.2).

La condizione di ricorrenza della perifrasi *rimanere* + PP che più delle altre consente una lettura passiva è quella che prevede l'espressione della Causa attraverso il sintagma-*da*. Negli altri casi, cioè in presenza di una Causa codificata diversamente o in assenza di una Causa espressa, le condizioni che suggeriscono una lettura passiva risultano meno favorevoli.[138]

In assenza dell'argomento esterno o in presenza di una Causa non codificata con il sintagma-*da*, infatti, assume particolare rilievo il grado di agentività del verbo al participio. Se, con *rimanere*, il grado più alto è automaticamente escluso (**rimase assassinato*), altrettanto non avviene nei gradi inferiori (*rimase colpito / ferito*). Con PP come questi, peraltro particolarmente frequenti, la differenza rispetto al costrutto con *venire* (*venne colpito / ferito*) non risiede nella presenza di una Causa esterna (che, benché inespressa, è comunque data, che sia Causa o Agente), ma nel diverso grado della rappresentazione dell'agentività, basso con *rimanere* (come del resto avviene nei costrutti anticausativi a morfologia attiva) e alto con *venire*.

6.2 Anticausativo o risultativo

Finora si è distinto tra predicati marcati da eventività, cioè tra costrutti passivi e costrutti anticausativi. Bisogna però osservare che tra i PP compatibili con *rimanere* in accezione eventiva (PP1 e PP2), quasi tutti sembrano ammettere anche, nella medisima perifrasi, una lettura stativo-risultativa, correlata allo stato durativo potenzialmente indicato dal PP:[139]

[138] Su *da parte di* cfr. Bentley, *Split intransitivity*, pp. 166-167. Il dubbio che il sintagma-*da* possa non essere un argomento del verbo ma un argomento del PP può ritenersi ininfluente ai fini del nostro discorso: cfr. §3.6.1 e §3.10.2.

[139] Nel prospetto si distingue tra duratività dello stato iniziale (1), duratività dello stato finale (2) e sua acquisizione (eventualmente mancata, nel caso di un verbo con lettura continuativa come *assediare*).

		stato 1 [±dur] →	cambiamento di stato	→ stato 2 [±dur]	Stativo-Risultativo
PP1 [-*si*]	*ucciso*	–	acquisito	–	*
PP1 [-*si*]	*assediato*	+	non acquisito	+	√
PP1 [±*si*]	*ferito*	–	acquisito	+	√
PP1 [+*si*]	*impigliato*	–	acquisito	+	√
PP2 [±*si*]	*meravigliato*	–	acquisito	+	?

Tuttavia, questa possibilità di lettura non risulta prevalente rispetto all'interpretazione eventiva, che rimane preferibile in considerazione, oltre che dell'eventuale presenza di una Causa espressa dal sintagma-*da* (esclusa solo con PP [+*si*]), di altri diversi fattori (cfr. §2.1): il valore puntuale del verbo, il test di equivalenza temporale, la compatibilità con *venire* (sia pure con l'eccezione della maggior parte dei PP2) e con avverbi modificatori di evento (ad es. *improvvisamente*), alcune corrispondenze interlinguistiche (tra *rimanere* + PP e *get* + PP, oltre che *remain* + PP) e, inoltre, la non sostituibilità di *rimanere* con verbi come *risultare* e *divenire* (benché equivalenti dal punto di vista semantico) e l'incompatibilità di PP1 e PP2 con i tempi composti di *venire*, che contrassegnano tipicamente contesti stativo-risultativi o fientivi (cfr. §6.3).[140] Queste condizioni consentono inoltre di ritenere anticausativa o passiva anche un'azione marcata da PP che ammettono contesti chiaramente durativi.

6.3 Gradazione tra costrutti

Quanto detto fin qui suggerisce di provare a tenere distinte categorie e nozioni che il più delle volte, sulla base di costrutti effettivamente più frequenti di altri, finiscono col sovrapporsi le une alle altre (anticausativo / passivo e agentivo / eventivo / stativo per il predicato e aggettivale / verbale per il PP) e a osservarle invece nella loro diversa conformazione.
Si presenta qui di seguito una proposta di lettura complessiva, riassunta in un prospetto riepilogativo (tab. 1), che converrà accompagnare da un breve commento sui diversi costrutti.

[140] Sul fientivo, descritto come una marca morfologica che deriva processi a partire da situazioni stative, cfr. SQUARTINI, *Grammaticalizzazione*, p. 27, dove si rinvia a HASPELMATH, *Grammaticization*, pp. 34 e 55, e a MICHAELIS, *Antikausativ*. Su risultativo e fientivo cfr. PESCIA, *Sintassi e semantica*, pp. 125-135, SQUARTINI, *Voice clashing*, pp. 353-354, SQUARTINI, *Grammaticalizzazione*, p. 29. In relazione ai percorsi evolutivi di grammaticalizzazione del passivo qui accennati a proposito di *venire* + PP, la perifrasi *rimanere* + PP potrebbe aver dunque seguito la trafila riflessivo (o fientivo) > anticausativo > passivo, pur considerando che la presenza di una Causa è stata ritenuta compatibile con gli anticausativi (Alexiadou ecc.) e che anche per la costruzione inglese *get* + PP sono state proposte letture anticausative (Alexiadou) e risultative (McIntyre): cfr. da ultimo, ALEXIADOU, *Noncanonical passives revisited*. Sui valori risultativi delle perifrasi con *essere* e con *venire* cfr. BENTLEY, *Split intransitivity*, pp. 346-350.

	Verbo	Tipo PP	Valore PP	Arg. est.	Costrutto	Valore	Azione	Esempio
A	*venire*	PP	V	*da*	Passivo	Agentivo	Non Dur	*Il pacco venne recapitato in tempo (da un corriere privato)*
B	*venire*	PP	V	*(da)*	Passivo	Agentivo	Non Dur	*Il pacco venne recapitato in tempo*
C	*venire*	PP	V	(?)	Passivo	Eventivo	Non Dur	*Il pacco venne smarrito (?dal corriere)*
D	*venire*	PP	Agg	–	Copulativo	Stativo-Risultativo	Non Dur	*La torta (mi) è venuta troppo cotta*
E	*rimanere*	PP1	V	*da*	Passivo	Eventivo	Non Dur	*L'uomo rimase colpito / ferito da una scheggia*
F	*rimanere*	PP2	Agg	*da*	Passivo	Eventivo	Non Dur	*L'uomo rimase sconvolto dalle sue parole*
G	*rimanere*	PP1	V	– / ≠ *da*	Anticausativo	Eventivo	Non Dur	*L'uomo rimase colpito / ferito a un braccio*
H	*rimanere*	PP2	Agg	– / ≠ *da*	Anticausativo	Eventivo	Non Dur	*L'uomo rimase sconvolto*
I	*rimanere*	PP1	V	*da*	Passivo	Eventivo	Durativo	*Il palazzo rimase assediato per quattro ore dai manifestanti*
L	*rimanere*	PP1	V	– / ≠ *da*	Passivo/Anticaus.	Eventivo	Durativo	*Milano rimase assediata per quattro ore*
M	*rimanere*	PP2	V/Agg	*da*	Passivo/ (Copulativo?)	Eventivo/ Stativo-Risultativo	Durativo	*La città rimase a lungo sconvolta dalla deflagrazione*
N	*rimanere*	PP2	V/Agg	– / ≠ *da*	Anticausativo/ (Copulativo?)	Eventivo/ Stativo-Risultativo	Durativo	*La città rimase sconvolta a lungo*
O	*rimanere*	PP1	V/Agg	*da*	Passivo/ (Copulativo?)	Eventivo/ Stativo-Risultativo	Durativo	*La casa rimase a lungo circondata dai manifestanti* *La casa rimase a lungo circondata dagli alberi*

Tabella 1

Venire passivo agentivo e passivo eventivo

Accanto a costrutti passivi agentivi (A, B) sono stati inclusi costrutti passivi eventivi non solo con *rimanere* (E, F), ma anche con *venire* (C): ferma restando la passività, il tratto [+eventivo] ovvero [-agentivo] è dato dalle proprietà semantiche del PP (in particolare del tratto [-intenzionalità] in PP come *smarrito*), diverse rispetto a quelle osservate per i costrutti passivi agentivi.[141]

Venire stativo-risultativo

Nel costrutto in D *venire* funge da verbo pieno e non da ausiliare e può comparire in tempi composti; il PP è Aggettivale e il costrutto ha valore stativo-risultativo. Il sintagma-*da* è escluso.[142]

Rimanere + PP1 (transitivo / intransitivo pronominale)

I costrutti in E e in G si riferiscono a PP1 di verbi pienamente transitivi (*colpire*) oppure di verbi intransitivi pronominali (*ferire / ferirsi*). Nei rispettivi costrutti attivi, il *si* è riflessivo nel primo caso (*L'uomo si colpì alla testa*) e mediale, oltre che eventualmente riflessivo, nel secondo (*L'uomo si ferì a un braccio*): perché vi siano accezioni contrarie a quelle attese, è opportuna l'aggiunta di un avverbio (*L'uomo si colpì alla testa per sbaglio* e *L'uomo si ferì intenzionalmente a un braccio*). Con *rimanere*, tuttavia, la lettura riflessiva (ovvero intenzionale, agentiva) si esclude, e i due verbi possono dunque essere classificati all'interno della stessa categoria. Data l'eventività di fondo, la lettura passiva è possibile solo in presenza del sintagma-*da*; altrimenti è preferita la lettura anticausativa.

PP eventivi / stativi, aggettivali / verbali

I costrutti in F e in H si differenziano per il solo sintagma-*da*: in sua presenza, il costrutto si connota come passivo con valore eventivo (F); in sua assenza, la Causa è non codificata o codificata debolmente, cosa che suggerisce un'interpretazione anticausativa (H). Come tuttavia avviene con i costrutti passivi in generale (ad esempio con *venire*), l'assenza della Causa non esclude automaticamente la lettura passiva, che potrebbe ritrovarsi nelle sole caratteristiche semantiche del PP2 e nel contesto più ampio del testo: escludendo qui un PP prototipicamente agentivo come *assassinato*, incompatibile con *rimanere*, un PP come *spaventato* potrebbe implicare un certo grado di agentività (tuttavia attenuato da *rimanere*), che sospinge verso una lettura passiva. Si tratta di casi-limite, che offrono tuttavia interessanti punti di osservazione sul fenomeno.

[141] Con *smarrito* la presenza del sintagma-*da* è occasionale (nel *corpus* della *Repubblica* si ha una sola occorrenza di 17 complessive di *venire smarrit-*: «spesso vengono smarriti dai genitori in fuga»; piuttosto abituale, invece, il sintagma-*da* in costrutti participiali).

[142] Cfr. SQUARTINI, *Grammaticalizzazione*, p. 29; SALVI, *Frase semplice*, pp. 105-106 ricorda anche l'espressione *Mi venne fatto di* + infinito, di valore eventivo più che passivo, con PP equivalente a un complemento predicativo.

Duratività
Il gruppo di costrutti I-O, marcati da avverbiali di tempo indicanti durata, pone più possibilità di lettura.
Analogamente ai costrutti precedenti, il sintagma-*da* (esprimente una Causa, eventualmente caratterizzata da un argomento anche [+umano] ma [-determinato]) suggerisce per i costrutti I e M un'interpretazione passiva eventiva. Tuttavia, la presenza dell'avverbio di tempo può rendere i costrutti ambigui e passibili anche di una lettura di stato, diversa a seconda che la duratività dell'azione risulti compatibile con il PP (*assediare*, passibile di duratività) oppure no (*sconvolgere*). Nel primo caso, in assenza del sintagma-*da*, il costrutto (L) può ricevere una lettura anticausativa o anche passiva (favorita dalla semantica agentiva del PP *assediato*), con valore durativo. Nel secondo caso (M), il predicato con il PP2 *sconvolto* può essere interpretato come un costrutto passivo eventivo (cambiamento di stato) o anche, considerato l'avverbiale di tempo, come un costrutto stativo-risultativo, in cui il PP indica la prosecuzione di uno stato precedentemente acquisito.[143] Per il realativo costrutto privo di sintagma-*da* (N), l'eventuale ambiguità, in contesto eventivo, tra valore anticausativo e – tenuto conto della potenziale agentività del PP *sconvolto* – valore passivo appare piuttosto improbabile, dato che la lettura passiva implicherebbe il perdurare dell'azione indicata dal verbo che, diversamente da *assediato*, non è durativo; alternativamente, è possibile dunque ammettere una lettura stativo-risultativa.

I due costrutti in O rappresentano un'eventualità più rara e alla lettura stativo-risultativa (*La casa rimase (a lungo) circondata dagli alberi*) si affianca la possibilità di una lettura passiva (eventiva, eventualmente anche con argomento Causa [+umano][-determinato]: *La casa rimase (a lungo) circondata dai manifestanti*).[144]

Ammessa la possibilità di un valore stativo-risultativo di alcuni PP1/PP2, la duratività dell'azione espressa dal costrutto con *rimanere* (M, N, O) mette in dubbio l'abituale lettura copulativa di questo costrutto (propria di *venire*: D) e lascia ammettere invece una lettura passiva, peraltro compatibile con l'eventuale espressione del sintagma-*da* (M, O), anche in presenza di PP interpretabili come aggettivali.

143 Duratività che non è possibile con *venire*: cfr. §2.2.

144 Migliore è un contesto [-durativo], come, nel nostro *corpus*: «L'uomo, mentre bruciava delle stoppie, è rimasto improvvisamente circondato dalle fiamme senza riuscire a mettersi in salvo». Si noti che nella frase *La casa fu / venne circondata dagli alberi* il sintagma-*da* viene letto come strumentale e richiede che l'agente venga codificato in altro modo (ad es. *da parte di*): si tratta tuttavia di un costrutto ai limiti della grammaticalità e che abitualmente presenta una diversa configurazione (sintagma-*di* per lo strumento e *da* (*parte di*) per l'agente). Sul valore aggettivale di PP2 eventivi e sulla compatibilità con il sintagma-*da* cfr. §2.5; sul PP *circondato* cfr. anche, per l'inglese (*surrounded*), TARANTO, *An event structure analysis*, pp. 10-11 e, per lo spagnolo (*rodeado*), SUÑER, Por *vs.* de, pp. 279, 283.

6.4 Scalarità Agentivo / Causale

Uno sguardo più ravvicinato sui costrutti formati da *venire* e da *rimanere* + PP può ricavarsi da un prospetto che evidenzia la continuità tra i due poli Agentivo e Causale corrente lungo i due assi rappresentati dal verbo (*venire* / *rimanere*) e dalla semantica del PP (cfr. tab. 2).

Il massimo di agentività si ha in alto a sinistra, il minimo in basso a destra. Nell'ultima colonna di destra si sintetizza la lettura del costrutto (P = passivo; A = anticausativo), tenuto conto della combinazione con l'argomento esterno, specificato nella penultima colonna.

La zona grigia indica, in verticale, i gradi di agentività o causalità dei diversi PP: i PP1 si estendono dall'alto ([+agentività]) verso il basso ([-agentività]); i PP2 dal basso verso l'alto, e ogni PP è inserito sul grado massimo che può raggiungere. Ad esempio, *assassinare* è solo agentivo e compatibile con *venire*, mentre *ferire* mostra una versatilità più ampia, che si estende dal grado massimo [+Ag] fino al grado minimo [+C], risultando compatibile con *venire* e con *rimanere*. Altrettanto vale per i PP2: *spaventare* si estende dai gradi più bassi ai gradi più alti, mentre *sorprendere* ha ad esempio una versatilità minore. Analogamente, *rimanere* (R) si estende dal basso verso l'alto, mentre *venire* (V) dall'alto verso il basso, in entrambi i casi su tre gradi di frequenza / accettabilità, alta (V, R), media ((V) e (R)) e bassa o nulla (–).

Quanto detto fin qui induce a considerare la diatesi, o meglio le categorie di passività e anticausatività, una nozione scalare che si estende da un estremo a un altro in relazione a tre fattori principali: il ruolo semantico assegnato dal predicato al soggetto (Paziente o Esperiente), l'espressione e le proprietà dell'argomento esterno (Agente o Causa), il valore eventivo (processuale) o stativo (durativo) indicato dal predicato: riprendendo lo schema riportato sopra, si va da un grado massimo (soggetto Paziente, argomento Agente ed eventività marcata con l'ausiliare *venire*), piuttosto frequente, a un grado minimo (soggetto Esperiente, argomento non espresso e statività), mediamente più raro.

			+AG	→	→	→	→	→	→	→	→	+ C		
			PP		PP1				PP2				ARG	COS
	AUS				[-*si*] [-dur]	[-*si*] [+dur]	[±*si*]	[+*si*]	[-*si*]	[±*si*] [Ag]	[±*si*] [Ev]	[±*si*] [St]		
+AG	V	–	*assassinato*	↓	↓	↓	↓						(*da* /**ne*) AG	P
↓	(V)	(R)		*truffato*	↓	↓	↓			*spaventato*			(*da* / *ne*) AG	P
↓	(V)	R			*ucciso*	*assediato*	*distrutto ferito*		*colpito*	↑	*sorpreso*	?*preoccupato*	*da* C	P
↓					*colpito*	*sconfitto*			*ferito*				*ne* (= *di* / *da*)	A / P
+C	–	R						*infortunato*	↑	↑	↑	*preoccupato*	(≠ *da*)	A

Tabella 2

7 *Rimanere* in italiano antico e moderno

Per saggiare la presenza e i valori del costrutto con *rimanere* nell'italiano dei secoli passati, ci si è basati su due sondaggi diacronici relativi alle forme del participio passato *rimaso* / *rimasto* per i secoli XIII-XX e, in aggiunta, del passato remoto *rimase* per i secoli XIII-XIV (fonte: *BIZ*).

I due participi passati presentano una distribuzione cronologica inversa: rispetto a *rimasto*, *rimaso* è pressoché esclusivo tra Due e Trecento, dominante fino a tutto il Quattrocento, in sostanziale equilibrio con la forma concorrente nel Cinque e nel Seicento, e infine progressivamente dismesso tra Sette e Ottocento. A indicare il valore libresco, letterario e ormai arcaizzante che connota *rimaso* nel primo Ottocento valga la sua sistematica sostituzione con *rimasto* nella revisione linguistica dei *Promessi sposi*.[145] Il prospetto che segue illustra nel dettaglio la ricorrenza delle due forme (il dato a sinistra si riferisce alla prosa, quello a destra alla poesia), che ha nel XVII secolo un momento di svolta:

	XIII	XIV	XV	XVI	XVII	XVIII	XIX	XX	totale
rimaso	7-7	116-42	78-60	171-64	14-21	10-3	19-6	0-1	415-204
rimasto	0-0	6-1	31-3	149-13	16-4	48-17	545-29	349-12	1149-79

I risultati delle indagini saranno presentati secondo questo ordine: dapprima si illustrerà la combinazione tra *rimaso* / *rimasto* e un elemento diverso da PP (aggettivo, nome, locuzione; cfr. §7.1), quindi quella tra *rimaso* / *rimasto* + PP (a cui si aggiungono, in questa sezione, anche i risultati emersi dal sondaggio due-trecentesco di *rimase* + PP; cfr. §7.2), soffermandosi sul PP (§7.2.1), sulla Causa (§7.2.2) e infine sugli usi di *ne* (§7.2.3).

7.1 *Rimanere* + parte del discorso

La gamma di elementi abbinati a *rimanere* riscontrata nell'italiano contemporaneo appare sostanzialmente la stessa anche per l'italiano antico e moderno. Accanto ai PP (cfr. §1.1), si hanno infatti aggettivi, nomi e locuzioni, spesso (ma non necessariamente) con significato negativo.[146] Esemplificando per i soli contesti eventivi dei primi secoli:

[145] Cfr. (la prima citazione è tratta dall'edizione del '27, la seconda dall'edizione del '40-'42): «rimasa poi con una giovane forese» > «rimasta poi sola con una giovane contadina» (cap. IX), «rimaso nella via» > «rimasto nella strada» (cap. XX), «rimaso solo» > «rimasto solo» (cap. XXI): VITALE, *Lingua*, p. 23, registra il cambiamento come "decrescimento della letterarietà".

[146] Oltre all'esempio citato a testo poco più avanti, *rimanere con* + nome può indicare qualcosa di negativo («dappoi ked io seppi la tua partenza [...] io sì rimasi kon pianto e kon dolore assai», *Tristano riccardiano*) ma anche di positivo («Così ornato come avete udito, s'era Ameto rimaso

contento: «Poi che la reina tacque, e Menedon fu rimaso contento» (Boccaccio, *Filocolo*)
prigioniero: «e quella assalita, appresso al Bondeno, ruppono con perdita di più che dugento legni; dove rimase prigioniero messer Antonio Iustiniano, provveditore dell'armata» (Machiavelli, *Istorie fiorentine*)
sperto: «Dice il piovano: "Per certo, tu m'hai rendute ragioni che tu déi molto ben sapere il Rinforzato"; e fra sé medesimo godea di questa novella; ma pur non sì, che trovando da ivi a pochi dì che 'l fante detto allegando un testo del Codico, gli facea danno in cucina, lo mandò via, essendo rimaso il detto piovano molto più sperto e più cauto» (Sacchetti, *Trecentonovelle*)

Gli elementi che si accompagnano a *rimanere* possono essere a negazione esplicita o implicata, sotto forma di aggettivo o nome:

muto: «Onde la turba nella prima vista rimase muta come rimane una buona donna veduto il cavallo a dosso alla cavalla» (Aretino, *Ragionamento*)
povero: «le ricchezze mancarono e esso rimase povero» (Boccaccio, *Decameron*)
privo: «Oh lasso, a cui od a qual parte arrivo, / po' che rimaso son d'ogni ben privo, / ch'i' non sia sempre tenuto cattivo» (Pucci, *Rime*)
solo: «era Florio rimaso tutto soletto di quella compagnia che più gli piacea» (Boccaccio, *Filocolo*)
vedovo: «avvenne che una figliuola di Currado, il cui nome era Spina, rimasa vedova d'uno Niccolò da Grignano alla casa del padre tornò» (Boccaccio, *Decameron*)

o di locuzione preposizionale:

con + nome / pronome: «Manfredi rimaso con pochi, fece come valente signore» (Villani, *Nuova Cronica*)
senza + nome: «per che, andatosene, senza albergo e senza cena era rimaso» (Boccaccio, *Decameron*)

7.2 *Rimanere* + PP

Per descrivere le caratteristiche della perifrasi *rimanere* + PP nell'italiano antico e moderno, ci si servirà dei risultati emersi da differenti sondaggi. Ci si soffermerà dapprima sul tipo di PP coinvolto nella perifrasi, quindi sull'espressione della Causa (cfr. §7.2.1, §7.2.2 e §7.2.3).

con lieto animo, ascoltando il cantar delle donne», Boccaccio, *Comedìa*). Sull'uso *rimanere* [+*si*] in italiano antico cfr. BRAMBILLA AGENO, *Verbo*, pp. 137-138. Il primo esempio boccacciano citato presenta anche una differenza sintattica rispetto all'italiano moderno, che non ammetterebbe questa forma di trapassato remoto.

7.2.1 Caratteristiche del PP1

La gamma dei participi passati ricorrenti con *rimanere* nell'italiano due-trecentesco presenta alcune differenze rispetto a quella riscontrata per l'italiano attuale.[147]

In un paio di luoghi si hanno PP brevi con valore risultativo (nell'ultimo esempio coordinato asimmetricamente a un PP pieno, *vituperato*):

> *salvo*: «benché salvo dalle mani degli arabi fusse rimaso» (Erizzo, *Le sei giornate*)[148]
> *tronco*: «biasimando l'empio destino, a cui non era piaciuto di far sì che, con noi venendo ancora voi, non fosse alquanto rimaso tronco ed imperfetto il bene ch'avevamo d'avere egualmente tutti» (Luigini, *Il libro della bella donna*)
> *scarico*: «donde a ciascuno la cosa parse chiara, di modo che Filippo è rimaso tutto scarico, et il Brancaccio vituperato» (Machiavelli, *Lettere*)

Ricorrono in particolare, con lettura non stativa ma eventiva, PP come *preso* e *rotto*, nella rispettiva accezione di 'catturato' e 'spezzato':

> *preso*: «Il papa, abbandonato dalla sua famiglia, rimase preso» (Compagni, *Cronica*); «intra•lli altri rimase preso il figliuolo del conte Bandino di Montegranelli» (Matteo e Filippo Villani, *Cronica*); «e quale de' traditori fuggì, e quale rimase o preso o morto» (ivi); «Come messer Bernabò si credette prendere Coreggio per trattato, e sua gente vi rimase presa» (ivi); «Preso rimase il conte di Trinciavilla» (ivi); «e co•tutta sua famiglia rimase preso» (ivi)
> *rotto*: «il quale volle ch'a capitolo a capitolo li fosse letti, e•lleggendosi, a catuno capitolo rispondea: "e•cciò voglio Bologna", e così al tutto rimase il trattato rotto» (Matteo e Filippo Villani, *Cronica*)

Perché il costrutto con *preso* sia possibile anche per l'italiano attuale, il PP richiederebbe un complemento:

> «De Mita è solo rimasto preso in trappola», «Tanto che è rimasto preso fra due fuochi»[149]

[147] Si commentano a testo i verbi dei soli PP1 di ventidue esempi utili estratti su 395 occorrenze totali di *rimase* (il *corpus* è formato dalle opere che la *LIZ*[4] elenca in ordine, dalle *Rime* di Guittone d'Arezzo alla *Cronica* dei fratelli Villani compresa).

[148] *Salvo* ricorre anticamente in contesti formulari d'ambito giuridico (*salve le ragione*, *salve le persone*) modellate sul latino (*salvis personis*). In Villani il PP breve può alternarsi al PP lungo con identità di significato e funzione («s'arrenderono, salve le persone» e «s'arenderono, e salvate le persone, il castello fu rubato»). Traggo l'osservazione iniziale e gli esempi da DE ROBERTO, *Costruzioni assolute*, pp. 207-208.

[149] Analogamente, abbiamo **rimanere chiuso* ma *rimanere chiuso* + avverbiale («corrono ovunque a liberare la gente rimasta chiusa nelle cabine», *Repubblica*).

mentre per *rotto* il costrutto non pare possibile (e sarà dunque giocoforza ricorrere a un altro verbo, come ad esempio il puntuale, non telico, *spezzare*).[150] Analogo a questi casi è il frequentissimo *morto* ('ucciso', nei tempi perfettivi):

> *morto*: «e però avacciarono la battaglia, e menarvi il detto vescovo, ov'egli rimase morto cogli altri insieme» (Villani, *Nuova cronica*); «ciò fatto, il detto dogio Alberto con sua potenzia di gente d'arme venne contro al detto Ataulfo, e in campo combatté co•llui, e sconfisselo, e rimase il detto Ataulfo morto nella detta battaglia con molta di sua gente» (ivi); «E in quella punga rimase morto il buono messer Guiglielmo di Giulieri con più cavalieri» (ivi); «e quale si mise per combattere rimase morto da' pedoni ch'erano in su le ripe de' fossi» (ivi); «Ben vi rimase morto per soperchio affanno il conte di Cornovaglia» (ivi); «e come meser Carlo suo fratello rimase morto in servigio del nostro Comune» (ivi); «che sanza potere fare parola rimase morto in sulla galea» (Matteo e Filippo Villani, *Cronica*); «[...] per la virtù delli Ungheri fu sconfitto, e rimase morto in sul campo» (ivi); «e quale de' traditori fuggì, e quale rimase o preso o morto» (ivi).

Rimanere figura inoltre con un PP come *scomunicato*, la cui forte agentività finisce coll'essere posta tutta in secondo piano, come si ricava anche dal contesto generale del passo, che si presta anche a una lettura stativa:

> «e il detto Ridolfo promise sotto pena di scomunicazione d'essere in Melano infra certo tempo; la quale promessione per sue imprese e guerre d'Alamagna non venne, e non passò i monti, e mai nonn-ebbe la corona, né•lla benedizione dello 'mperio, ma rimase scomunicato; e per avere poi sua pace col papa e colla Chiesa, e esser ricomunicato [...]» (Villani, *Nuova cronica*)

In altri contesti compaiono PP possibili anche nell'italiano contemporaneo, ed eventualmente in combinazione tra loro o con aggettivi:

> *abandonata*: «Per la qual cosa, dopo la lunga scrittura, e la grande spesa cresciuta parecchi anni, in confusione sanza frutto rimase abandonata» (M. e F. Villani, *Cronica*)
> *diserta e disfatta*: «E perché noi facciamo in questa nostra storia digressione, lasciando come Firenze rimase diserta e disfatta» (Villani, *Nuova cronica*);[151]
> *distrutta* e *disolata*: «e poi corsono la terra e rubarla tutta, onde la piccola città d'Imola quasi rimase distrutta di buona gente, e *disolata* di preda» (Villani, *Nuova cronica*)

Tra questi anche *sospeso*, che potremmo considerare PP a negazione implicata:

[150] Un caso eccezionale in italiano potrebbe spiegarsi come una traduzione frettolosa dall'inglese: «Ha detto Peerwani che l'olocausto fu fulmineo. "Il primo dei 51 giorni di assedio, quando la polizia attaccò il fortino, rimasero rotte molte porte e finestre [...]"» (*Repubblica*, 25/4/1993; della notizia giornalistica, relativa alla tragedia di Waco di febbraio-aprile 1993, non si conosce però la fonte).

[151] Sui valori aggettivali e verbali di *diserto* cfr. Brambilla Ageno, *Verbo*, p. 197.

sospesa: «ma•lla maggior parte de' baroni d'Inghilterra e' capi delle Comuni nol consigliavano, e rimase a tanto sospesa la detta elezione etc.» (Villani, *Nuova cronica*)
sospeso e anullato: «per la qual morte tutto quello esordio e accordo rimase sospeso e anullato» (Villani, *Nuova cronica*)

7.2.2 Espressione della Causa

Le perifrasi con *rimanere* sono spesso accompagnate da un circostanziale (perlopiù di luogo), e solo in due casi da una Causa, espressa una volta sotto forma di argomento [+umano] [-determinato] attraverso il sintagma-*da* e un'altra come argomento [-umano] attraverso un complemento di causa con *per*:

> «e quale si mise per combattere rimase morto da' pedoni ch'erano in su le ripe de' fossi» (Villani, *Nuova cronica*); «Ben vi rimase morto per soperchio affanno il conte di Cornovaglia» (ivi)

A un secondo sondaggio, più mirato,[152] sono emersi sette esempi caratterizzati dalla presenza di una Causa espressa dal sintagma-*da*. Si tratta ancora dei PP1 *preso* (2) e *vinto* (3) e del PP2 *scornato*:

> *preso*: «Due conti de•re di Francia rimasono presi da uno aguato» (Matteo e Filippo Villani, *Cronica*); «e massimamente quando colui che lo muove rimane preso da quel laccio che vuol fare pigliare altrui» (Sacchetti, *Trecentonovelle*)
> *vinto* (anche trasl.): «Ma gli umani consigli le più delle volte rimangon vinti dalle forze del cielo» (Boccaccio, *Trattatello in laude di Dante*); «per ciò che il seguir noi il disiderio concupiscibile ne fa rimaner vinti da' movimenti di questa ministra etc.» (Boccaccio, *Esposizioni sopra la Comedia*); «Come per dritta linea l'occhio al sole / non può soffrir l'intrinseca sua spera, / e riman vinto assai da quel che sòle; / così l'ingegno mio, da quel ch'egli era, / rimaso è vinto dalla santa luce / che, come il sole, ogni altro corpo impera» (Serdini, *Rime*)
> *scornato*: «Messer Valore de' Buondelmonti è conquiso e rimaso scornato da una parola che un fanciullo gli dice» (Sacchetti, *Trecentonovelle*)

Eccettua un solo contesto, caratterizzato da argomento ([+umano] [-determinato]) correlato a un PP agentivo come *ingannato*:

> «E in questo ha pochi rimedi o non niuno, se non quello di Dio e se ci è rimaso alcuno amico di Dio, de' quai si truova pochi in fatti. In atto o in parole ce n'ha assai; e perché da questi [*scil.* amici di Dio] rimangono ingannati i fanciulli giovani non usi né pratichi tra loro se non quando sentono i morsi» (Morelli, *Ricordi*)

[152] Effettuato sul *corpus* '200-'400 della *LIZ*^{4} (questi i parametri usati: famiglia di parole composta da *rima** + *da* / *dallo* / *dalla* / *da'* / *dai* / *dagli* / *dalle*; distanza massima tra parole: 3).

A fronte di alcuni esempi del sintagma-*da*, parrebbe molto raro invece il *per* agentivo,[153] del tutto abituale in italiano antico.[154] Benché sia attestato che tendenzialmente *da* ha valore causale e *per* valore agentivo,[155] questa distinzione potrebbe non essere addotta come prova del valore causale ed eventivo (nel senso di non agentivo) di *rimanere*, perché l'assenza potrebbe essere dovuta semplicemente alla maggiore rarità, in assoluto, di questo costrutto rispetto a quello con *da*.

Se osserviamo l'argomento esterno alla luce di un sondaggio più ampio, potremmo infatti individuare tre tipi di trattamento / codificazione: inespressione, espressione generica, espressione con *ne*, *di* e *da* (accanto a queste troveranno posto, marginalmente, altre soluzioni).

La distribuzione delle diverse possibilità può essere rappresentata da un prospetto e dal corrispettivo grafico, relativo alle due possibilità di inespressione e di espressione con *da*, *di*, *ne* e altre soluzioni secondarie (*a*, *per*):[156]

	PP1 XIII-XVI	PP1 XVII-XX	PP2 XIII-XVI	PP2 XVII-XX
da	3 = 15%	4 = 10.81%	1 = 3.57%	19 = 21.34%
di	1 = 5%	–	14 = 50%	14 = 15.73%
a	2 = 10%	2 = 5.4%	–	4 = 4.49%
per	4 = 20%	2 = 5.4%	4 = 14.28%	–
ne	–	–	2 = 7.14%	10 = 11.23%
Ø	10 = 50%	29 = 78.37%	7 = 25%	42 = 47.19%
TOT	20 = 100%	37 = 100%	28 = 100%	89 = 100%

L'espressione causale generica consiste in una cornice spazio-temporale, introdotta o da un connettivo (preposizione, congiunzione, avverbio: *a*, *in*, *quando*, *innanzi*) seguito da sostantivo o frase esplicita oppure da un gerundio:

> *a*: «levando le pugna serrate su la faccia di Tiralli rimasto impalato a quell'annunzio di morte» (Pirandello, *Appendice alle novelle*)
> *in*: «Ebbene si dice, che anch'egli per una saggiatura di Nerina spinta all'indigestione, sia rimasto soffocato nella sua obesità rosea pallida» (Faldella, *Donna Folgore*)

[153] Da non confondere con il *per* che introduce il complemento di causa, che nel nostro sondaggio è ravvisabile ad esempio in due passi (cfr. anche in chiusura di §7.2.2): «per la qual morte tutto quello esordio e accordo rimase sospeso e anullato» (Villani, *Nuova cronica*) e «Ben vi rimase morto per soperchio affanno il conte di Cornovaglia» (ivi).

[154] Cfr. PATOTA, *Per*.

[155] Perlomeno in Dante, dove *per* introduce perlopiù un agente (si hanno esempi col passivo e con forme verbali impersonali, con netta prevalenza dei pronomi), «mentre la causa efficiente è estremamente rara» (VIGNUZZI, *Preposizioni*, p. 351) ed espressa solitamente con *da*, che ha valore anche agentivo (DE MAURO, *Da*, p. 297).

[156] I dati del prospetto si riferiscono alle occorrenze dei contesti eventivi estratti dalla ricerca di *rimasto / rimaso* + PP (cfr. Documentazione, §3, dove si riportano anche contesti di dubbia eventività, qui esclusi).

> *quando*: «Il grande Aristotile infinitamente è rimasto confuso, quando da que' signori gli fu affermato che [...]» (Boccalini, *Ragguagli di Parnaso*)
> *innanzi*: «sobbalzò sulla sedia [...] come se fosse rimasto sorpreso innanzi a un'improvvisa rivelazione» (Pratesi, *L'eredità*)
> gerundio: «Messer Filippo, non avendo potuto giugnere il barattiere, era rimaso fieramente turbato e tutto in se medesimo si rodea» (Boccaccio, *Decameron*)

L'espressione causale vera e propria prevede *da* e *di*, altrimenti indifferenziati nel clitico *ne*, ed altre soluzioni. Vediamole in ordine.

Di norma, il sintagma-*da* è seguito da nomi-evento [-umani][157] come *alterazione*, *colpo*, *disgrazia*, *pallore*, *sciagura*, *scoppio*, *umido* ('umidità') e altri ancora. Riportando i contesti relativi a questi sostantivi:

> «La bimba s'inginocchiò accanto a Mario, ch'era rimasto sbalordito dal colpo, gli pulì la fronte che sanguinava [...]» (De Amicis, *Cuore*), «Di giorno il conte sarebbe rimasto atterrito dal pallore e dall'alterazione dei lineamenti di lui, e dal sinistro splendore dei suoi occhi ardenti» (Verga, *Una peccatrice*), «Gemmati, avendo saputo che la marchesa Alberti era ritornata da Livorno, sebben non si fosse fatta viva, era andato a farle visita, ed era rimasto colpito dall'alterazione profonda che scorgevasi nell'aspetto di lei» (Verga, *Eros*), «Come mai, ora ch'era rimasto così stroncato dalla sciagura, nemmeno uno di essi si faceva più vedere al caffè?» (Pirandello, *Tutt'e tre*), «Ora che io sono rimasto così stroncato dalla disgrazia?» (Pirandello, *Bellavita*), «Ma creda che sono rimasto atterrato da questo scoppio inatteso che ha costernato tutta la città» (Pirandello, *Il dovere del medico*), «Alfonso sarebbe rimasto più a lungo commosso da questa strana visita se, andandosene, la signora White [...]» (Svevo, *Una vita*), «Egli era rimasto come confuso da quell'accento di bontà, che non aspettava», «Ella si rammaricò di non aver conservato quel tono di dolcezza e d'indulgenza, da cui dianzi Giorgio era rimasto confuso» (D'Annunzio, *Trionfo della morte*)

Occasionalmente è però possibile che il sintagma-*da* sia seguito da un nome [+animato] o [+umano] eventualmente anche [+determinato]:

> «Squadrollo Michele Agnolo un giorno et, esaminando potersi una ragionevole figura di quel sasso cavare, accomodandosi al sasso ch'era rimaso storpiato da maestro Simone, si risolse di chiederlo a gli operai» (Vasari, *Vite*), «Con il detto re molte volte il gran Can di Catay ha fatto guerra, ma sempre da questo è rimasto vinto e superato» (Ramusio, *Viaggio del beato frate Odorico*), «Il povero mio fratello è morto, ed è rimasto ucciso o dalle mani di Florindo Aretusi, o da alcun altro per di lui cagione» (Goldoni, *Il servitore di due padroni*), «Avrebbe cambiato posto volentieri, se non fosse rimasto sequestrato dalla folla»

[157] Spesso accompagnati da articolo determinativo, eventualmente con una frase circostanziale d'accompagnamento che aggiunge dettagli: come in «il su' cane più bravo era rimasto alienato nella vista degli occhi, pare, dal grand'umido preso in padule» (Fucini, *Le veglie di Neri*).

(Zena, *La bocca del lupo*), «ma dall'altro era rimasto come abbagliato dalla Roncella fin dal primo rivederla» (Pirandello, *Suo marito*)[158]

Nonostante la presenza di un nome [+animato][+umano], la perifrasi con *rimanere* evidenzia il tratto [-responsabilità] dell'azione indicata dal PP, rispettivamente *abbagliare* (in senso psicologico ed eventivo: 'affascinare'), *storpiare* (qui nel senso di 'scolpire malamente', in modo non intenzionale), *sequestrare* (qui usato con l'accezione meno agentiva e generica di 'bloccare'), peraltro accompagnato da un argomento [-determinato]. Appena diverso è il caso di *uccidere* e *vincere*, verbi che più degli altri tre citati si dotano correntemente di tratti agentivi ([+intenzionalità]). Per il primo il contesto largo della vicenda consente di inquadrare correttamente l'accezione della perifrasi: Beatrice si dispiace della morte del fratello Federigo e ne attribuisce al suo spasimante Florindo, o a qualche suo emissario, una responsabilità che però vuole che sia attenuata e indiretta: i tratti [+intenzionale][+responsabilità], caratteristici di un Agente prototipico [+umano], sfumano verso i tratti [-intenzionalità][-responsabilità], propri invece di una Causa.[159] Analogamente, con *vincere*, normalmente agentivo (si vedano del resto le altre soluzioni di espressione della Causa con il PP di questo verbo), la presenza di *rimanere* piuttosto che dell'atteso *essere* traspone l'azione su uno sfondo di Causalità più ampia (come avviene nel contesto commentato al §5.6).
Viceversa, è interessante notare che, sia pure eccezionalmente, l'argomento può altrimenti essere codificato tramite il sintagma-*di*, che si alterna al sintagma-*da* con un PP1 con accezione traslata (=PP2) come *abbagliare*:

> «Già s'era innamorata di quel suo sogno per Francesco D'Atri, che, fin dal primo vederla, era rimasto come abbagliato di lei» (Pirandello, *I vecchi e i giovani*), «ma dall'altro era rimasto come abbagliato dalla Roncella fin dal primo rivederla» (Pirandello, *Suo marito*)

158 Si noterà, tuttavia, che il primo dei passi citati ammette anche un'interpretazione stativa. Altrettanto può dirsi per «Il quale, nato di padre povero e rimasto piccol fanciullo abbandonato da' suoi parenti» (Vasari, *Vite*), dove peraltro il complemento con *da*, correlato a un verbo come *abbandonare*, può avere anche un valore locativo, indicando separazione o allontamento.

159 Si legga il passo, tratto dall'atto I scena 5: «Il povero mio fratello è morto, ed è rimasto ucciso, o dalle mani di Florindo Aretusi, o da alcun altro per di lui cagione. Vi sovverrete, che Florindo mi amava, e mio fratello non voleva, che io gli corrispondessi. Si attaccarono, non so come, Federigo morì, e Florindo, per timore della giustizia se n'è fuggito, senza potermi dare un addio. Sa il Cielo, se mi dispiace la morte del povero mio fratello, e quanto ho pianto per sua cagione; ma oramai non vi è più rimedio, e mi duole la perdita di Florindo. So, che a Venezia erasi egli addrizzato, ed io ho fatto la risoluzione di seguitarlo. Cogli abiti, e colle lettere credenziali di mio fratello, eccomi qui arrivata colla speranza di ritrovarvi l'amante. Il signor Pantalone, in grazia di quelle lettere, e in grazia molto più della vostra asserzione, mi crede già Federigo. Faremo il saldo de' nostri conti, riscuoterò del denaro, e potrò soccorrere anche Florindo, se ne avrà di bisogno. Guardate dove conduce amore! Secondatemi, caro Brighella, aiutatemi; sarete largamente ricompensato».

dove la codificazione con il sintagma-*di* contribuisce a caratterizzare come Causa, dunque in senso anticausativo e genericamente eventivo, l'argomento [+umano].

Quanto è stato descritto fin qui consente non solo di confermare che le nozioni di Agente e Causa non sono rispettivamente sovrapponibili a quelle relative ai tratti [+umano] e [-umano], ma anche di rilevare un'evoluzione del sintagma-*da* nella perifrasi formata da *rimanere* + PP che può essere sintetizzata in quattro punti:

– da una frequenza bassa nell'italiano dei primi secoli (XIII-XVI) a una frequenza più alta in epoca moderna (secoli XVII-XX);
– da una combinabilità sostanzialmente paritaria con PP1 e con PP2 nei primi secoli a una netta predilezione con i PP2 in epoca moderna;[160]
– progressiva definizione come Causa più che come Agente;
– progressiva espansione rispetto alle altre soluzioni concorrenti (sintagma-*di* ecc.)[161]

Questi elementi suggerirebbero che la tendenza di *rimanere* + PP a formare costrutti a interpretazione passiva si sia consolidata progressivamente nel corso dei secoli insieme al concorso di altre tendenze evolutive, relative in particolare alla morfosintassi dei PP2, all'espressione della causalità (come la progressiva riduzione del *per* agentivo), al consolidamento della perifrasi con *venire*. Tale che, in epoca moderna e contemporanea, accanto a un costrutto agentivo costruito con *venire*, si sia consolidato anche un costrutto anticausativo oppure eventivo costruito con *rimanere*.

Per il resto, può notarsi l'alternanza del sintagma-*da* e del sintagma-*di* caratteristica dei PP2, registrata con *colpito*, *confuso*, *incantato*, *offeso* e *scornato*:[162]

> *colpito*: «Gemmati, avendo saputo che la marchesa Alberti era ritornata da Livorno, sebben non si fosse fatta viva, era andato a farle visita, ed era rimasto colpito dall'alterazione profonda che scorgevasi nell'aspetto di lei» (Verga, *Eros*), «Oggi che siamo alla metà del mese sono rimasto colpito della difficoltà che offre il nostro calendario ad una regolare e ordinata risoluzione» (Svevo, *La coscienza di Zeno*)

[160] Per l'epoca antica si registra un solo esempio di PP2, riportato in precedenza: «Messer Valore de' Buondelmonti è conquiso e rimaso scornato da una parola che un fanciullo gli dice, essendo in Romagna» (Sacchetti, *Trecentonovelle*).

[161] POPPE, *Studi*, p. 378 ricorda che «la predilezione per la costruzione passiva è un particolare caratteristico della prosa del Seicento, cioè del periodo in cui, nell'espressione del rapporto locativale nei casi del tipo *sono stato dall'avvocato*, l'uso di *da* comincia a prevalere su quello di *a*».

[162] La perifrasi *rimanere* + PP2 torna anche nelle traduzione di Livio (STEIN, *Untersuchungen*, p. 192) insieme ad altre soluzioni (le frasi che seguono traducono «Ibi minus etiam quod alienis cladibus ceciderant animi, certaminis fuit»): «elli furo si paurosi & si discorati dela sconfitta degli altri che [...]» (XIV sec.), «ma elli furo si impauriti & spaventati de la sconfitta de li altri: che [...]» (XVI sec.), «percio che, gia per le rovine d'altri, erano rimasi sbigottiti» (XVI sec.), «percioche essendosi impauriti per l'altrui disgratie, haveano perduto l'animo» (XVI sec.), «perché eran'essi già scoraggiati dalle altrui sconfitte» (XVIII sec.) (ivi, p. 521).

confuso: «Per la qual cosa Rinaldo, rimaso di così matta impresa confuso, si partì dal giudicio» (Boccaccio, *Decameron*), «Sono rimasto confuso di tanta bontà dell'uno e dell'altro» (Leopardi, *Lettere*), «Egli era rimasto come confuso da quell'accento di bontà, che non aspettava», «Ella si rammaricò di non aver conservato quel tono di dolcezza e d'indulgenza, da cui dianzi Giorgio era rimasto confuso» (D'Annunzio, *Trionfo della morte*)
incantato: «Sono rimasto incantato di Pisa per il clima»,[163] «Non so se io ti scrivessi che Stella era rimasto incantato e innamorato di te» (Leopardi, *Lettere*), «ma fossi stato egualmente il più stupido dei nostri croati, sarei rimasto incantato dal disegno squisito di quel braccio e di quella mano» (Verga, *Sulle lagune*)
offeso: «Egli aveva preso in mala parte quelle parole, le ripeteva con una intonazione sottilmente ironica, come se esprimessero biasimo! L'amor proprio era rimasto offeso in lui dalla coscienza della sua inferiorità dinanzi ad Arconti» (De Roberto, *Illusione*), «Seguivano il sardo Brusco Onnis che del motto "Italia e Vittorio Emanuele" era rimasto quasi offeso» (Abba, *Storia dei mille*), «Lelio Fornari era già rimasto offeso da questo giudizio della grande classe mondana» (Oriani, *Oro incenso mirra*)
scornato: «Messer Valore de' Buondelmonti è conquiso e rimaso scornato da una parola che un fanciullo gli dice, essendo in Romagna», «Mino quando ebbe assai soffiato, essendo rimaso scornato del crocifisso, che s'era fuggito, ne va verso la moglie dicendo: [...]» (Sacchetti, *Trecentonovelle*)

dove si noterà l'uso del sintagma-*di* con *confuso*, oggi perlomeno raro.[164]

Accanto a *da e di* è possibile avere infine alcune locuzioni agentive, in uso soprattutto nei primi secoli, ovvero *dalle / per le mani di*, il causale *a* e infine *per*:[165]

a: «con le mie mani il gigante spacciai; / rimaso è morto alle fiere rapace» (Pulci, *Morgante*), «Né per tutto quel giorno si favella / altro fra lor, che de lo strano caso, / e come fu che ciascun d'essi a quella / orribil luce vinto era rimaso» (Ariosto, *Orlando furioso*)
dalle mani di / per le mani di: «Il povero mio fratello è morto, ed è rimasto ucciso, o dalle mani di Florindo Aretusi, o da alcun altro per di lui cagione» (Goldoni, *Il servitore di due padroni*), «Oh fossi / colà rimasto per le mani anciso / di quel gagliardo un dì mio sposo!» (Monti, *Traduzione dell'Iliade*)

163 Dove l'espressione *per il clima* equivale a un complemento di causa (interpretazione che non collide con la lettura Causa del sintagma-*di*).

164 Si registrano alcune attestazioni con *incantato* («Proust [...] sarebbe stato incantato di sapersi un classico di massa», «Si diceva incantato di Hillary anche il ministro», «Longanesi diciassettenne incantato di Anton Giulio Bragaglia»), non con *confuso*. Meno raro invece con *colpito*: «ci ha poi raccontato di essere rimasto colpito della visione "storicistica e laica" del segretario comunista cinese», «ed era rimasto favorevolmente colpito della circostanza che nelle amministrazioni e nelle direzioni di esse la politica non era entrata», «Sono rimasto colpito dell'Italia, questi giovani sono degli ottimi giocatori», «Quando martedì ho aperto il giornale sono stato colpito della straordinaria somiglianza della foto del professor Caffè con quell'uomo» e *passim* (cfr. anche Documentazione, §1.2 e §4.3).

165 Su *a* causale cfr. ANDREOSE, *Sintagma preposizionale*, p. 645; su *per*, PATOTA, *Per*.

Più incerta è la lettura di *per*, a metà tra valori agentivi in senso lato (causa efficiente; ovvero, seguendo la nozione usata fin qui, Causa) e il complemento di causa (si vedano il primo e il terzo esempio), quando non esprime il complemento di strumento (secondo esempio):

> «vedendo che per lo peccato il padre nostro è rimasto morto» (Caterina da Siena, *Lettere*), «Il pedante, rimasto preso e attaccato per lo uncino da còrre i fichi, non sapeva che farse» (Grazzini, *Le cene*), «El giovine, per stancheza rimasto già vinto, punto più non posseva resìstare alle amorose battaglie» (Fortini, *Le giornate delle novelle dei novizi*)

Un discorso a sé merita invece l'espressione della Causa con *ne*.

7.2.3 *Ne*

Ne può avere valore causale con PP1 in accezione traslata e con PP2:

> *ferito* (trasl.): «Bernardino Lamis n'era rimasto ferito proprio nel cuore» (Pirandello, *La mosca*), «Era grave, il fatto, ma per il suo cuore che n'era rimasto ferito» (Pirandello, *Dal naso al cielo*)
> *ingannato*: «e il terzo dispiacere è, che questa fanciulla degli Adimari sia maritata; che sendo la minore, e non sendo maritata la maggiore, gliene pare esser rimaso ingannato» (Macinghi Strozzi, *Lettere*)
> *strozzato* (trasl.): «fu da lui messo in òpera (ne salto le particolarità), gli indurì insomma, alla nascosa per mesi e mesi, cotanto il suo tocco di pane, che un altro, nuovo al dolore, ne sarebbe rimasto strozzato...» (Dossi, *L'altrieri*)

Stessa funzione ha *ne* con PP aggettivali:

> *afflittissimo*: «Sentendo poi che, in vece del carnevale, tu hai avuto una cattiva quaresima di dieci giorni, ne sono rimasto veramente afflittissimo» (Leopardi, *Lettere*)
> *squilibrato*: «Ma soltanto in tale paura aveva ricuperato parte di se stesso, quasi rivedendo in uno specchio la propria immagine, che la fluttuante marea delle vie gli sommergeva ad ogni passo. Però n'era rimasto squilibrato» (Oriani, *La bicicletta*)

Il *ne* causale può anche essere interpretato, con alcuni PP, come la pronominalizzazione dell'argomento del verbo:

> *atterrito*: «Era cosa avvenutami qualche volta nei primi giorni della nostra relazione, e n'era rimasto sì atterrito che mi sarei assoggettato a qualunque gravissima prova per evitarlo» (Tarchetti, *Fosca*), «Il nuovo visitatore n'era rimasto atterrito» (Pirandello, *Donna Mimma*)
> *impressionato*: «N'era rimasto così impressionato, che il giorno appresso [...]» (Pirandello, *Il vecchio Dio*)

sorpreso: «quando mi avevano detto che gli studi regolari potevano solamente condurmi a diventare avvocato, o impiegato, o medico, o ingegnere, o professore, n'ero rimasto sorpreso e afflitto» (Fogazzaro, *Piccolo mondo moderno*)

Il *ne* con valore causale o strumentale in presenza di PP1 (cfr. §3.7 e §3.8) è la traccia di un uso che ritroviamo nell'italiano prenovecentesco, antico e moderno, con PP1 e (anche senza *si*) con PP2.[166] Fra Tre e Cinquecento abbiamo ad esempio:

PP2 [±*si*]: «Cesare, indignatone, fa diversi provvedimenti in odio al Senato» (*Fatti di Cesare*, Sal. L. 1, cap. 5 rubr.), «Attilio Calatino accusato del tradimento del castello de' Sorani, e molto infamatone» (*Valerio Massimo volgarizzato*, I red.), «Il quale poi tornando e volendo il regno, Saturno non gliele volle dare, sconfortatone dalla madre e dalle sorelle» (Boccaccio, *Esposizioni*), «el papa udita la disubbidienzia sua e sdegnatone» (Guicciardini, *Storie fiorentine*)
PP1 [-*si*]: «e della buccia medesima istropicciatone i denti» (Zucchero, *Santà*), «di che egli in tanto dolor cadde, che, perdutone il mangiare e a giacer postosi, diliberò di morire» (Boccaccio, *Decameron*), «intanto che 'l cibo, e 'l sonno perdutone, per debolezza fu costretto a giacere» (Boccaccio, *Decameron*), «Ma movendo il pontefice le ragioni precedenti, e molto più la penitenza di avere aspettato oziosamente il successo della giornata di Pavia, e lo essere statone morso e ripreso di timidità da ciascuno» (Guicciardini, *Storia d'Italia*)

L'uso arriva fino all'Ottocento, affacciandosi anche nella scrittura giornalistica di fine secolo, come esemplificano due esempi di *colpire*, usato nelle due diverse accezioni (PP1 e PP2):[167]

PP1 [-*si*]: «Sorpresa, e più che sorpresa indignata, la Fresia non trovò di meglio che vendicarsi, e per la vendetta si affidò al vetriolo. Bianchi, colpitone alla faccia, riportò gravi lesioni, delle quali una all'occhio destro, colla perdita in questo della facoltà visiva» (*Stampa* 21/12/1894)
PP2 [±*si*]: «Ma prima che avesse tempo a compir l'atto, il giovane si era chinato vieppiù verso la faccia bestiale e gli aveva detto con forza: - Michele Luponi: io son vostro figlio. La fiamma si spense nelle pupille del condannato, che diventarono attonite. Stette un poco immobile, evidentemente senza aver compreso il senso delle parole, ma pur tuttavia colpitone, forse dall'accento con cui erano state pronunciate» (*Stampa* 29/9/1869)[168]

166 Questi esempi sono estratti dall'*OVI* (ricercando **atone*, **itone*, **utone*).

167 In base a queste considerazioni *colpitone* risulta, nell'italiano di oggi, agrammaticale, o perlomeno marginale, sia come PP1 sia come PP2 (cfr. diversamente, SALVI, *Frase semplice*, p. 81). Sulla base di quanto detto al paragrafo precedente (§7.2.2) *ne* sta, nel primo dei due esempi giornalistici ottocenteschi, per un *pure instrument* (PP1), nel secondo per un *instrument causer* (PP2): considereremmo il primo un costrutto passivo e il secondo un costrutto anticausativo.

168 Cfr. anche: «Vide l'errore Aristotele, e spaventatone, retrocesse alla scuola jonica» (Cesare Cantù, *Storia della letteratura greca*, Firenze, Le Monnier, 1863, pp. 276-277).

Assolutamente episodico è il *ne* enclitico al participio di *rimanere* seguito da PP verbali e aggettivali nell'italiano antico e moderno:[169]

> «La nostra gente da cavallo che•già sentito avea i•romore traeva al soccorso, e traendo caddono ne' guati che per li Pisani erano messi, e rimasone otto presi, i quali alli altri scopersono i guati» (Matteo e Filippo Villani, *Cronica*), «Non sapete voi ch'io ho fatto cosa con la quale non pur m'ho tolta quella vergogna di dosso, ma rimasone tre volte più onorato?» (Costo, *Il Fuggilozio*)

nonché nei testi ottocenteschi:

> PP2: «Apelle andò, e Tolomeo rimastone indignato chiamò e mostrò al pittore i servi addetti agli inviti» (traduzione da Plinio, in Arduino Cantàfora,Charles Duboux, *La pomme d'Adrien ou l'énigme du regard: a Mela di Adriano o dell'enigma* dello sguardo, Presses Polytechniques et universitaires romandes, Lausanne, 2002, p. 90), «ed il Santo Padre, rimastone consolatissimo, impartì di cuore l'Apostolica Benedizione a quei giovani studenti» (*La Civiltà Cattolica*, vol. XII serie quarta, Roma, 1861, p. 104)
> PP1: «subito, così adirato com'era, gettasi loro addosso ostilmente, ma rimastone ferito si ritirò di soppiatto» (*La Grecia descritta da Pausania*, volgarizzamento con note al testo [...] di Sebastiano Campi, Milano, Sonzogno, 1829, p. 48), «cotanto si adoperò [...] che rimastone del tutto vinto e fiaccato, cadde in lunga e penosa malattia» (Giuseppe Pezzarossa, *Storia cronologica dei vescovi mantovani*, Mantova, coi tipi dei fratelli Negretti, 1847, p. 67), «Il Re, rimastone ferito, si tenne occulto per vari mesi in un suo palagio» (Anton Domenico Rossi, *Ristretto di storia patria ad uso dei piacentini*, Piacenza, dai torchi del Majno, 1833, p. 22), «ove infuriando la peste e rimastone attaccato, scacciatone perciò, relegato venne in un deserto villaggio» (*La infelicità dei letterati* di Piero Valeriano ed appendice di Cornelio Tollio [...] traduzione dal latino, Milano, tipografia Malatesta di C. Tinelli e C., 1829, p. 47).

[169] Il primo gruppo di esempi (preottocenteschi) è ricavato dalla *BIZ*; il secondo dalla consultazione di Google Libri.

8 Perifrasi passive in diacronia

Indicazioni utili all'inquadramento delle funzioni del costrutto con *rimanere* nel corso del tempo possono ricavarsi osservando infine l'evoluzione temporale dei costrutti analoghi formati da altri participi "succedanei" (*essere*, modali, *andare* e *finire*) + PP.[170]

8.1 Costrutti participiali passivi (*essere* e verbi modali)

I costrutti participiali formati dai participi *stato* o *potuto* / *voluto* / *dovuto*, d'impiego usuale nell'italiano antico e moderno, sono divenuti nell'italiano attuale pressoché agrammaticali per via della progressiva ausiliarizzazione di *essere* e dei verbi modali.[171]

A questi costrutti si sono affiancate, e sono infine subentrate, frasi al gerundio composto, di formazione tardotrecentesca (con diatesi attiva per i modali: *avendo potuto* / *dovuto* / *voluto* + infinito e naturalmente passiva per *essere*: *essendo stato* + PP),[172]

[170] È "succedaneo", secondo la terminologia usata da LA FAUCI, *Modularità della diatesi*, il participio che nelle perifrasi verbali con tempi composti si trova, seguendo l'ordine lineare naturale, in posizione intermedia tra l'ausiliare e il participio del verbo principale.

[171] Sull'evoluzione dei costrutti participiali con *stato* e con i modali cfr. LOPORCARO / SEILER, *Evoluzione diacronica*, sp. pp. 486-488, 505, e TELVE, *Proprietà sintattiche e semantiche*, pp. 638-640. Sui costrutti participiali in italiano antico cfr. EGERLAND, *Frasi subordinate al participio*. Sull'agrammaticalità dei costrutti participiali con *stato* e con i modali in italiano contemporaneo cfr. LOPORCARO, *Unaccusative Hypothesis*, p. 223, e ROSEN, *Dal giardino della sintassi*, pp. 38-41. Esempi di costrutti participiali con *stato* si hanno nei *Promessi sposi*: nel passaggio dalla Ventisettana alla Quarantana cinque di essi restano immutati («stata già governante del principino» X; «Stato un momento a sentire» XIV; «stato professore di medicina all'università di Pavia» XXXI; «Stato lì alquanto» XXXIV; «stato alquanto senza ricever risposta», XXXV), uno viene inserito («rimasto a guardarlo fin che lo vide sparire» → «stato lì a guardarlo fin che non l'ebbe perso di vista», XXXVI) e uno viene eliminato («Stata così alcun poco attonita» → «Dopo esser rimasta un poco come incantata», XXVI). Altri esempi sono nei *Miei ricordi* di D'Azeglio («stato distrutto in parte nelle guerre di Catinat», «Peppe di poco stato bandito»; i contesti sono stati estratti dalla *BIZ*). In occasione di una mia precedente ricerca (TELVE, *Trapassato remoto*), Vittorio Formentin mi segnalò gentilmente un passo di pieno Novecento («il Ritmo, nato a Lucca nel 1213 e stato sempre di casa a Lucca, ci presenta tuttavia un linguaggio [...]», in Silvio Pellegrini, *Sul 'Ritmo lucchese'*, in «Studi mediolatini e volgari», V, 1957, pp. 133-152, p. 147), osservando tra l'altro che la sua competenza sintattica non trovava inaccettabile il participio *stato* in una frase del tipo «il muscolo, stato fermo per mesi, ha bisogno di tempo per tornare a funzionare bene».

[172] Il gerundio composto si sarebbe formato per soddisfare l'esigenza di esprimere la passività: cfr. MENONI, *Gerundio composto*, e DE ROBERTO, *Costruzioni assolute*, pp. 266-271, che registra il gerundio composto passivo «soprattutto a Trecento inoltrato» (ivi, p. 269).

oppure, successivamente, ancora frasi al participio passato ma prive del participio succedaneo e supportate dall'avverbiale *una volta* (con lettura attiva o passiva: *una volta distrutto...*).[173]

In seguito a questi mutamenti, il costrutto participiale risulta attualmente privo del participio succedaneo (né *stato*, ormai completamente ausiliarizzato né, ovviamente, *venuto*),[174] quando il costrutto passivo è prototipico (agentivo); e ne è invece dotato (nel caso dei seriali *rimasto*, *andato* e *finito*), se il costrutto passivo è non prototipico (eventivo).[175]

Questo significherebbe che a un grado alto di passività corrisponde un grado alto di ausiliarizzazione e che, viceversa, a un grado basso di passività corrisponde un grado basso di ausiliarizzazione (ovvero, nella fattispecie dei participi passati succedanei citati, la conservazione del loro statuto di semicopula o di verbo seriale).

8.2 *Andare* + PP

Rimanere + PP presenta alcune somiglianze e alcune analogie evolutive con la perifrasi di significato passivo *andare* + PP, che descrive eventi con conseguenze perlopiù negative sul soggetto, dal ruolo tematico Paziente.[176] Consideriamo dapprima i valori correnti nell'italiano contemporaneo.

173 Su *una volta* cfr. BENTLEY, *Split intransitivty*, pp. 356-357, LOPORCARO, *Unaccusative Hypothesis*, pp. 220, 235, 241, 252-253 n. 12, e BERTUCCELLI PAPI, *Frasi subordinate al participio*, pp. 601-602. Il costrutto *una volta* + PP è segnalato già in Bono Giamboni da EGERLAND, *Frasi subordinate al participio*, p. 882 («una volta cominciata la battaglia di Cartagine»); questo modulo, però, sembrerebbe diffondersi davvero non molto prima del XIX secolo (il quadro ricavabile dal *GDLI*, *s.v.* §15, che fornisce esempi solo ottocenteschi, è sostanzialmente confermato da un sondaggio compiuto tramite la *LIZ*[4]).

174 Su *venuto* cfr. ROSEN, *Dal giardino della sintassi*, p. 110.

175 Anch'essi eventualmente preceduti dall'avverbiale *una volta*. Sui verbi seriali cfr. ROSEN, *Dal giardino della sintassi*, pp. 83-111, LOPORCARO / PESCIA / RAMOS, *Costrutti dipendenti participiali*, e LA FAUCI, *Modularità della diatesi*.

176 Sulla connotazione negativa di PP con *andare* cfr. BENTLEY, *Split intransitivity*, p. 349, e STRUDSHOLM, *Verbi di movimento*, p. 930. Come *andare* e *rimanere*, anche *finire* figura in contesti con argomento esterno perlopiù inespresso («finì annegato», «finì accoltellato» ecc.), anche se non mancano esempi contrari, con argomento introdotto dalla preposizione *da*: in questo caso può trattarsi, come *andare* e *rimanere*, di una Causa («finì affondato [...] da uno scandalo sessuale»), ma non è raro trovare anche un Agente prototipico, semanticamente implicato in verbi come *ammanettare*, *arrestare*, *assassinare* («finì assassinato da un gruppo di ufficiali integralisti»). La possibilità di prevedere un Agente prototipico e, inoltre, la larga versatilità azionale di *finire*, ovvero la sua compatibilità con verbi telici e non telici, contraddistinguono questo verbo rispetto ad *andare* e *rimanere* e lo assimilano all'ausiliare *venire*, che è tuttavia semanticamente più generico (caratterizzandosi con *finire* un'azione che si presenta come un epilogo più o meno inevitabile).

Andare + PP presenta due accezioni. Con il valore modale di necessità, è un costrutto passivo in quanto corrisponde a un'azione intenzionale, ovvero prototipicamente agentiva:[177]

> *Questo libro va / andrà distrutto per compiacere l'Inquisizione* (= deve / dovrà essere distrutto)

L'accezione di necessità deriva dal concorso di più fattori contestuali. L'assenza della frase finale (cfr. anche n. 115 e n. 120), ad esempio, lascia aperta la possibilità di una lettura aspettuale:

> *Questo libro va / andrà distrutto* (= dovrà essere distrutto / finirà distrutto)

La lettura è inoltre condizionata, oltre che dal tempo verbale (nella fattispecie presente o, soprattutto, futuro),[178] dalla semantica: un verbo come *smarrire*, che indica un atto involontario (e quindi è non prototipicamente agentivo), è ad esempio incompatibile con *andare* in senso di necessità, che viceversa implica un agente [+intenzionale] (anche se di fatto mai espresso):

> **Questo librò andrà smarrito per compiacere l'Inquisizione*[179]

Nel valore aspettuale, invece, *andare* + PP risulta essere un costrutto perlopiù anticausativo.[180] Di norma infatti, come viene esemplificato attraverso i cinque contesti riportati qui di seguito, la Causa non è espressa[181] oppure è espressa tramite un complemento non argomentale (introdotto da preposizioni come *nel* e *sotto*), eventualmente con valore causale (lessicalizzato in espressioni come *a causa di* e l'agentiva *ad opera di*):[182]

> «una parte del patrimonio boschivo è andata distrutta»
> *nel* + N: «La sommità dell'edificio è andata distrutta nell'impatto»

[177] Si riprendono, con alcune modifiche per ragioni espositive, gli esempi di SALVI, *Frase semplice*, pp. 106-107.

[178] E comunque da tempi verbali semplici (in *Questo libro è andato distrutto* la perifrasi riceve interpretazione aspettuale).

[179] La frase, violando compatibilità logico-semantiche, acquisisce senso solo in relazione a significati secondari o a contesti particolari.

[180] Secondo STRUDSHOLM, *Verbi di movimento*, p. 930, la perifrasi «Nell'uso modale esprime una necessità, un obbligo, un dover essere; in quello aspettuale esprime un aspetto risultativo».

[181] Sull'agrammaticalità dell'espressione dell'agente (**La casa andò distrutta dal terremoto*) cfr. GRANDI, *Costruzione passiva*, p. 1081, SALVI, *Frase semplice*, pp. 106-107, e SANSÒ / GIACALONE RAMAT, Andare *'go' + past participle* e SANSÒ / GIACALONE RAMAT, *Deictic motion verbs*.

[182] Gli esempi che seguono sono stati estratti dal *corpus* della *Repubblica*.

sotto + N: «gran parte della Biblioteca nazionale e Universitaria di quella città è andata distrutta sotto i bombardamenti»
a causa di + N: «Lo tormentava il fatto che gran parte del materiale raccolto in anni ed anni di lavoro era andata distrutta a causa dell'inagibilità dei locali che il Comune aveva assegnato alla Cineteca Griffith»
ad opera di + N: «La parte mancante è andata distrutta ad opera della fauna marina e dei vari batteri»

Tuttavia, accanto a complementi avverbiali, è talvolta possibile che la Causa trovi espressione in un sintagma-*da*. Nei tre casi rilevati, il verbo è *distruggere*:

«la mia casa in Toscana era andata distrutta dai bombardamenti», «La sua Y 10 è andata distrutta da un incendio mentre era parcheggiata davanti ad un seggio elettorale», «per il 125esimo anniversario dell'Opera, costruita nel secolo scorso da architetti italiani, andata distrutta dal fuoco nel '71 e ricostruita dai giapponesi 17 anni dopo»

Dal punto di vista sintattico, *andare* + PP non ammette letture stative (come invece *rimanere* + PP) ed equivarrebbe sempre a un costrutto verbale anche nell'accezione aspettuale.

Rispetto al costrutto con *rimanere*, *andare* + PP condivide il fattore di Causa ([-intenzionale], perlopiù inespressa), ma, al contrario, selezionerebbe soltanto participi di verbi transitivi telici o in contesto telico, come si ricava dalla documentazione qui riportata:[183]

bruciare: «Quando durante il grande incendio di Ginza, 120 anni fa, quel bugigattolo andò bruciato»
distruggere: «sull'incidente del 28 gennaio scorso in cui andò distrutto il Challenger», «l'archivio della Chiesa andò distrutto nel sacco di Roma del 1527», «Il salotto andò distrutto e con il salotto mobili, librerie, tappeti e tappezzeria», «Lo è stato in passato quando già una volta il teatro andò distrutto», «È certo ormai che andò distrutto una delle volte in cui la nostra casa è stata visitata», «il cui carteggio andò distrutto durante la guerra», «L'82 per cento delle case andò distrutto»
esaurire: «Signori, pubblicato nel 1931 dall'accorto Arnoldo Mondadori, andò esaurito in due settimane»
fallire: «Il progetto "Gulliver" allora andò fallito»
perdere: «Facemmo tradurre il testo, poi l'originale andò perduto», «Mentre il *De re publica* andò perduto dopo il Mille», «il dispaccio andò perso insieme a molti altri documenti», «il documento andò perso nell'incendio dell'archivio»
smarrire: «il referto del medico stilato in quell'agosto del 1962 andò subito smarrito», «Scritto negli ultimi mesi di vita del giovanissimo autore, fra l'autunno del 1836 e la primavera del '37, il testo andò smarrito»

[183] Sui valore usi telici e non telici di *andare* + PP cfr. SANSÒ / GIACALONE RAMAT, Andare *'go' + past participle* e SANSÒ / GIACALONE RAMAT, *Deictic motion verbs*. Gli esempi sono stati ricavati dalla ricerca di *andò* + **to* / **so* nel *corpus* della *Repubblica*.

sprecare: «Il resto andò sprecato»

Infine, similmente a *rimanere*, *andare* può altrimenti unirsi a un aggettivo, come ad esempio in:

> «il modello di un tipo di balletto per il quale Taylor andò famoso» ('divenne famoso'), «un bando per infermieri professionali con contratto a tempo indeterminato e casa gratis per i primi mesi andò deserto» ('venne disertato')

Dal punto di vista dell'evoluzione diacronica, *andare*, in contesti non telici, ha un'accezione abituale, da cui sviluppa successivamente un valore deontico; in contesti telici, indica invece un cambiamento di stato, dando luogo a un'accezione passiva, che in particolari circostanze può ammettere occasionalmente il sintagma-*da*.[184]

[184] L'evoluzione di *andare* + PP è ricostruita in SANSÒ / GIACALONE RAMAT, Andare *'go' + past participle* e SANSÒ / GIACALONE RAMAT, *Deictic motion verbs*.

9 Osservazioni conclusive

L'accezione "processuale" con *rimanere* + PP sorge in contesti spiccatamente eventivi, cioè [-agentivi] ovvero [+causali], e in abbinamento a PP atelici. Come i dati ricavati dal sondaggio diacronico hanno evidenziato (cfr. grafico §7.2.2), si riscontra, nel tempo, la progressiva tendenza all'inespressione della Causa esterna e, contestualmente, la crescente espansione del sintagma-*da* come codifica preferenziale della Causa, in particolare con PP2, che finisce con l'assimilare i costrutti con questi verbi ai costrutti con PP1, con un profilo più propriamente passivo. Si tratta ad ogni modo di un passivo eventivo, che si affianca, stando a quanto detto fin qui, a un passivo agentivo (equivalente al passivo in senso stretto, connotato da *venire* o dai tempi perfettivi di *essere*) e a un costrutto anticausativo (caratterizzato dall'inespressione del sintagma-*da*), oltre che a un costrutto stativo-risultativo (espresso ancora da *rimanere* e dai tempi imperfettivi di *essere*), con participio dal valore aggettivale. Come emerge dal confronto con il comportamento, anche in diacronia, di altri verbi implicati in costrutti di valore passivo, *rimanere* + PP, anticausativo o passivo eventivo, potrebbe aver trovato a poco a poco sempre più spazio in ragione di tre fenomeni evolutivi: la contrazione della versatilità del costrutto con *si*, che riduce via via, fino pressoché a zero, la possibilità di ammettere un argomento con sintagma-*da*; il vuoto funzionale progressivamente lasciato, dal '500 in avanti, dal costrutto con *venire* in seguito alla sua specializzazione come ausiliare del passivo (agentivo) e all'indebolimento dei suoi valori risultativi e anticausativi; la perdita dell'ambiguità tra stato risultante e anteriorità da parte del verbo *essere* seguito da PP, cioè la progressiva definizione di *essere* nei tempi composti (*essere stato* + PP) come ausiliare del passivo (con la conseguente emersione di meccanismi nuovi per esplicitare la perfettività nei costrutti impliciti: l'aggiunta di *stato* nei costrutti al gerundio, ovvero il gerundio composto, e dell'avverbiale *una volta* nei costrutti al participio).[185]

Parallelamente, *rimanere* e *andare*, distribuiti tra loro in misura complementare (preferenzialmente con PP atelici il primo, e PP telici il secondo), persistono e si consolidano nella loro funzione di verbo seriale in costrutti passivi non prototipici (eventivi) o in costrutti anticausativi, benché il tendenziale incremento di sintagmi-*da* nel corso del tempo nei costrutti con *rimanere*, specie con PP2 (accanto alla presenza, sia pure occasionale, di sintagmi-*da* anche con *andare*) potrebbe essere vista come spia di una passivizzazione in corso, da cui la complessa interpretazione sintattica del costrutto.

Ai fini dell'individuazione del costrutto passivo, l'espressione dell'argomento e la sua particolare codifica morfolessicale (sintagma-*da*) risulta più decisiva che non il profilo semantico dell'attante, considerato che i tratti ritenuti prototipici dell'Agentività (cioè,

[185] Cfr. MICHAELIS, *Antikausativ*, SQUARTINI, *Grammaticalizzazione*, SANSÒ, *Grammaticalization*, BENTLEY, *Split Intransitivity*, p. 142, pp. 166-69, AMBROSINI, *Sintassi del verbo*, p. 560 («Attraverso non più di tre secoli, almeno stando alla nostra documentazione, andò perduta la forma con la quale si esprimeva l'insorgere di un'azione improvvisa e casuale»).

nella fattispecie, [+umano] [+intenzionale] [+determinato]), possono caratterizzare, sia pure storicamente in alcuni casi-limite, anche i costrutti formati da *rimanere* + PP.

Se l'espressione dell'argomento esterno suggerisce una lettura passiva del costrutto, la sua inespressione tuttavia non la pregiudica necessariamente: se il più delle volte l'assenza del sintagma-*da* comporta che la perifrasi con *rimanere* riceva una lettura anticausativa, non è escluso che si possa prospettare una lettura eventualmente passiva se la semantica del PP lo consente (come ad esempio con *assediato*). Si tratta certamente di eventualità rare o marginali (che possono peraltro riguardare analogamente anche i PP2: ad esempio *rimanere preoccupato da*, ricavato sulla base di *essere preoccupato da* e dei correnti costrutti passivi con altri PP2), ma che dimostrano come la scalarità semantica della nozione di passività, declinabile in termini di [+agentività] / [+eventività], [+duratività] / [+non duratività], [+stato] / [+cambiamento di stato], si combini con requisiti di natura più propriamente sintattica.

Documentazione

1 PP2 + sintagma-*di* / sintagma-*da*

Si riporta qui di seguito la documentazione relativa alla combinazione tra PP2 e sintagma-*di* / sintagma-*da* (cfr. cap. 3).[186]

1.1 PP2 [±*si*] + sintagma-*di*

annoiare: «si annoia di ciò che conosce», «anch'io ero di quelli che rifiutavano il proprio status, che si annoiava della vita troppo comoda», «forse gli spagnoli si sono annoiati di tutta la moderazione di questi anni» e *passim*.

confondere: nessun esempio.

disgustare: «Era stanco e disgustato di un sistema sovietico», «era disgustato di quello che stava succedendo», «Sono disgustata di questo costume» e *passim*. Nessun esempio in *Repubblica* di [+*si*], ma: «Pensa che perfino quel cameriere s'è disgustato di me» (Bontempelli, *L'amante fedele*).

divertire: «Ride di continuo e si diverte di tutto», «o i delfini che giocano fra loro, e si divertono dello scandalo offerto da quelle danze infantili», «il quale si diverte delle molte vignette che lo accusano delle peggiori nefandezze» e *passim*.

irritare: «Ma poi mi irritai di quel suo silenzio», «Qualcuno si potrà irritare di questa domanda», «sottolineando la singolarità del fatto che "il Parlamento si irrita di tutti questi "bambini" che ha lui stesso creato"» e *passim*.

nauseare: «il popolo è nauseato di violenza e autoritarismo», «Era l'uomo senza ideologia, nel Mondo nauseato di ideologie», «perché ero nauseato di quello che faceva la mafia».

preoccupare [-*si*] ('essere in apprensione'): «È preoccupato di questo appello alla piazza?», «Sono preoccupato di quello che potrà accadere», «In pratica il ministero sarebbe preoccupato di un supposto grilletto facile», «Essi sono preoccupati di una cosa sola» e *passim*. Si escludono contesti [+*si*], con valore di 'interessarsi': «Si è preoccupata di una correttezza formale», «si era preoccupato di qualche incidente stradale» e *passim*.

seccare: «il Bossi quasi si secca di tanto entusiasmo», «Lei si secca della curiosità della gente», «L'uomo si secca delle adulazioni» e *passim*.

sorprendere: «A chi si sorprende di questa collaborazione [...]», «ormai non si sorprende di nulla», «le pazienti si sorprendono di un esito estetico che spesso le rende

[186] Si riportano qui di seguito i contesti ricavati dall'interrogazione del *corpus* della *Repubblica*. In seconda battuta è stato consultato anche il *Primo Tesoro*. L'assenza di esempi emersa per alcuni costrutti si riferisce a entrambi i *corpora*. Nei contesti con sintagma-*da* o sintagma-*di* si riportano soltanto quelli in cui segue un sostantivo e non una frase.

più attraenti»; «Feuereisen è sorpreso del ritorno», «Sono sorpreso del Papa», «Certo che il primo ad essere sorpreso del nostro risultato sono io» e *passim*.

spaventare: «mi sono subito spaventato del buco nero dei conti», «I banchieri si sono spaventati del loro stesso coraggio», «Dobbiamo spaventarci del fatto che certe immaginazioni sono quasi bloccate», «ma i responsabili si sono spaventati del mio pubblico e ci hanno negato i permessi» e *passim*.

stupire: «mi stupirei del contrario», «Andrea Majid si stupisce del mio stupore», «si stupisce del suo risveglio», «nessuno si stupisce del fatto che io continuo a scrivere?», «Gli unici a non stupirsi del caos esistente», «l'autore è stupito del proprio libro» e *passim*.

Sono esclusi i verbi [-*si*] *attrarre* e *colpire*.

1.2 *Rimanere* + PP2 + sintagma-*di*[187]

*annoiat**: nessun esempio.

*attratt**: nessun esempio.

*colpit**: «L'incontro è avvenuto a porte chiuse ma Natta, nel giardino della dimora dove è alloggiato, ci ha poi raccontato di essere rimasto colpito della visione "storicistica e laica" del segretario comunista cinese», «Sono rimasto colpito dell'Italia, questi giovani sono degli ottimi giocatori», «Ha ammirato il lavoro di Diane ed è rimasta colpita del mistero delle sue fotografie».

*confus**: nessun esempio.

*disgustat**: nessun esempio.

*divertit**: nessun esempio.

*interessat**: nessun esempio.

*irritat**: nessun esempio.

*nauseat**: nessun esempio.

*preoccupat**: nessun esempio.

*seccat**: nessun esempio.

*sorpres**: «era rimasto sorpreso del fatto che [...] gli aveva concesso tre giorni di più», «È rimasto sorpreso del sorpasso di Johansson?», «Ma rimasi sorpreso di quell'iniziativa», «rimase sorpreso delle attenzioni di Pertini», «Penso che Galileo sarebbe rimasto sorpreso degli effetti dell'applicazione del suo metodo» e *passim*.

*spaventat**: nessun esempio.

*stupit**: «sono rimasto stupito di quello che lui era riuscito a cogliere», «Il primo motivo per rimanere stupiti del gran parlare che si fa oggi intorno all'insegnamento della religione nelle scuole è addirittura banale», «I miei giocatori sono rimasti stupiti di quante volte sono riusciti ad arrivare nell'area del Borussia», «Loro stessi sono rimasti stupiti delle dimensioni del crack», «ha detto di come rimase stupito della richiesta di denaro», «Sono rimasto stupito del problema della denatalità» e *passim*.

[187] Per i costrutti con *rimanere* (§1.2, §1.3, §1.4) la ricerca è stata condotta su *rima** (*Repubblica*) e *rimast** e *rimase* (*Primo Tesoro*).

1.3 *Rimanere* + PP2 + sintagma-*da*

*annoiat**: nessun esempio.

*attratt**: «il patron della Fiat è rimasto attratto dall'inattività dell'Innocenti», «Confesso di essere rimasto attratto dal tema della spazzatura in letteratura», «il rischio è [...] che si rimanga attratti da personaggi come i faccendieri Mach di Palmstein», «Se Buscetta dice di essere rimasto attratto dal Bandito Giuliano, allora è meglio fare una distinzione di sottocarismi», «La fiducia è stata un'idea da cui è rimasto attratto per qualche ora», «già da allora Massimo Castri era rimasto attratto dall'amarezza sarcastica di Fede speranza carità».

*colpit**: «Anche i democristiani sono rimasti colpiti dal salto di qualità di un terrorismo dato quasi per morto», «Le chiedo perdono, compagno Berlinguer, ma siamo rimasti colpiti dalla sua somiglianza con Sandino», «Si rimane colpiti dalla straordinaria disparità nella misura dei due corrispondenti», «Personalmente, ero rimasto colpito dal fatto che Andropov amasse la musica occidentale», «Per chi è rimasto colpito dall'inopinata affermazione che [...]», «Adrian invece era rimasto colpito dal discorsetto sulla geometria del mondo» e *passim*.

*confus**: «atleti ed appassionati sono rimasti confusi dalla proliferazione delle gare, al ritmo di una ogni due giorni e mezzo», «così come le reazioni dei responsabili del cinema cinese che, nonostante siano rimasti confusi da certe scene a sfondo erotico, mi hanno infine assicurato che [...]» (*La Repubblica*), «Persino il Maestro rimase confuso da quella manifestazione di amore vitale» (Riccarelli, *Il dolore perfetto*).

*disgustat**: «il segretario di Stato George Shultz e il capo di gabinetto di Reagan, Donald Regan, sono rimasti disgustati da tale ostentazione di ricchezza», «Lo portarono a vedere il can-can in un teatro di Broadway, e rimase disgustato dalle ballerine che si scoprivano il sedere», «sono rimasto disgustato dalle parole di Zeffirelli», «Sono rimasto disgustato dal modo in cui le forze di polizia [...]», «molti sono rimasti disgustati dallo scandalo e la condotta dei politici», «sono rimasto disgustato dalla arroganza aggressiva di cui più di una volta è stato vittima», «era rimasto disgustato dagli spettacoli di avarizia offerti da altre partite del Mondiale», «mi ero iscritto al partito comunista ma rimasi disgustato dai fatti d'Ungheria».

*divertit**: nessun esempio.

*interessat**: nessun esempio.

*irritat**: «il presidente rimane irritato da critiche alla sua politica verso l'Iran», «molti sono rimasti irritati dalla furia polemica della rivista», «Per questo sono rimasta irritata dall'articolo del 16 luglio», «chi conosce la storia rimane irritato da questa commistione violenta tra dati reali e dati fittizi», «Il platonico Proust rimase irritato dal sensualismo dei Goncourt», «tutti i repubblicani, a cominciare da Hyde, sono rimasti irritati dalla risposta di Clinton».

*nauseat**: nessun esempio.

*preoccupat**: nessun esempio.

*seccat**: nessun esempio.

*sorpres**: «Il lettore sarà rimasto sorpreso dalla frase contenuta nell'inciso», «Debbo confessare – spiega Rocca – di essere rimasto sorpreso dal risalto che la stampa italiana ha dedicato a questa vicenda», «È tra quelli rimasti sorpresi dal Verona?», «Craxi ha detto di essere rimasto sorpreso dalle reazioni provocate dalla proposta delle "fasce"», «il primo ad essere rimasto sorpreso dal grande successo di "Das Parfum" è stato lui», «Gli osservatori diplomatici sono rimasti sorpresi dalla determinazione del primo ministro» e *passim*.

*spaventat**: «Il giorno della sua liberazione, infatti, è rimasto spaventato dai flash dei fotoreporter», «Forse è rimasto spaventato dal magma incandescente del calcio italiano», «Io sono rimasto spaventato da quanto è venuto a riferirci», «Quando annunciò di averlo scelto come vice, Bush rimase spaventato dalla reazione della stampa», «[...] dice Mirko Tremaglia, fedele a Fini al punto di rimanere spaventato dal votare, a scrutinio palese, contro Previti», «Sono rimasto spaventato da questo narcisismo».

*stupit**: «Si racconta solo che gli Unni, già in formazione di battaglia, rimasero stupiti da quel corteo di uomini disarmati», «sono rimasta stupita dalla superficialità dei giudici e dalla violenza degli attacchi», «Chi aveva fatto paragoni con l'artificiosità di Michael Jackson è comunque rimasto stupito dalla comunicativa della giovane cantante americana», «Si può rimanere stupiti da una così orgogliosa manifestazione di diversità e autonomia», «ammette di essere rimasto stupito dalla rapida iperpoliticizzazione che ha investito tutti i gruppi sociali», «Alla *Crazy Art* il visitatore rimarrà stupito dalla varietà di materiali e oggetti esposti» e *passim*.

Rimanere + *interessato* + sintagma-*da* ricorre solo nell'accezione di 'concernere' («la Toscana ed i versanti adriatici sono rimasti interessati dai sistemi nuvolosi», «le isole Canarie e il Portogallo rimarranno interessati dal vortice ciclonico», «le regioni nord-occidentali e la Sardegna invece rimangono interessate dalla perturbazione» e *passim*) e altrimenti con valore stativo («Esprimiamo apprezzamento sul lavoro svolto dal ministero delle Finanze austriaco – sostiene un portavoce del colosso assicurativo tedesco – e rimaniamo interessati al mercato austriaco», «La Stet rimane interessata all'acquisizione del 25%», «La Abb rimane interessata alla privatizzazione della Ansaldo», «Alla Standa rimane interessata anche la Rinascente»).

1.4 *Rimanere* + PP2 (senza sintagma-*di* / sintagma-*da*)

*annoiat**: nessun esempio.

*attratt**: nessun esempio.

*colpit**: «Anzi, quando seppi di Coco, rimasi colpito...», «sono rimasto colpito nel constatare come il più delle volte le corone, nei cimiteri della grande città, non raggiungono tutte la tomba del morto», «almeno nell'edizione americana si poteva rimanere colpiti per la raffinatezza costruita in tempi rarefatti dell'esecuzione», «Forse sono rimasti colpiti nel vedere che Cossiga e Andreotti hanno parlato di rimpasto» e *passim*.

*confus**: «Song non era mai stato all'estero se non in Giappone, e rimase confuso di fronte ad una città come Berlino», «Il popolo rimane confuso e noi sconcertati, si legge nel documento, quando alcuni vescovi [...] lanciano sospetti e accuse», «Quella sera i poliziotti rimasero confusi», «In realtà rimasi confuso», «Il papa è rimasto confuso, ma ci ha dato la sua benedizione», «I giovani lettori potrebbero rimanere confusi in quanto nella saga di Potter non c'è una divisione chiara tra il bene e il male», «Alla richiesta del dottor Gregorakis rimasi confusa».

*disgust**: «sono rimasti disgustati per la protervia con cui [...]», «Non ho visto il film e non intendo vederlo, perché lo hanno visto uomini di Dio, e sono rimasti disgustati», «La scorsa notte, quando lo ho visto alla tv, ne sono rimasta disgustata», «alle pesanti critiche di Cyrus Vance, rimasto disgustato dopo aver visitato la artoriata Osijek».

*divertit**: nessun esempio.

*interessat**: nessun esempio.

*irritat**: «Le autorità vaticane [...] sono rimaste irritate soprattutto per alcuni giudizi [...]», «Mosca avrebbe fatto capire di essere rimasta irritata perché Zakharov non è stato immediatamente espulso».

*nauseat**: «E una volta ho anche offerto la sigaretta a mia figlia quando era adolescente. Fortunatamente rimase nauseata».

*seccat**: «Alla Parmalat dicono che il cavalier Calisto Tanzi è caduto dalle nuvole ed è rimasto seccato nel leggere sui giornali l'ipotesi [...]», «Lei era rimasta seccata, ma non sorpresa», «Già altre volte il pilota austriaco era rimasto seccato per le cattive prestazioni della sua macchina», «Ma è rimasto seccato per non essere stato consultato durante il mercato» (*Repubblica*); «Rimasi seccato. Avrei preferito dargliela solo io, la notizia, ad Amiconi» (Mastronardi, *Il maestro di Vigevano*).

*sorpres**: «Non è rimasto sorpreso», «Non sono rimasto sorpreso per la condanna», «Quando è successo non siamo rimasti sorpresi al cento per cento», «Si rimane sorpresi soprattutto davanti ai tesori della preistoria», «la comunità scientifica internazionale è rimasta sorpresa per il fatto che avete reso noti i risultati», «Che nessuno rimanesse sorpreso per l'improvvisa invasione» e *passim*.

*spaventat**: «Non crediamo che qualcuno possa rimanere spaventato», «Credo che l'Uefa sia rimasta spaventata di fronte all'idea che i migliori club [...] potessero creare una loro Super-Lega europea», «Circonderò il pianeta con le nostre stazioni orbitali e loro rimarranno spaventati a morte per le nostre armi spaziali».

*stupit**: «Si rimane stupiti di fronte ai grafici comparativi», «Sono rimasto stupito», «si rimane stupiti nel vedere come nessuno se ne sia accorto», «Non ci pare che sia rimasto stupito», «c'è da rimanere stupiti», «Forse qualcuno rimarrà stupito» e *passim*.

Ha sempre valore stativo *rimanere* + *preoccupato* («Chi non ha potuto, se ne è rimasto preoccupatissimo a spartirsi le briciole», «L'Ente Fs, comunque, rimane preoccupato per l'"effetto annuncio"», «Il presidente Cee ha ribadito comunque di "rimanere preoccupato"», «Il mercato rimane preoccupato per il dibattito sulla finanziaria»).

1.5 *Venire* + PP2[188]

*confus**: nessun esempio (si escludono contesti in cui il verbo non ha accezione psicologica, come: «Fu una vera e propria infatuazione epidemica, per la quale vennero confusi i principi tattici e il ritmo di gioco»).

[188] La ricerca è stata condotta su *ven**.

*divertit**: nessun esempio.

*interessat**: nessun esempio (si escludono esempi con accezione 'concernere, coinvolgere': «Al progetto "Eureka" dovrebbero venire interessati in modo particolare sei settori di ricerca scientifica»).

*irritat**: «Anzi, è una tale girandola di scelleratezze sceniche che, probabilmente, ne vengono irritati nell'immobilità eterna anche ser Giovanni Fiorentino e Richard Robinson, che a Shakespeare fornirono i due spunti principali della trama», «Egli non può permettere, in guerra, segni di dissenso al vertice, e meno ancora può consentire che vengano irritati quegli israeliani tenuti a freno grazie alle batterie di Patriot», «Veratrima per i più paurosi, che non amano star soli, mordono se vengono irritati e hanno una gran sete di acqua fresca».

*seccat**: «molti altri locali aperti e non sorvegliati (così i custodi non vengono seccati dagli importuni visitatori)».

*sorpres**: «L'anno scorso, quando pensavano che dovessi andarmene, non mi salutavano quasi più. Adesso hanno ripreso. Sono fatti così. All'inizio del mio lavoro vennero sorpresi dal fatto che, di mattina presto, andavo in giro per le strade. Prima mi fecero capire che non era cosa degna di un sovrintendente».

*spaventat**: «I genitori o vengono spaventati dalle difficoltà o gli si prospetta un panorama ben lontano dalla realtà», «se le richieste di pensione aumentano è perché le persone vengono spaventate».

*stupit**: «È lui che impresta gli occhi alle cose senza pretendere di cambiarle e senza aspettarsi di venirne stupito».

2 *Rimanere* + parte del discorso: italiano contemporaneo

Alleghiamo e commentiamo qui di seguito la documentazione a cui si è fatto riferimento nel corso del lavoro, distiguendo tra contesti con PP1 (§2.1 e §2.2), contesti con PP2 (§2.3 e §2.4) e contesti che presentano ambiguità semantiche e azionali (§2.5).[189]

2.1 PP1: contesti eventivi

abbagliato: «"Sono rimasto abbagliato dal sole", ha spiegato al magistrato, "quel motoscafo fermo non l'ho proprio visto"».

appeso: «Su suggerimento di Cutolo ha dato un calcio al termosifone e "Cartuccia" è rimasto appeso. È stata una scena straziante».

appiedato: «Troppo debole, tanto più che intanto uno di quegli amici aveva ammesso: "Sì, Santino m'è venuto a svegliare la mattina di Ferragosto, alle sei. Era rimasto appiedato, voleva la mia auto».

bloccato: «A Torino un pensionato di 70 anni, Giovanni Panettoni, è stato trovato cadavere nella sua abitazione, assieme al corpo del suo cane. L'animale, rimasto bloccato

[189] La documentazione è stata raccolta dalle prime mille occorrenze di *rimasto* seguito da participio passato nel *corpus* della *Repubblica*.

in casa, prima di rimanere a sua volta vittima del freddo, aveva tentato di nutrirsi [...]», «Ieri, Torino si era svegliata immersa nella nebbia, tanto che Caselle, come Milano-Malpensa, è rimasto bloccato», «Per un black-out di energia elettrica [...] il rapido 833 Venezia-Firenze è rimasto bloccato nel tristemente famoso tunnel poco prima delle 10.45», «a Ginevra negli ultimi due giorni sono cadute nevicate da record: il traffico è rimasto bloccato, l'aeroporto è stato chiuso», «Ieri, con un volo militare, è rientrato a Khartum l'ambasciatore americano, che era rimasto bloccato a Washington», «Sono stati pochi i disagi provocati ieri dallo sciopero dei marittimi della Finmare proclamato dal sindacato autonomo Federmar-Cisal. In serata è rimasto bloccato a Cagliari il traghetto diretto a Livorno», «Sabato sera è rimasto bloccato l'aeroporto internazionale "Marco Polo" di Tessera», «Il pilota austriaco stava avvicinandosi a tutta velocità alla curva Stavelot quando ha tolto il piede dall'acceleratore per cambiare marcia. Ma l'acceleratore è rimasto bloccato, Niki ha sbandato paurosamente fermandosi poi ai bordi della pista».

circondato: «L'uomo, mentre bruciava delle stoppie, è rimasto improvvisamente circondato dalle fiamme senza riuscire a mettersi in salvo».

coinvolto: «L'unico "incidente" in cui Bernasconi è rimasto coinvolto risale alla fine degli anni '70 quando [...]», «Bisognava rigenerare il corpo, che in quelle vicende era rimasto coinvolto ai massimi livelli [...] ed era stato gravemente danneggiato nella immagine dallo scandalo P2», «Calvisi [...] è conosciuto come "il latitante buono" perché in questi ventidue anni, non è rimasto coinvolto in alcun fatto di criminalità», «Il giocatore è rimasto tra l'altro coinvolto in una storia di cronaca nera», «L'operazione, che è ancora in corso e in cui è rimasto coinvolto un ex parlamentare dc, è cominciata all'alba di venerdì», «Durante il dibattimento il Pubblico ministero Salvatore Pigozzi, nel rammaricarsi del fatto che un magistrato sia rimasto coinvolto in una vicenda dagli aspetti così sconcertanti, ha sollecitato l'assoluzione dall'imputazione di ubriachezza [...]», «Dario Gallardo, pubblicitario, era rimasto coinvolto tre anni fa in una inchiesta sull'organizzazione eversiva "Prima linea"», «Guai in vista per il Cottolengo di Torino che è rimasto coinvolto [...] nel crack di Vincenzo Cultrera», «La storia nella quale l'editore è rimasto coinvolto risale all'estate del 1979», «Anche il Veneto è rimasto coinvolto in questo grande ingorgo che [...]», «[...] fatti che sono costati la vita ad un pensionato di 43 anni, Salvatore Musumeci, rimasto coinvolto [...] in una sparatoria [...]», «Quello di ieri in Giappone è il peggior disastro dell'aviazione civile mondiale in cui sia rimasto coinvolto un solo aereo», «Infatti dietro al pullman rimasto coinvolto nell'incidente, ne è sopraggiunto un secondo [...]».

contaminato: «Si trattava di un fusto che era rimasto leggermente contaminato a causa della vicinanza con un altro contenitore».

danneggiato: «Il monumento più conosciuto d'Italia dopo gli Uffizi [...] è rimasto fortemente danneggiato dall'ondata sismica».

dilaniato: «Questione di una decina di metri e qualcuno sarebbe rimasto dilaniato».

ferito: «Il personaggio [...] sarebbe stato notato da un compagno di viaggio (un passeggero rimasto ferito) mentre sistemava le due borse sul bagagliaio», «Una fuga di gas, causata dal ghiaccio, ha provocato una esplosione in una palazzina di Norcia abitata da sei famiglie, è rimasto ferito in modo lieve un ufficiale dei carabinieri», «Prosegue anche la ricerca del killer rimasto ferito nell'agguato», «Un uomo è morto assiderato in provincia di Treviso, mentre a Vicenza un vigile del fuoco è rimasto gravemente ferito nel crollo di un capannone», «[...] in una serie di tamponamenti sulla Voltri-Santhià un autista francese di Tir, di diciannove anni, è rimasto gravemente ferito», «C'è stata una prima, violenta, sparatoria, durante la quale un civile è rimasto leggermente ferito», «Il missile che stanotte ha colpito il "Ribut" ha distrutto le cuccette ma nessuno dei dieci marittimi olandesi dell'equipaggio è rimasto ferito», «Solo Mancini avrebbe tentato una reazione (è sua la pistola che ha sparato i sei colpi), scatenando l'inferno di fuoco. Per fortuna, nessun agente è rimasto ferito», «Un uomo rimasto ferito giovedì è deceduto all'ospedale», «[...] l'attentato mancato il 26 marzo 1984 contro il console generale degli Stati Uniti a Strasburgo Robert Onan Homme, rimasto ferito», «Infine la settima esplosione è avvenuta a Via del Mar, presso Valparaiso, nelle vicinanze di un ufficio postale, un passante è rimasto ferito», «Monsignor Salvador Schlaeffer, vescovo cattolico di Bluefields sulla costa atlantica nicaraguense, è rimasto leggermente ferito in un'imboscata giovedì scorso, in località La Patriota-Las Brisas [...]», «[...] in prossimità del quale nell'aprile del 1945 il senatore Dole, allora sottotenente della "Us-Army", era rimasto ferito», «Il ministro [...] è rimasto lievemente ferito in un incidente all'imbocco dell'autostrada», «I banditi hanno aperto il fuoco, le forze dell'ordine hanno risposto. Uno dei rapinatori è rimasto gravemente ferito», «Un bandito è morto, un altro è rimasto leggermente ferito ed è stato catturato assieme ad un complice [...]», «Due bare, quelle di Roberto Guarini, un ragazzo di 21 anni il cui padre è rimasto ferito, e quella di [...]», «Uno studente è rimasto ferito piuttosto seriamente e si trova ora ricoverato al centro ustioni del Sant'Eugenio a causa dello scoppio di una bottiglia incendiaria lanciata da uno sconosciuto contro l'istituto Don Orione», «Il donatore è un bambino inglese, anche lui di 11 anni, Carl Sheppard di Salisbury, che sabato mattina era rimasto ferito mortalmente in un incidente stradale», «Un fatto avvenuto nel settembre 1984 nel bar di un paesino alle porte di Sassari. Il rivale era rimasto ferito soltanto leggermente, ma l'episodio avrebbe potuto avere conseguenze ben più gravi», «Un bambino di 11 anni, Aniello Taurasio, è rimasto gravemente ferito dopo essere caduto dal quarto piano insieme con la madre», «Luigi Musolino, rimasto ferito mercoledì 29 maggio durante gli incidenti di Juventus-Liverpool, è stato dimesso [...]», «L'unico elemento per fornire un'indicazione politica resta per il momento il luogo dove l'ordigno era stato collocato: la sala partenze internazionali B, al centro della quale c'è l'ufficio informazioni della Lufthansa, la compagnia di bandiera tedesco-federale, e poi, una trentina di metri più in là, i banchi di altre compagnie come l'Alitalia (nessun dipendente Alitalia è rimasto ferito), l'Iran Air, le Turkish Airlines e le South African Airways», «Appena più importante è l'indizio fornito dalla testimonianza di un passeggero portoghese, rimasto leggermente ferito dallo scoppio», «Nell'incidente è rimasto ferito un colonnello americano», «Una banale lite scoppiata per motivi di confine si è trasformata in tragedia: una donna è morta, un ragazzo è rimasto gravemente ferito», «Siegfried Messner, fratello del più noto Reinhold Messner, scalatore degli "ottomila", è rimasto gravemente ferito ieri pomeriggio durante una scalata», «Il padre ha visto la massa d'acqua venire giù, ha scagliato i ragazzi fuori dal furgone. Uno dei due è rimasto ferito ad una gamba da un tronco d'albero, l'altro è incolume», «Gli altri due uomini della scorta (uno è rimasto leggermente ferito ed è stato già dimesso dall'Ospedale Villa Sofia) si sono salvati facendosi scudo con l'alfetta blindata», «Nella sparatoria è rimasto ferito lievemente anche un poliziotto», «La "Torril", che stazza 142 mila tonnellate, aveva appena iniziato a caricare il greggio quando è stata raggiunta dal missile iracheno: i Lloyd's hanno precisato che nessuno dei marinai è rimasto ferito», «Migliorano invece le condizioni dell'inglese Jonathan Palmer, rimasto ferito durante le prove della stessa gara», «Un rapinatore, Simone Cataldo, 21 anni, è stato ucciso ed un altro è rimasto ferito in un conflitto a fuoco con alcuni agenti di polizia», «I killer avevano sparato cinque colpi di pistola, in rapida successione, da distanza ravvicinata. L'avvocato era rimasto gravemente ferito, la donna illesa», «dopo che ieri un maggiore della riserva è rimasto ucciso ed un soldato ferito dall'esplosione di una mina nel settore orientale del paese».

impigliato: «Poi l'ho scaraventato nella discarica, sono sceso a seppellirlo sotto alcuni rami perché era rimasto impigliato in un albero».

imprigionato: «Sarei potuto arrivare con i primi, ma sono rimasto imprigionato nel gruppo quando si è sviluppata la fuga decisiva», «Pochi minuti dopo, mentre si recava all'incontro con la delegazione italiana guidata dal ministro Mino Martinazzoli, Webster è rimasto imprigionato con la sua scorta ed i colleghi in uno dei tre modernissimi ascensori del Centro congressi di Milanofiori».

incagliato: «Tanto per cominciare c'è stato un guasto all'impianto idraulico, poi uno dei due satelliti che dovevano essere messi in orbita dal "Challenger" è rimasto incagliato nel vano di carico della navetta e si è dovuto annullare il suo lancio».

infortunato: «Ha cominciato con Mario Vigni che è caduto alla seconda prova, alla curva del casato, ed è rimasto infortunato».

intrappolato: «[...] sulla strada per Controguerra-Nereto, in Abruzzo, un uomo, Erminio Giuliani, è finito fuori strada sulla sua 500 a causa del ghiaccio, e è rimasto intrappolato nella macchina che ha preso fuoco», «Dialogo diplomatico prontamente avviato tra le due Germanie, ha assicurato un portavoce del governo locale di Berlino Ovest, per risolvere il caso di un piccolo cocker rimasto intrappolato tra i due muri che separano i due settori della città», «La polizia neozelandese sostiene di avere addirittura almeno quattrocento elementi concreti di prova che i sette 007 francesi hanno la responsabilità dell'affondamento del "Rainbow Warrior" e della morte del fotografo portoghese rimasto intrappolato a bordo della nave», «[...] in questa balorda impresa dei servizi segreti francesi c'è scappato anche un morto: un fotografo portoghese, il quale è rimasto intrappolato nel "Rainbow Warrior" in fiamme [...]», «La mia famiglia risiedeva per l'appunto nella zona musulmana. Forse è rimasto intrappolato».

isolato: «In più il direttore olandese ha fatto piazza pulita delle caccole della tradizione – dai "tagli" alle corone o agli arbitrii agogici – restituendo la partitura allo stato di massima smaglianza strumentale, ottenendo dall'orchestra eccellenti risultati. Il lavoro di concertazione non è rimasto però isolato, come spesso accade con direttori provenienti dal versante sinfonico», «No al monocameralismo, perché il Pci è rimasto isolato», «Il leader di Dp ha scritto a Intini, affermando che "in realtà sul giochetto illegale dell'astensione per tentare di vanificare il referendum Craxi è rimasto totalmente isolato, e solo questo può spiegare la perdita della calma e della misura... della presidenza del Consiglio"», «Sull'altro fronte il dato delle regioni rosse dice che l'elettorato comunista ha in gran parte accettato l'indicazione che veniva da Botteghe Oscure ma è rimasto sostanzialmente isolato nei suoi confini», «Il caso che ha dato il via alla vicenda non è infatti rimasto isolato», «La vendita della Ercole Marelli Emg, il "cuore" del vecchio gruppo E. M. rimasto isolato dopo lo scorporo delle altre società [...], era stata definita in maggio [...]», «L'edizione di quest'anno avrà l'alto patrocinio del presidente della Repubblica Francesco Cossiga e, dopo l'exploit di Giulini dell'82 rimasto isolato, vedrà premiati per la seconda volta degli artisti italiani».

schiacciato: «Una fine orribile: il poliziotto è rimasto schiacciato contro il muro».

scolpito: «Complessivamente i colpi esplosi sarebbero stati 4, due dispersi, uno che si è conficcato nel tronco di un albero e l'altro è rimasto scolpito sullo stipite della porta del "Museo Nuovo", facendo scattare l'allarme generale».

stroncato: «Orazio Monastero, 84 anni, è rimasto stroncato dal gelo a Firenze».

tranciato: «Là in fondo, dove una volta c'erano i tre alberghi che sono stati spazzati via, un vecchio ponte sul fiume Stava è rimasto tranciato a metà».

ucciso: «Nell'attentato è rimasto ucciso un pregiudicato [...]», «Non si sa se il sunnita è rimasto ucciso nello scoppio, ma la sua casa [...]», «Il "topo d'auto" rimasto ucciso, fino a tarda sera, non era stato ancora identificato», «Anche un miliziano dell'"esercito del Sud Libano" (filoisraeliano) è rimasto ucciso ieri presso Tiro, nel corso di un attentato», «L'ultima che ha avuto una rivendicazione sicura è quella nella quale è rimasto ucciso a Monaco l'industriale Zimmermann», «Il regista ha avuto in realtà un bisnonno sceriffo rimasto ucciso nell'esercizio del dovere», «Come è noto, un giovane tifoso è rimasto ucciso durante gli scontri», «dopo che ieri un maggiore della riserva è rimasto ucciso ed un soldato ferito dall'esplosione di una mina nel settore orientale del paese», «Venticinque studenti sono stati arrestati in un cimitero di Santiago durante i funerali di un loro compagno rimasto ucciso martedì scorso da un poliziotto mentre distribuiva manifestini che chiamavano alla lotta gli studenti», «Ha spiegato al tribunale di aver tentato di "vendicare le vittime del terrorismo arabo", e in particolare un suo amico, che era rimasto ucciso in un attentato nel gennaio 1984», «La macchina ha derapato: si è capovolta. Alberto è rimasto ucciso», «Ieri per la prima volta dall'inizio della guerra civile un cittadino britannico è rimasto ucciso a Beirut», «Il ragazzo, Alfredo Aguirre, di 14 anni, è rimasto ucciso mentre passava in prossimità del luogo in cui è esplosa la bomba», «Un giovane napoletano, Salvatore Schiano, di 24 anni, è rimasto ucciso con un colpo di pistola sparato accidentalmente da un agente», «Ma stanotte simili scontri si sono trasferiti anche al sud (dove un hezbollah è rimasto ucciso dagli uomini di Amal) [...]», «ultima vittima è un terrorista non identificato. È rimasto ucciso da una bomba che egli stesso trasportava nel centro commerciale di Dhangarhi nella regione occidentale del paese», «Mentre le prime bombe che avevano provocato sette morti erano esplose a Kathmandu davanti ai cancelli del palazzo reale, nel Parlamento (un deputato era rimasto ucciso) e in un albergo di lusso, le nuove esplosioni (4 i morti) hanno devastato numerosi edifici in piccole città del regno tra cui il noto centro turistico di Pokhara», «Un giovane portoghese, il fotografo di 33 anni Fernando Pereira, è rimasto ucciso e il portavoce del movimento ha annullato la missione», «ma Pereira [...] ha cercato di ritornare a bordo, ed è rimasto ucciso da una seconda esplosione che ha aperto una falla nella nave affondata in pochi minuti», «Un bambino di sei anni, Mario Orlandi, di Torre Pedrera, in provincia di Forlì, è rimasto ucciso, schiacciato da un tronco segato da due contadini», «Altra guida molto nota era Arturo Ottoz, grandissimo scalatore, rimasto ucciso nel 1956, travolto da una valanga di ghiaccio durante la prima ascensione italiana alla via della Pera [...]», «Gli incidenti, ammessi dalle autorità, sono due: un uomo è rimasto ucciso dall'esplosione di una bomba che intendeva lanciare contro una sezione elettorale [...]», «Un poliziotto è rimasto ucciso e diverse altre persone sono rimaste ferite ieri nelle Filippine nel corso delle manifestazioni organizzate per il secondo anniversario della morte di Benigno Aquino [...]», «Ecco la drammatica immagine del momento in cui è rimasto ucciso il torero Josè Cubero, detto "El Yiyo"», «Uno studente è rimasto ucciso negli scontri avvenuti a Santiago», «Ieri sera un miliziano sciita il cui fratello era rimasto ucciso nei combattimenti si è introdotto in una casa massacrando quattro uomini e una donna», «C'è stato un conflitto a fuoco ed uno dei tre rapinatori è rimasto ucciso», «Il capo della Squadra mobile, Maurizio Cimmino, appena rientrato da Palermo è stato impegnato a lungo a causa di un brutto conflitto a fuoco in cui è rimasto ucciso un rapinatore e le polemiche sull'andamento dell'inchiesta non si spengono», «[...] quando tentarono di dirottare un aereo all'aeroporto di Ronchi dei Legionari assieme all'amico padovano Ivano Boccaccio, rimasto ucciso nell'azione».

ustionato: «Iva Locci, il bambino rimasto gravemente ustionato anni fa e attualmente gratuitamente in cura dal prof. Pitanguy in Brasile è stato derubato [...]».

In accezione traslata:[190]

contaminato: «Quando sei anni fa arrivò in Federazione, lo scandalo scommesse aveva travolto tutta la vecchia legislazione del calcio. Perfino Franchi ne era rimasto contaminato».

colpito: «Sesti parla di chi è rimasto colpito dalle sue delibere, e non di coloro che ne sono stati favoriti».

decapitato: «Non sanno neanche più chi li comanda perché tra morti ammazzati e destituzioni il vertice della Mobile è rimasto decapitato».

incollato: «Sono stati momenti drammatici. Pietro Patti è rimasto incollato al sedile della vettura con il capo reclinato indietro, mentre il killer faceva pochi metri, saltava su uno scooter guidato da un complice che lo attendeva con il motore acceso, facendo perdere ogni traccia».

intrappolato: «Ora noi vediamo possibile una vittoria del No sul fil di lana o quasi. Il Pci è rimasto intrappolato: ha indetto il referendum contro il governo e ora ha paura delle minacce del presidente del Consiglio».

invischiato: «[...] ma ci saranno tutti i suoi uomini e probabilmente anche qualcuno che con don Rafele non ha nulla a che fare ma che è rimasto suo malgrado invischiato nella grande rete tesa dagli inquirenti».

paralizzato: «[...] mentre il sud Libano è rimasto paralizzato dallo sciopero generale indetto per l'attentato attuato lunedì sera contro Mustafa Saad [...]».

pietrificato: «La scena è stata imbarazzante. L'intero negozio è rimasto pietrificato».

soggiogato: «[...] la prima impressione è che Bianchi sia rimasto soggiogato dai doveri di grandeur che la società si è imposta».

trascurato: «È rimasto così trascurato (poco male perché uscirà comunque in Italia) il film che sembrava raccogliere i giudizi più favorevoli del pubblico: *Blood simple* [...]».

[190] Si registrano qui anche verbi con significato solo traslato (*pietrificato*, *soggiogato*).

Alcuni contesti presentano un'interpretazione più incerta. Si può tuttavia propendere per una lettura eventiva con alcuni contesti (cfr. ad es., in precedenza, *scolpito*):

ritenuto: «Il proiettile sparato dal padre alla ragazza mentre questa dormiva è entrato nella regione zigomatica ed è rimasto ritenuto nel cranio, dietro la nuca».

sospeso: «Nel frattempo il titolo Sme è rimasto sospeso in Borsa mentre il contratto di vendita tra l'Iri e De Benedetti aveva proprio ieri la sua scadenza».

e per una lettura stativa con altri:

circoscritto: «Nelle comunità omosessuali il virus è rimasto in qualche modo circoscritto [...]».

interrotto: «Le fiamme giovedì hanno anche distrutto un tratto della linea ferroviaria "Calabro-Lucana" che collega Carpanzano con Cogliano. Il traffico è rimasto interrotto per l'intera giornata», «I giocatori avevano cenato, si erano fermati un po'davanti alla tv, poi avevano ripreso il torneo di briscola rimasto interrotto».

isolato: «Prima di leggere alcuni stralci di quell'interrogatorio, il presidente ha tentato di capire perché Agca è rimasto completamente isolato e senza alcun aiuto, morale e economico, dopo il suo arresto in piazza S. Pietro».

2.2 PP1: contesti stativi

acceso: «L'altoforno numero quattro, rimasto acceso per garantire la continuità produttiva, dovrà essere spento il 24 aprile».

accovacciato: «Ma ha evitato incidenti più gravi. Era rimasto accovacciato ai bordi del campo con tutta la sua tristezza [...]»

ancorato: «Un successivo confronto tra Sanapo e Belmonte non aveva prodotto alcun effetto. Ognuno era rimasto ancorato alle proprie posizioni».

aperto: «L'aeroporto di Caselle è rimasto aperto tutto il giorno, mentre sulle strade, nel pomeriggio, la circolazione ha ripreso a funzionare (anche se molto lentamente) dopo l'intervento di decine di ruspe», «Bloccate (ma per la neve) le piste di Bergamo, Bologna e Venezia, mentre l'aereoscalo di Genova è rimasto aperto a fasi alterne a causa di forti raffiche di vento», «anche il Pci lascia intendere che l'unico spiraglio rimasto aperto per evitare il voto sui quattro punti di contingenza è la trattativa sul drenaggio fiscale», «Nel pomeriggio di ieri la città appariva deserta, con la gente chiusa in casa. L'aeroporto internazionale è rimasto sempre aperto al traffico», «Il traffico almeno finora è tuttavia rimasto aperto diversamente da quanto era avvenuto in passato», «Fin tanto che il mercato dei cambi è rimasto aperto in Italia [...]», «i giocatori si sono rintanati nel loro guscio, contenti che la loro rapidità abbia contribuito alla riuscita del "golpe" ed ora guardano con interesse ad un altro tavolino rimasto aperto, ai giochi delle valute in Francia», «Un paio di aerei sono stati lievemente danneggiati dai tiri d'artiglieria, ma l'aeroporto – con qualche comprensibile rallentamento – è rimasto aperto anche sotto le bombe».

attaccato: «Col suo desiderio di "scuotere l'albero", come Charlot, "per conservare soltanto quello che è rimasto attaccato ai rami" e di essere "rapido, duro, economo di vocaboli", gli resta in parte la tentazione dell'arabesco che gli rimproverava Gide».

bloccato: «Sempre a Contursi, un pullman con sette passeggeri è rimasto bloccato per molte ore», «A Trieste la bora soffiava a oltre 70 chilometri all'ora, trasportando gli spruzzi delle onde fin dentro la città, molte strade si sono trasformate così in pericolose banchise ed il traffico è rimasto bloccato per qualche ora», «Giunto ieri pomeriggio all'aeroporto di Larnaca da Beirut, ove era rimasto bloccato per 47 giorni, l'aereo è stato esaminato da tecnici della "Twa", che lo hanno poi definito "in buone condizioni"», «[...] dove venerdì un Tir aveva lesionato un cavalcavia e il traffico verso il capoluogo lombardo era rimasto bloccato per ore».

chiuso: «La neve è caduta anche ad Alghero dove non nevicava da 25 anni. L'aeroporto di Alghero-Fertilia è rimasto chiuso per diverse ore e la riapertura è temporanea, essendo condizionata alla forza del vento», «A Londra non nevicava da almeno tre anni. Ieri uno degli aeroporti internazionali della capitale britannica, a Gatwick, è rimasto chiuso per buona parte del giorno», «Linate ieri è però rimasto chiuso per nebbia», «E poiché una di queste è fallita, per un lungo periodo l'ambulatorio è rimasto chiuso per gravi carenze igieniche», «Come si sa anche l'aeroporto di Khartum è rimasto chiuso [...]», «Ferito lievemente nell'attentato, Palermo è rimasto chiuso per tredici giorni in un appartamento alla periferia di Roma», «Già la settimana scorsa l'aeroporto di Beirut era rimasto chiuso per due giorni dopo che un bombardamento aveva danneggiato due aerei della compagnia di bandiera libanese "Middle east airlines"», «Il museo è poi rimasto chiuso dalle 10,15 alle 11,15, quando i vigili hanno invano perquisito tutti i visitatori», «e poi in questura dove per motivi di sicurezza era rimasto chiuso per tre mesi», «Le manifestazioni di solidarietà avute dalla gente e dall'amministrazione di sinistra di Arena non sono sufficienti a garantire la sicurezza e ieri mattina il cantiere è rimasto chiuso».

conficcato: «In un paese che respira l'atletica a pieni polmoni e che sa apprezzare gli eroi umani, Cova è rimasto ben conficcato nel gruppo per esplodere negli ultimi metri».

confinato: «Il documento, partorito dopo un lungo dibattito interno e a stento rimasto confinato nelle stanze di palazzo di Giustizia, ieri mattina è stato consegnato al procuratore capo», «Essa rappresentò l'epilogo di un contrasto che a fatica era rimasto confinato nelle mura di piazzale Clodio».

defilato: «In tutta questa vicenda, il ministero per i Beni culturali e ambientali è rimasto sostanzialmente defilato».

imballato: «senza contare che uno di questi Tac è rimasto imballato nel sottoscala del catanese "Vittorio Emanuele"».

nascosto: «Tra gli oratori al funerale c'era il dirigente locale del Fronte Democratico Unito, sfuggito all'arresto la settimana scorsa, che era rimasto nascosto ed è ricomparso in pubblico in questa circostanza».

racchiuso: «Però tutto era rimasto racchiuso in un unico piccolo episodio, c'era la bara in noce scura di Antiochia che avanzava verso la chiesa».

sbarrato: «[...] l'imponente Hotel Cristallo, una volta fiore all'occhiello della Ciga, passata da poco nelle mani dell'Aga Kan, quest'estate è rimasto sbarrato».

scoperto: «E Vittorio Gassmann, che la domenica di Capodanno gli salvò un "Blitz" rimasto totalmente scoperto giocando a basket con gli stranieri del campionato, recitando versi, dialogando via satellite con Brooke Shields».

seduto: «Ha negato tutto, almeno per il poco tempo in cui è rimasto seduto davanti al presidente», «Allora io sono rimasto seduto vicino al bambolotto [...]», «[...] il dottor La Boria è rimasto tranquillamente seduto sulla poltrona, dietro la scrivania».

segnato: «Non c'è nessuna ragione particolare: andai una volta, per sbaglio, a dirigere un giornale da quelle parti, e mi pareva corretto fissare il domicilio dove si lavora. Poi, per pigrizia, e perché mi sento abbastanza zingaro, sono rimasto segnato su quei registri».

sepolto: «Clamorose rivelazioni contenute in un documento del partito comunista ungherese, finora rimasto sepolto negli archivi», «l'indicazione della palazzina-tomba dove per 15 mesi è rimasto sepolto Molinari e la conferma che il dentista è morto durante il sequestro, ucciso a martellate dai suoi rapitori», «Dice "Ho cercato di ripararmi sotto un muretto. Mezz'ora son rimasto sepolto dai detriti"».

stampato: «La mamma è stata vista pregare e coprirsi il volto. L'antico pudore di gente nata e vissuta in campagna le è rimasto stampato negli occhi anche in una giornata in cui ogni inibizione dovrebbe cedere il posto ai sentimenti assoluti».

voltato: «E per tutto il pezzo è rimasto voltato di spalle».

In accezione traslata:

attaccato: «L'avvenimento è di grande risonanza perché [...] Il Messia era finora rimasto tenacemente attaccato all'esecuzione concertistica».

bloccato: «Il dipartimento del Lavoro di Washington ha reso noto infatti che anche nel mese di giugno il tasso di disoccupazione è rimasto bloccato sul 7.3%», «il Comitato centrale, anch'esso rimasto per lungo tempo bloccato, ha deciso di riprendere i poteri che una volta esercitava [...]», «[...] creandomi notevoli difficoltà circa il mio lavoro, che è rimasto pressoché bloccato per tre mesi».

congelato: «Questo assetto è rimasto congelato per tutti i tredici mesi della segreteria Cernienko».

distaccato: «Il mondo dell'ebraismo ortodosso, che nella maggior parte delle sue varie componenti era rimasto sempre distaccato dalle vicende dello Stato, tende adesso ad una militanza estremista».

esposto: «nominato qualche stagione fa dal presidente Mitterrand e da allora rimasto esposto alle polemiche».

ibernato: «[...] mettere fine a un lungo incubo, alla tragedia di un fronte che divide in due l'Italia e che, nel volontario letargo invernale degli alleati, è rimasto praticamente ibernato dalla metà del novembre 1944», «Qui si tratta di un titolo rimasto ibernato per mesi perché non era chiara la strategia del gruppo Bonomi».

impresso: «Forse nella memoria del prelato è rimasto impresso l'episodio di cui egli fu protagonista non molti giorni fa al termine di un altro funerale», «Per molte di loro, il momento in cui si guardarono per la prima volta allo specchio dopo l'esplosione e videro le terribili devastazioni sui loro visi, è rimasto impresso come un tempo pietrificato [...]», «Dicevo prima di Atene, mi è rimasto impresso, ma non è certo l'unico momento brutto della carriera».

incollato: «Giovanni Bestagno è rimasto incollato per quasi quindici ore ad una macchina di giochi elettronici in un bar della città».

paralizzato: «Il traffico, logicamente, è rimasto paralizzato per ore», «Nonostante il paese sia rimasto paralizzato per 24 ore e i disordini abbiano provocato atti di estrema violenza [...]».

pietrificato: «Rispetto ad essi Gorbaciov si pone, intanto in termini sociologici, come primo anello di congiunzione con un vertice politico rimasto sinora pietrificato [...]».

2.3 PP2: contesti eventivi

affascinato: «Schlesinger, racconta, è rimasto "affascinato" dalla storia», «L'uomo da sempre è rimasto affascinato dalla profondità del cielo notturno», «Quando ho incontrato questa coppia [...] sono rimasto affascinato».

amareggiato: «Secondo indiscrezioni piuttosto attendibili sembra che Massacesi sia rimasto amareggiato dalle polemiche insorte in seguito alla vicenda Techint».

atterrito: «"Se Dante fosse stato con noi sull'aereo", scriverà in seguito Tibbets, "sarebbe rimasto atterrito"».

choccato: «Il mercato è rimasto choccato da una sensazionale offerta fatta dalla Fiorentina al Como».

coinvolto: «Non ho mai pensato che sarei rimasto così coinvolto dal film».

colpito: «Personalmente, ero rimasto colpito dal fatto che Andropov amasse la musica occidentale», «Per chi è rimasto colpito dall'inopinata affermazione che, trattando di Mezzogiorno, vi è anche da tener conto che esiste una questione settentrionale, sarà di conforto pensare che [...]», «La gente intorno ridacchiava. Adrian invece era rimasto colpito dal discorsetto sulla geometria del mondo».

condizionato: «Nella polemica col Psi ho sempre giocato in difesa. Mai ne sono rimasto condizionato».

confuso: «C'è chi è rimasto un po' confuso rispetto all'"identikit istituzionale" tracciato da Martelli».

convinto: «La mattina alle nove ho letto su questo giornale un editoriale di Antonio Gambino ("Giornali e potere") in cui si dice che "il vento del qualunquismo in Italia non ha mai cessato di soffiare" e ne sono rimasto istintivamente convinto».

deluso: «Come nella canzone "Profumi e balocchi", chi è invece rimasto deluso in questo Natale sono i bambini», «Non abbiamo utilizzato la stessa ricetta, abbiamo cercato altrove. Il pubblico è rimasto deluso, e ci fa pagare il nostro passato successo», «Chi si aspettava una vivace reazione della Borsa alla riduzione del tasso ufficiale di sconto è rimasto deluso», «Chi ha pagato per ottenere agevolazioni nelle pratiche di concessione edilizia è rimasto deluso», «Chi si aspettava che il cardinale spezzasse una lancia a favore dei movimenti pacifisti è rimasto deluso», «Non è esatto che il presidente Mubarak sia rimasto "deluso" dall'inerzia degli Stati Uniti», «Chi si aspettava dalla seduta di ieri un segnale di ripresa è rimasto deluso», «Chi si aspettava rivelazioni sensazionali dal confronto in diretta tra Dal Monte e Conconi [...] è rimasto forse deluso», «Sembra che Alfonsin sia rimasto molto deluso quando è andato a toccare con mano [...]», «Amaro anche il commento del difensore, avvocato Campeis: "Sono rimasto deluso" dice "nella preparazione del processo, confortato anche dal parere di un esimio giurista come il compianto professor Nuvolone, mi ero convinto che Zico sarebbe stato assolto"», «Quanto a Zico ha detto di essere rimasto profondamente deluso dall'esperienza italiana», «Nei colloqui con gli americani a Washington – il segretario di Stato George Shultz ne è rimasto deluso, ha scritto il quotidiano "Maariv"», «Chi s'aspettava di veder fumare il camino dello speciale forno, alto quaranta metri, è rimasto deluso», «Chi si aspettava che Alì Agca affermasse che Oral Celik forse è stato ucciso dai bulgari, è rimasto deluso», «e qui forse chi si aspettava una grande esecuzione musicale è rimasto deluso», «Chi insomma si aspettava un vero e proprio programma da "governo-ombra", l'atto formale dell'"opposizione di Sua Maestà" è rimasto deluso», «Chi si aspettava una graffiata è rimasto deluso», «[...] si era innamorato della parapsicologia ed era rimasto deluso dalla guerra di Spagna [...]», «Chi si aspettava novità sul piano dei modelli è rimasto certamente deluso».

dispiaciuto: «Le confesserò di essere rimasto molto dispiaciuto dal fatto che alcuni giornali italiani abbiano riportato questa notizia».

impietrito: «Il presidente è rimasto come impietrito, senza poter pronunciare una sola parola», «Tutto è successo sotto gli occhi dei negozianti e dei passanti; "sono rimasto impietrito e inorridito" [...]».

impressionato: «Damiani è rimasto impressionato da questa idea», «Sono rimasto favorevolmente impressionato dalla praticità, gentilezza, cordialità, rispetto per il prossimo», «Agli ambasciatori dei Dieci a Bruxelles ha confessato di essere rimasto molto impressionato nel constatare l'appoggio massiccio che [...]», «Sua altezza serenissima Ranieri III, principe regnante di Monaco, deve essere rimasto ieri assai sfavorevolmente impressionato dall'atletica che gli è stata proposta [...]», «L'Avellino insiste per Cucchi, offre due miliardi e mezzo, lo slavo Ivic è rimasto impressionato dalla prestazione del giovane neroazzurro», «Ivic, neo-tecnico dell'Avellino, vuole Cantarutti: l'ha visto in alcuni filmati, ne è rimasto favorevolmente impressionato», «Io sono rimasto impressionato dal ricorrere – quasi ossessivo – di certe parole», «Gheddafi è rimasto molto impressionato dalle mie assicurazioni [...]», «Sono rimasto impressionato dal fatto che non si sia tenuto conto come negli anni di Hitler Parsifal è stato il simbolo del germanesimo trionfante [...]».

incantato: «Poi ha bussato una viaggiatrice, Giulia Calvi. Sono rimasto incantato di fronte alla grazia, al garbo del suo *Storie di un anno di peste*», «Da quel continente e dai suoi abitanti è rimasto incantato, naturalmente fuggendoli appena possibile», «A sua volta, Djavan è rimasto incantato dai suoni, dagli arrangiamenti e dal temperamento vocale della cantante italiana».

ipnotizzato: «A questo punto lo spettatore comune [...] ha abbandonato – con rammarico – "Quelli della notte" che stavano folleggiando sull'altra Rete, ed è rimasto ipnotizzato a guardare».

meravigliato: «"Qui il personale è bravissimo, sono rimasto meravigliato"», «Vittorio Emanuele si è risentito dell'iniziativa del cugino rivale e [...] fa sapere che "l'erede al trono è rimasto molto sorpreso e meravigliato del messaggio e si è chiesto a che titolo lo ha fatto"».

offeso: «Lanzmann è rimasto offeso per il disinteresse con cui sono state accolte a Venezia le nove ore di film [...]».

sbalordito: «Il poeta americano Allen Ginsberg, che sta tenendo a Pechino un corso universitario di letteratura francese, racconta di essere rimasto sbalordito ascoltando i suoi allievi recitargli a memoria le sue stesse poesie», «Personalmente sono rimasto sbalordito del fatto, in quanto non mi era mai capitato che [...]».

sbigottito: «Proprio per questo sono rimasto sbigottito guardando la prima pagina di Repubblica del 30 luglio ed il disegno di Forattini a seguito dell'assassinio del Commissario Montana a Palermo».

scandalizzato: «Sono rimasto scandalizzato leggendo i giornali italiani: non ho mai detto quelle frasi».

sconcertato: «Magri che aveva detenuto il titolo per sei mesi nell'83 è rimasto sconcertato per la decisione del suo manager di chiedere all'arbitro d'interrompere il match dopo la quarta ripresa», «Non era arrabbiato, ma sconcertato sì, ecco diciamo che è rimasto sconcertato».

sconvolto: «[...] il magistrato ha però ribadito il suo impegno ad andare avanti: "Sono rimasto sconvolto più che dal fatto che ci sia stato un attentato contro di me, dal sacrificio di queste vittime innocenti che mi hanno salvato la vita [...]"», «Lo scalo aereo è rimasto a lungo sconvolto dalla deflagrazione» (per questo esempio cfr. §5.3), «Una delle "stranezze" notate nel traditore Hans Tiedge è che era rimasto sconvolto per la perdita della moglie [...]».

scosso: «[...] sono dettate dalla necessità di costringere alla compattezza un gruppo parlamentare rimasto profondamente scosso e che fa fatica ad accettare completamente la decisione del cancelliere Sinowatz [...]», «Due anni fa era rimasto particolarmente scosso dalla morte del compagno di studio, l'avvocato Roberto Danielli [...]»

scottato: «Non è il caso di parlarne: sono rimasto troppo scottato dal modo in cui sono state fraintese certe mie dichiarazioni».

seccato: «Alla Parmalat dicono che il cavalier Calisto Tanzi è caduto dalle nuvole ed è rimasto seccato nel leggere sui giornali l'ipotesi, avanzata dal Pci, di un suo prossimo ingresso nella "Poligrafici editoriale"».

sedotto: «il principale è rimasto sedotto dal suo celebre fascino».

soddisfatto: «Certo non è rimasto del tutto soddisfatto dalle ultime nomine l'ambasciatore Bruno Bottai», «Alboreto nonostante il risultato è rimasto molto soddisfatto di questa prima uscita ufficiale», «Uncini non è rimasto soddisfatto dei lavori effettuati», «Bruce Springsteen aveva appena finito di cantare la sua ultima canzone ed Aldo Serena era rimasto più che soddisfatto».

sorpreso: «Nessun commento, nemmeno una parola. "Non è rimasto sorpreso" racconta al telefono il capitano del castello Angioino», «Walesa [...] era rimasto sorpreso del fatto che [...]», «Non sono sotto choc, però non posso negare di essere rimasto molto sorpreso dal risultato», «Reagan se l'è cavata dicendo di essere rimasto "sorpreso" dall'atteggiamento del ministro britannico», «Sorpreso è rimasto persino il sindaco: "Siamo caduti dalle nuvole" [...]», «Il lettore sarà rimasto sorpreso dalla frase contenuta nell'inciso», «Sono rimasto sorpreso, leggendo l'intervista di Laura Lilli a Natalino Sapegno (*Repubblica*, mercoledì 17 aprile), nello scoprire che Dante parla ancora ai giovani», «Sarebbe rimasto sorpreso come è sorpresa oggi quella Torino che mai avrebbe immaginato che [...]», «Vittorio Emanuele si è risentito dell'iniziativa del cugino rivale e [...] fa sapere che "l'erede al trono è rimasto molto sorpreso e meravigliato del messaggio e si è chiesto a che titolo lo ha fatto"», «qualcuno mi ha fatto gli auguri per il 25 aprile ed è rimasto genuinamente sorpreso quando gli ho detto che da noi non si usa», «È possibile che invece il lettore sia rimasto sorpreso», «Non sono rimasto sorpreso per la condanna», «Devo confessare di essere rimasto molto sorpreso nell'apprendere che [...]», «È rimasto sorpreso del sorpasso di Johansson?», «Luigi Orlando ha letto la rassegna-stampa di domenica scorsa è rimasto molto sorpreso [...] della notizia apparsa sul giornale della Confindustria».

stravolto: «La prima volta che lessi il testo sono rimasto stravolto».

stupito: «Ogni volta che abbiamo scattato una foto dello stesso soggetto, sono rimasto stupito di quello che lui era riuscito a cogliere», «Cosa vuole che le dica? Sono rimasto molto stupito», «Né dalla lettura dei temi, né dai colloqui sono emersi una qualità di preparazione, di formazione culturale, una maturità diverse e tanto meno superiori. Sono rimasto stupito. Cosa dovrei concludere?».

travolto: «Quando è finalmente tornato a Buenos Aires, è rimasto travolto "dalle luci, dai suoni, dagli odori", ma soprattutto dal fatto di essere stato preceduto dalla pubblicazione di *Mai più pene nè oblio*, divenuto nel frattempo un best-seller, a rischio di farlo passare per un eroe nazionale».

turbato: «[...] quando mi hanno portato la notizia: "Guarda che ti hanno eletto presidente". Sono rimasto turbato pensando alle responsabilità che questa carica comporta e poi mi sono detto [...]».

2.4 PP2: contesti stativi

affezionato: «A quel brano di Schumann, in ogni caso, Michele Campanella è rimasto particolarmente affezionato».

attaccato: «Al Torino sono rimasto attaccato, ho ancora la maglia granata addosso, vivo il derby senza giocarlo».

legato: «Era difficile andare alla Fiorentina: non per un problema di soldi, ma sono uno che è stato cinque anni nella Roma, che bene o male si era creato una certa immagine ... Sono rimasto legato all'Italia».

2.5 PP aggettivali (*in-* negativo)[191]

illeso: «Sull'incidente le notizie sono ancora scarse, sarebbe avvenuto nello Stato dell'Oregon e si sarebbe trattato di uno scontro frontale nel quale il fratello sarebbe rimasto illeso».

immutato: «La verità è che il divario fra Nord e Sud è rimasto immutato», «Le importazioni d'acciaio negli Usa non dovevano superare il 18,5 per cento del mercato nel 1985, ma le proiezioni sulla base dei primi sei mesi indicano che il livello sarebbe rimasto praticamente immutato rispetto allo scorso anno», «ma fino a ieri mattina tutto è stato inutile, tutto è rimasto immutato», «forse che se il divario di prodotto pro-capite fosse rimasto immutato dal 1950 la tensione politica da esso determinata sarebbe pure rimasta immutata?», «In compenso il cast di *La piovra* è rimasto più o meno immutato», «Perché sostanzialmente è rimasto immutato il prodotto nelle prerogative richieste dai consumatori [...]».

impunito: «Ma resta amaro in bocca perché questa è la dimostrazione che un evento tragico come quello è rimasto impunito».

inadempiuto: «il contenuto di quegli accordi che per molte parti è rimasto inadempiuto».

inalterato: «Ma ciò non ha impedito che quel divario – come annotava giorni fa Paolo Savona su *Repubblica* – sia rimasto praticamente inalterato», «La polizia ha fatto sapere che nelle ultime ventiquattr'ore il numero delle persone arrestate grazie ai poteri eccezionali conferiti alle forze dell'ordine dalla legislazione d'emergenza è rimasto inalterato [...]».

inascoltato: «L'appello lanciato da "Sos Racisme" non è rimasto inascoltato: sabato notte, fino a domenica mattina, Parigi ha vissuto una giornata di anti-razzismo senza uguali».

inapplicato: «il contratto i cui effetti operativi scadono a giugno, è rimasto inapplicato».

incompiuto: «[...], intenta ancora ad arricchire il suo ciclo narrativo, la sua "commedia nuovayorchese", con un romanzo, rimasto incompiuto, dal significativo titolo *The Bucaneers* [...]», «Friedrich Cerha, compositore oltre che direttore, che sugli abbozzi di Berg ha completato il 3 atto dell'opera rimasto incompiuto».

indiscusso: «Dopo le confessioni di Antonio Savasta e il fallimento dell'operazione Dozier, è ancora una volta lei a dare la parola d'ordine della "ritirata strategica". Un ruolo direttivo rimasto indiscusso fino all'autunno '84 quando [...]».

indisturbato: «A chi spetterà il tesoro in diamanti e gioielli per un valore di oltre undici miliardi di lire, rimasto indisturbato per 73 anni nelle casseforti della nave, è un dilemma che [...]».

191 Eccezionalmente l'elemento negativo è espresso anche da *non* («[...] quello che mi aveva turbato nei momenti della amnesia sarebbe stato capace di esprimere quel che era rimasto non espresso, nel tentativo di lavorare su Shakespeare») e da *s-* («Inoltre queste due case garantiscono al cliente rimasto sprovvisto di carta una nuova nel giro di 24 ore, senza alcuna commissione da pagare»).

inedito: «Questo era invece *Honky tonk man* del 1982, rimasto inedito in Italia», «anche se internazionalmente non più freschissimo e rimasto inedito, oltre che in Italia, forse solo in Cina e nell'Alto Volta».

inesplorato: «Ora, tocca ai mandanti ed organizzatori, cioè a quel "livello" rimasto per anni e anni pressoché inesplorato», «*Le società segrete dal Seicento al Novecento* [...], che si addentra – attraverso uno svelto collage di riferimenti bibliografici e rimasto per tanti versi inesplorato nelle sue molteplici espressioni [...]».

inevaso: «Lo studio deve essere ancora completato dato che un interrogativo è rimasto inevaso: quale correlazione [...]», «Solo il cosiddetto "terzo cesto" della Conferenza [...] è rimasto inevaso», «Ma intanto, in base a quella passata e presente, tutto quello che, nei famosi "protocolli d'intesa" firmati nell'83 e nell'84 dal governo con le parti sociali, era destinato a creare incrementi pur modesti di occupazione è rimasto inevaso».

insoddisfatto: «E le puntate di cui è rimasto insoddisfatto? "Agnelli-Lama, De Benedetti-Romiti, Natta-De Mita, tutte quelle andate in onda in ritardo"», «Anche il Pci è rimasto insoddisfatto dell'esposizione del ministro giudicandola "elusiva"».

invariato: «[...] i tempi regolamentari si erano chiusi in parità sull'1-1, risultato rimasto invariato alla fine dei tempi supplementari», «a gennaio l'indice dei prezzi all'ingrosso è rimasto invariato rispetto a dicembre [...]», «Nessuna riduzione di pena hanno ottenuto i "pentiti" per i quali è rimasto invariato il verdetto di primo grado [...]», «[...] ma c'è anche da considerare che per la prima volta il tasso di donne che avevano abortito è invariato rispetto all'anno precedente», «[...] così come il dividendo è rimasto invariato a cento lire», «Il gap è invece rimasto invariato sul piano quantitativo della produzione», «È rimasto invece invariato il prezzo della benzina», «Il problema è che poiché il quadro politico-sociale è rimasto invariato [...]», «mentre il restante del listino si è mosso in modo irregolare contemperando le perdite con i guadagni cosicché l'indice generale è rimasto invariato», «Il fatturato nazionale è salito a 2.535 miliardi (più 19,8 per cento), mentre il fatturato noleggi è rimasto pressoché invariato (891 miliardi pari a più 1,7 per cento)», «In marzo l'indice è rimasto praticamente invariato rispetto a febbraio», «Rispetto a un indice generale che è rimasto praticamente invariato si è vista una Italcementi salire di oltre il 10 per cento e portarsi in poche ore a 104 mila lire», «In questo periodo, infatti, il valore medio delle esportazioni realizzate dalle singole imprese, misurato a prezzi costanti, è rimasto invariato», «Il numero dei disoccupati in senso stretto è rimasto praticamente invariato», «Ieri, infatti, è stato diffuso il dato relativo alla disoccupazione, rimasto invariato per il sesto mese consecutivo al 7,3 per cento», «Lo scorso anno infine il costo sarebbe rimasto "invariato"», «[...] mentre è rimasto praticamente invariato il numero dei disoccupati di età superiore», «Il mercato appare consolidato e l'indice è rimasto invariato», «Alla vigilia della risposta premi il mercato non ha fatto altre follie e l'indice generale è rimasto invariato», «a Pisa il Pci, partito di maggioranza relativa che alle amministrative ha ottenuto il 36 per cento dei voti ha perso poco più del 2 per cento ma il numero dei consiglieri è rimasto invariato».

invenduto: «l'offerta di mille miliardi di Bot annuali ha trovato richieste per quasi 672 miliardi e il rimanente è rimasto invenduto».

inviolato: «In patria, tuttavia, il mito della purezza della birra tedesca era rimasto inviolato».

irrealizzato: «[...] riprende e rilancia le condizioni giudicate irrinunciabili (e oggetto di una lettera a Craxi) per conseguire il risultato finora rimasto irrealizzato di mettere le briglie al deficit dello stato».

irrisolto: «L'altro nodo rimasto irrisolto fino all'ultimo istante è la partecipazione della Libia al vertice [...]».

Distiguiamo a parte quei participi con *in-* negativo la cui base non funge da verbo autonomo:

ignoto: «E poi, il lancio da parte di un "cumpariello" rimasto ignoto di una bottiglia (di plastica) piena d'acqua nella gabbia numero due dove erano ospitati lo stesso D'Amico e un altro pentito, Guido Catapano [...]», «Qualcuno rimasto ignoto tentò anche una scalata alla Saffa», «Con una richiesta di non luogo a procedere, essendo rimasto ignoto il responsabile del presunto tentativo di estorsione [...]».

insoluto: «Questa è stata una risposta ai problemi di stabilità, di resistenza al moto ondoso. Ma è rimasto insoluto quello delle capacità operative», «Anche in questo caso il delitto è rimasto insoluto», «Il 10 luglio il colpo è eseguito. Il giallo sarebbe rimasto insoluto se non fossero entrati in gioco il dilettantismo [...]».

intatto: «Negli ultimi mesi, con il grande calo dei traffici, il tempo di impegno è ancor più drasticamente diminuito ma il salario è rimasto intatto», «È rimasto intatto infatti il gusto di fare giornalismo, la curiosità per le cose, la voglia di andare sui posti e raccontare, la voglia di far circolare le idee», «Venezia è scomparsa lasciando soltanto delle spade e un tricorno impolverato nella cesta di Ortensia e Dejanira, le due commedianti sbarcate in un atollo che sa di set cinematografico e di arredo postmoderno con un copione goldoniano rimasto intatto battuta per battuta senza il minimo ritocco del linguaggio», «Il rinvio della riunione del gruppo di lavoro è stato deciso solo per motivi tecnici [...] ed è rimasto intatto il clima di ottimismo che [...]», «Dell'ingresso della villa, scomparso il lungo viale bordato di palme, è rimasto intatto, in corso Calatafimi, l'antico portale seicentesco lavorato a bugne», «Il potere militare della mafia è rimasto intatto», «Il luogo del leggendario scontro [...] è rimasto intatto», «E oggi si scopre anche che è rimasto candidamente intatto il rapporto fra Antognoni e Firenze».

2.6 PP aggettivali

Residuano altri PP aggettivali. Alcuni sembrano avere valore stativo:

implicito: «L'opera di Freud – figlio della cultura ebraica – è apparsa traumatizzante soprattutto perché rende esplicito ciò che, pur essendo ovvio, era rimasto sempre implicito».

riservatissimo: «Il punto, rimasto riservatissimo, anche in questa nuova versione circa il futuro della Centrale, riguarda, come è facile immaginare, l'operazione di fusione con le sue valutazioni e i suoi tempi di attuazione».

Si direbbero avere invece valore eventivo solo *perplesso* e *stupefatto*:

perplesso: «Lei è d'accordo con quella scelta? "Oh no, anch'io sono rimasto molto perplesso, ma loro erano scioccati almeno quanto me"».
stupefatto: «Sadet Sirri Kadem è rimasto stupefatto di fronte a questa improvvisa uscita di Agca e tra il pubblico qualcuno ha cominciato a ridere [...]»

2.7 Aggettivi (*in-* negativo)

Anche per questa categoria si distinguono tra gli aggettivi con prefisso *in-* negativo, con valore stativo:

immobile: «"Mi sono gettato a terra fingendomi morto", racconta, "e sono rimasto immobile finché non li ho sentiti andar via"».
irremovibile: «Sui tempi dell'uscita e del rientro a casa dell'imputata, infatti, i giudici danno ampio credito alle dichiarazioni del portiere dello stabile "rimasto irremovibile nei punti fondamentali della sua testimonianza nonostante sia stato esposto alla luce impietosa di una pubblicità sgradevole, critica, irridente"».
indifferente: «L'"ecosistema della politica" ha reagito secondo gli schemi dei testi sacri dell'ecologia. Per anni è rimasto indifferente, ha assorbito senza batter ciglio le denunce sullo sviluppo distorto [...]».

Accanto a questi si hanno contesti eventivi, con aggettivi la cui base non è dotata di autonomia. A differenza dei precedenti, non sono compatibili con *stato*:[192]

immune: «L'unico rimasto veramente immune da questo peccato è stato forse proprio Bearzot», «Un solo consigliere, dei quindici che conta la Dc, è rimasto immune da un maxi-rinvio a giudizio che ha coinvolto anche il sindaco, democristiano, Valerio Ghizzoni».
incredulo: «Sono rimasto incredulo quando alla domanda: "Alcuni politici hanno invitato la Juve a restituire la Coppa..." Boniperti risponde [...]».
indenne: «Maurizio, sposato con due bimbi piccoli, è l'unico figlio rimasto indenne», «Due attentati hanno colpito nella città elvetica un alto diplomatico siriano – rimasto fortunatamente indenne – e gli uffici delle linee aeree libiche, che sono stati completamente distrutti», «Il musical è rimasto indenne, per il momento, dall'attacco massiccio e composito delle quattro grandi minacce che stanno erodendo il terreno della favola nel cinema hollywoodiano».

[192] Si registra tra gli aggettivi (§2.8) *incolume*, in cui il prefisso *in-*, a differenza di *indenne* e *immune*, non parrebbe avere etimologicamente valore negativo ma rafforzativo (cfr. *DELI*, *s.v.*).

2.8 Aggettivi

L'interpretazione appare tendenzialmente eventiva:

incolume: «La tragedia li ha colti nel sonno. Uno dei due figli della coppia, Giuseppe, di quattro anni, è rimasto incolume perché si è trovato in uno spazio vuoto [...]».

privo: «[...] Jean colpisce un piccolo pedone in h 4, che era rimasto privo di copertura a causa dell'avanzamento della regina nera [...]».

scettico: «Secci è rimasto, però, scettico: "Non vediamo progressi nell'inchiesta e perciò manteniamo ferma la ricusazione, in attesa che compia il suo corso legale"».

solo: «Ma c'è di più: al dunque, nel segreto dei colloqui, nessuno ha più insistito, neppure gli Usa che avevano fatto la proposta. Ed io sono rimasto solo», «"I dati elettorali" afferma Tognoli, "confermano che a Milano sarebbe stata possibile una battaglia per una maggioranza laica. Purtroppo sono rimasto solo a sostenerlo"», «Il Libano non esiste più, ed è rimasto solo nei momenti estremi della sua agonia», «Il ragazzo, apparentemente tranquillo, ha risposto al saluto. Ma poco dopo, rimasto solo, è salito nella terrazza, ha raggiunto la soffitta e si è ucciso», «Aiutatemi, sono un bambino di otto anni, sono rimasto solo sulla mia barca, papà e mamma sono scomparsi in mare», «La signora Anna fu protagonista della Milano dei primi anni 70, ma adesso l'erede sembra rimasto solo», «Il killer turco ormai si è accorto che è rimasto solo e che le sue continue e contraddittorie "rivelazioni" hanno avuto un unico effetto, quello di renderlo inattendibile», «dopo che tutti l'hanno lasciato [...] ed è rimasto solo con Margherita, proiezione della sua ragione o, meglio, della sua coscienza», «Il presidente della Gemina, Franco Mattei, rimasto solo con ancora nelle orecchie quella astuta delega dell'Avvocato, che poteva dire?», «Longo nega ancora, ma ora sembra davvero rimasto solo».[193]

sordo: «Di chi ha costruito con lo sputo quella palazzina e di chi è rimasto sordo agli allarmi lanciati dai suoi inquilini», «"La Volkspartei ha considerato questa nostra proposta come un cavallo di Troia nella cittadella della etnia tedesca". Secondo Gianni Lanzinger (in questa battaglia, Pci e Nuova sinistra sono stati alleati), Magnago è rimasto sordo a quest'ovvia incubatrice di integrazione, per paura che il bilinguismo diffuso attenui i rigidi confini tra i due gruppi e le due culture», «Il regime è rimasto sordo anche all'appello ad esso rivolto qualche giorno fa da ventotto uomini di pensiero, scienziati e premi Nobel americani [...]».

vacante: «Un componente del Nucleo ha lasciato gli uffici di via XX Settembre il 22 febbraio per approdare all'Eni. Un altro posto è rimasto vacante da sempre», «per l'assegnazione dell'assessorato rimasto vacante il dibattito è aperto».

vuoto: «Lo stesso Nicolini ha però precisato che "il dipinto è sicuramente del Bril: il dilemma è nato soltanto perché nello spazio rimasto vuoto per il furto era affissa inutilmente una targa di ottone che recava il nome di Brueghel"».

[193] Si allega qui anche un esempio di *da solo*: «"[...] Per il resto stava sempre con loro, specie la notte quando dormiva con Annunziata o con il papà o proprio con lui, con Roberto". Adesso anche quel ragazzino è rimasto da solo, di colpo senza famiglia».

2.9 Nomi

L'accezione è tendenzialmente eventiva:

orfano: «Il non voto solo in piccola misura è figlio del disinteresse o della massima disinformazione su questo referendum, è al contrario più che altro il voto clientelare rimasto orfano di immediati acquirenti».

padrone: «Fu proprio uno di loro, Calles, rimasto unico padrone del paese, a interrompere questa regola spagnolesca del potere personale».

vittima: «Perquisizioni, controlli telefonici e pedinamenti vengono tutti verificati dai sostituti procuratori Loreto D'Ambrosio e Franco Ionta, titolari delle indagini sull'attentato di cui è rimasto vittima l'economista della Cisl», «È tornato, è rimasto vittima di uno scherzo», «Vitaly Yurtchenko [...] è rimasto vittima di un incidente mentre si trovava in missione nella capitale [...]».

Qualche dubbio può aversi per:

prigioniero: «Craxi ha probabilmente avuto lo spazio personale che cercava, ma il Psi è rimasto prigioniero del blocco moderato, le cui chiavi sono oggi più di prima nelle mani della Dc».

2.10 Locuzioni

Possono avere valore eventivo o stativo, a seconda del contesto, ed essere assimilati a PP1 (≈PP1) o a PP2 (≈PP2):

≈PP1:

a / per terra: «Tanti da morire. Qualche minuto dopo Marco Paternò è rimasto per terra. L'ambulanza lo ha raccolto quando non c'era più niente da fare», «Uno è stato catturato, l'altro è riuscito a scappare. A terra è rimasto De Girolamo, colpito da una pallottola vagante», «Sono rimasti invece ancorati in porto gli altri due traghetti, l'"Emilia" e il "Boccaccio". Un altro migliaio di persone è quindi rimasto a terra», «Wilkins e Francis sono venuti a collisione ed è rimasto a terra il più fragile [...]», «Pochi secondi prima del pareggio di Scarnecchia era rimasto a terra Collovati [...]».

all'asciutto: «Dovrebbe far meglio Wilkins, rimasto all'asciutto nel suo primo campionato da noi».

fuori: «Solo il Psdi, che insisteva per il centrosinistra, è rimasto fuori dalle trattative e dagli accordi».

nelle mani di + N: «[...] circa il cinquanta per cento del capitale sociale era rimasto nelle mani di un consorzio di banche e la sistemazione non era molto elegante [...]».

≈PP2:

a bocca aperta: «Quando il sindaco di Napoli, il socialista Carlo D'Amato, ha letto la sintetica relazione dell'assessore al personale è rimasto a bocca aperta».

di stucco: «Aldo Visalberghi, pedagogista all'Università di Roma, confessa: "Sono rimasto di stucco nel vedere queste cose sulla Rete 1"», «dove Nakasone ha cenato mercoledì, è rimasto di stucco».

male: «Secondo fonti governative, qualcuno ci è rimasto male».

sotto choc: «Alla domanda quale fosse stata poi la sua reazione, il tenente Fouche ha risposto: "Sono rimasto sotto choc"».

con + N: «I problemi accumulati negli anni dell'ascesa sono tanti. Il partito, pur avendo avuto grandi successi elettorali, è rimasto con 34.000 iscritti».

senza + N: «Il divieto di Springsteen e la mancanza di un'area agibile sufficientemente ampia: contro questi due ostacoli sembrano destinate a infrangersi le speranze di chi, essendo rimasto senza biglietto per il concerto di venerdì a San Siro, sperava almeno di poter seguire il "Boss" su un grande schermo installato fuori dallo stadio», «Motivo della levata di scudi socialdemocratica, il fatto che il Psdi, pur facendo parte della maggioranza, sia rimasto senza assessori dopo il passaggio dell'unico che aveva nelle file del Psi», «un cavallo scosso (cioè rimasto senza fantino)», «Il Pci era riuscito a far passare un emendamento che faceva decorrere la nuova legge per le liquidazioni percepite dal primo gennaio 80. Ma il ddl, in questo modo, era rimasto senza copertura finanziaria», «Producevo 25 quintali di olio che imbottigliavo e vendevo – spiega Mario Bandini, il coltivatore – ma dopo tanti anni di lavoro sono rimasto senza nulla», «Un risultato che rischia invece di sfuggire ai socialisti baresi: accettando senza un minimo di trattativa lo sbaraccamento della giunta di sinistra, hanno visto assegnare dalla trattativa nazionale la poltrona di sindaco alla Dc. Il servizio reso è rimasto senza compenso [...]», «Quando Walter Bonatti, rimasto senza clienti, passava da un amico e gli diceva: "Andiamo al Pilier d'Angle?"», «[...] capita un settantenne vigoroso [...] rimasto senza casa, che ha orrore degli altri ricoverati [...]».

3 *Rimanere* + parte del discorso (secoli XIII-XVI)

La documentazione è stata estratta interrogando la *BIZ* per le voci *rimaso* e *rimasto*, che presentano una distribuzione quantitativamente inversa nel corso dei secoli (si veda il prospetto all'inizio del cap. 7). La documentazione sarà presentata secondo l'ordine seguito per l'italiano contemporaneo. Per comodità, si distinguerà un primo insieme di occorrenze, relative ai secoli XIII-XVI (per *rimaso* e *rimasto*) e un secondo insieme, relativo ai secoli XVII-XX (per il solo *rimasto*).

3.1 PP1: contesti eventivi

abbandonato: «Il quale, nato di padre povero e rimasto piccol fanciullo abbandonato da' suoi parenti» (Vasari, *Vite*; cfr. n. 158 e le considerazioni svolte poco più avanti, in fondo al §3.2).

attratto: «Il poverello, quasi perduto delle braccia e delle gambe, a pena si puote levar in piedi; ma pur con gran malagevolezza levatosi, e non potendo quasi affermarsi in piedi, meglio che egli puote e seppe, senza esser d'alcuno veduto, al suo albergo ritornò, e alla sua salute provedé. E se non fusse stata la giovenezza che lo aiutò, certamente egli sarebbe rimaso attratto de nervi» (Straparola, *Le piacevoli notti*).

cecato (trasl.): «una che può spezzare ogne dur scudo / col suo fier sguardo che infiammar pò i sassi, / per cui rimasto son cecato e nudo» (Tebaldi, *Rime*).

colto (trasl.): «Non io, non vo' negar quello che è vero; ma per questo io non veggo dove sia rimasto còlto» (Tullia d'Aragona, *Dell'infinità d'amore*).

disabitato: «Fu questo castello preso e saccheggiato da' Portogallesi; ora è rimaso disabitato e diserto, nell'anno di legira 895» (Ramusio, *Descrizione dell'Africa di Leone Africano*).

morto: «Ha egli dimenticato Marte, il quale non isdegnò abandonare i suoi regni per venirlo ad aiutare nell'aspra battaglia campale, ov'egli, se l'aiuto di quello non fosse stato, saria rimaso morto?» (Boccaccio, *Filocolo*), «con le mie mani il gigante spacciai; / rimaso è morto alle fiere rapace» (Pulci, *Morgante*), «e poiché egli è rimasto morto e vincitore in sul campo della battaglia», «vedendo che per lo peccato il padre nostro è rimasto morto» (Caterina da Siena, *Lettere*), «Perché col brando in tal modo lavora, / Che non si trova né pezzo né fetta / De alcun, che morto al campo sia rimaso, / Qual sia maggior che prima fosse il naso» (Boiardo, *Orlando innamorato*), «Poscia ch'io vidi andar verso l'occaso / cum soi raggi oscurati il mio bel sole, / son qua giuso come huom morto rimaso» (Tebaldi, *Rime*).

preso: «La cosa era passata in tal travaso / Quale io ve ho detto, e tal confusione, / E Fugiforca e' pur preso è rimaso, / Ché un tristo mai non trova bon gallone» (Boiardo, *Orlando innamorato*), «Il pedante, rimasto preso e attaccato per lo uncino da còrre i fichi, non sapeva che farse» (Grazzini, *Le cene*).

serrato: «e poi pian piano vi messi il chiavistello, in modo che senza avvedersene è rimasto serrato» (Grazzini, *La gelosia*).

storpiato: «Squadrollo Michele Agnolo un giorno et, esaminando potersi una ragionevole figura di quel sasso cavare, accomodandosi al sasso ch'era rimaso storpiato da maestro Simone, si risolse di chiederlo a gli operai» (Vasari, *Vite*).

tramortito: «Nel libro che più giorni è già compito, / Narrai questa gran zuffa, e come il conte / Rimaso era de un colpo tramortito, / Quando percosso fo da Rodamonte» (Boiardo, *Orlando innamorato*).

vinto: «Né per tutto quel giorno si favella / altro fra lor, che de lo strano caso, / e come fu che ciascun d'essi a quella / orribil luce vinto era rimaso» (Ariosto, *Orlando furioso*), «Con il detto re molte volte il gran Can di Catay ha fatto guerra, ma sempre da questo è rimasto vinto e superato» (Ramusio, *Viaggio del beato frate Odorico*), «El giovine, per stancheza rimasto già vinto, punto più non posseva resìstare alle amorose battaglie» (Fortini, *Le giornate delle novelle dei novizi*).

volto: «Vera cosa è che alcuni dicono che la donna aveva ben volto il teschio dello asino verso Fiesole, ma un lavoratore per la vigna passando v'aveva entro dato d'un bastone e fattol girare intorno intorno, e era rimaso volto verso Firenze, e per ciò Federigo, credendo esser chiamato, v'era venuto» (Boccaccio, *Decameron*).

3.2 PP1: contesti stativi

aperto: «le quai poi cinse di sublime tempio / Elena a cui tal grazia Iddio concesse; / ma ricusò de' marmi il fino incarco, / da terra al ciel rimaso aperto il varco» (Tasso, *Gerusalemme conquistata*).

nascoso: «Essendo Iroldo nascoso rimaso, / Mostra Tisbina agionger quivi a caso» (Boiardo, *Orlando innamorato*).

sculpto: «Per dir de Clizia il matutino occaso / e che 'l tempo memoria non corrompa, / non per mondana gloria, fasto o pompa / epigramma son qui sculpto rimaso» (Niccolò da Correggio, *Rime*).

Il confine tra statività ed eventività non è sempre delimitabile con chiarezza, soprattutto se tra *rimanere* e PP s'interpongono complementi locativi (cfr. inoltre il primo esempio vasariano di eventività citato in precedenza). Alcuni contesti sembrano avere una lettura eventiva, ma non ne escludono una stativa:

impressa: «E così m'è rimaso / nel cor, negli occhi e ne la mente impressa / l'imagine gentil di questo sogno, / ch'i' l'ho sempre dinanzi» (Guarini, *Pastor fido*)

altri il contrario:

atterrato: «onde, rimaso in su la salsa arena / l'animal sì terribile atterrato, / s'impende con fortissima catena» (Aretino, *Marfisa*).

intricato (trasl.): «Onde Alfonso, rimaso in tale opra intricato, fu da que' cardinali che erano commissarii di tale opera ributtato» (Vasari, *Vite*).

3.3 PP2: contesti eventivi

afflitto: «il quale, se bene io aveva veduto in Francia due anni avanti, non mi parve più desso, così debole, afflitto e contrafatto era rimaso per la violenza d'una lunghissima febre quartana e d'altre gravi indisposizioni» (Guazzo, *La civil conversazione*), «di che tutto afflitto e dolente rimaso» (Erizzo, *Le sei giornate*).

allettato: «Che il corvo sia rimaso allettato et invaghito per gli fichi, e che quello stesso sia stato attratto della gola de corpi morti, certamente viene tutto ad uno» (Bruno, *Spaccio*).

appagato: «Male dimostra monsignor Silvio d'esser rimaso appagato de la mia lettera, poichè continua ostinatamente in tutte le sue opinioni» (Tasso, *Lettere*).

confuso: «Per la qual cosa Rinaldo, rimaso di così matta impresa confuso, si partì dal giudicio» (Boccaccio, *Decameron*), «Donde, rompendogli quello capitano la fede ed accusandola a Nerone, fu tanta l'audacia di Epicari nel negarlo, che Nerone, rimaso confuso, non la condannò» (Machiavelli, *Discorsi sopra Tito Livio*), «Vedi, lo diavolo!, como ha cognosciuta la catenella! E dice che Anzola è vidua. Ben si cognoscono insieme. Son rimasto confuso» (*La veniexiana*).

consolato: «acciochè Vostra Paternità reverendissima sia tanto certa de l'affezione e de l'osservanza ch'io le porto, quanto io son rimaso consolato de la sua venuta», «S'avanti la mia morte io avessi potuto baciar la mano a Vostra Altezza, sarei rimaso consolato di molte grazie» (Tasso, *Lettere*).

disconsolato: «Rimasto son non meno lamentabondo, disconsolato et sbigotito per gli commutati piaceri in gravissime penalitate, dagli ochii mei, di lachryme pluvii, quel praeclaro lume detracto et tolto» (Colonna, *Hypnerotomachia Poliphili*).

disfatto (trasl.): «Oimè! fratel mio, io sono disfatto; però che, mandando certa mercanzia oltre mare, il mare me la tolse, e sonne rimaso disfatto» (Sacchetti, *Trecentonovelle*).

ingannato: «Rimaso adunque in questo modo ingannato» (Ramusio, *Sommario dell'Istoria dell'Indie occidentali di Pietro Martire*).

ingannato: «e il terzo dispiacere è, che questa fanciulla degli Adimari sia maritata; che sendo la minore, e non sendo maritata la maggiore, gliene pare esser rimaso ingannato» (Macinghi Strozzi, *Lettere*), «Io mi credevo che, tosto che fusse in poter nostro Eulalia, dovesse Erofilo ire a querelarsi al Bassà de la terra, e seguir tutto che oggi ordinammo; e son rimaso del mio credere ingannato, però che lui, solo intento a spiare de la femina tolta, va di là di qua tutta la città scorrendo» (Ariosto, *Cassaria*), «e son passate mille occasioni, ne le quali io sono rimaso ingannato de la mia espettazione» (Tasso, *Lettere*).

maravigliato: «ma non tornando a vedermi, come m'aveva promesso, son rimaso non so se più mal sodisfatto o maravigliato de la poca amorevolezza che Sua Eccellenza ha dimostro verso me» (Tasso, *Lettere*), «Io son tanto rimasto maravigliato della forza che ha avuto questo marmo in me che a pena posso esprimer la parola» (Doni, *I marmi*).

morto (trasl.): «Il padre, inteso questo, rimaso pel dolor mezzo morto, voltò le spalle» (Straparola, *Le piacevoli notti*).

sconsolato: «Son rimaso assai sconsolato, non vedendo lettere di Vostra Signoria, doppo tanti giorni di espettazione» (Tasso, *Lettere*).

scornato: «Messer Valore de' Buondelmonti è conquiso e rimaso scornato da una parola che un fanciullo gli dice, essendo in Romagna», «Mino quando ebbe assai soffiato, essendo rimaso scornato del crocifisso, che s'era fuggito, ne va verso la moglie dicendo: [...]» (Sacchetti, *Trecentonovelle*).

(mal) sodisfatto: «per la qual ripulsa rimaso mal sodisfatto messer Ambrogio di quel re» (Ramusio, *Viaggio di Caterino Zeno in Persia*), «Io sono rimaso così sodisfatto de la risposta di Vostra Signoria, benchè tarda, che non molto più io poteva restar de gli effetti» (Tasso, *Lettere*).

spaventato: «Ma già non tenne al taglio di Tranchera, / Né al braccio di Rugiero in questo caso; / A piedi ha lui seguita la gran fiera, / Ché il destrier spaventato era rimaso» (Boiardo, *Orlando innamorato*).

stordito: «Questa aperta, passò dentro, e nella sua entrata corsogli l'occhio al letto di Biancifiore, vide lei con Filocolo dormire abbracciati insieme: di che rimaso tutto stordito, quasi di dolore non morio» (Boccaccio, *Filocolo*).

turbato: «Messer Filippo, non avendo potuto giugnere il barattiere, era rimaso fieramente turbato e tutto in se medesimo si rodea» (Boccaccio, *Decameron*).

tribolato: «Del quale infortunato caso rimaso oltre modo il misero padre tribolato, da gravissimo dolor punto, mandò al luogo dove era stato ucciso Fabio, degli ucciditori ricercando» (Erizzo, *Le sei giornate*).

vituperato: «donde a ciascuno la cosa parse chiara, di modo che Filippo è rimaso tutto scarico, et il Brancaccio vituperato» (Machiavelli, *Lettere*).

3.4 PP2: contesti stativi

In alcuni contesti la distanza tra *rimanere* e PP2 favorisce (ma non garantisce) una lettura con participio aggettivale e predicativo e *rimanere* stativo:

avviluppato: «Terigi era rimasto per un piede / in terra avviluppato in certa stretta» (Pulci, *Morgante*).

nudrito: «Di messer Luchino tiranno di Milano era rimaso un figliuolo nudrito per la madre, ch'era di quelli dal Fiesco di Genova» (M. e F. Villani, *Cronica*).

spezzato: «Dicea l'Argalia: - Ora non vedi, / Franco baron, che tu sei disarmato? / Forse che de aver l'elmo in capo credi? / Quello è rimaso in sul campo spezzato» (Boiardo, *Orlando innamorato*).

3.5 PP aggettivali

attonito: «Io che non diedi a la scrittura fede, / cercai più oltra, e vidi Amor sdegnato / tirar l'arco, onde, attonito rimaso, / fuggir volsi, ma già m'avea piagato» (Tebaldi, *Rime*), «Ma l'esercito franzese, rimasto per la morte di Fois e per tanto danno ricevuto come attonito, dimorava oziosamente quattro miglia appresso a Ravenna» (Guicciardini, *Storia d'Italia*).

contento: «Poi che la reina tacque, e Menedon fu rimaso contento» (Boccaccio, *Filocolo*), «E io a lui: "Le tue parole accorte / l'animo mio han fatto tanto chiaro, / che rimaso ne son contento forte"» (Fazio degli Uberti, *Dittamondo*), «Reverendo maestro, a quanto detto avete certamente è da dare fede per molte cagioni, ma singularmente per l'aultoritadi di sì famosi e tanto preclarii autori; il perché molto bene contento rimaso ne sono» (Gherardi, *Paradiso degli Alberti*).

salvo: «benché salvo dalle mani degli arabi fusse rimaso» (Erizzo, *Le sei giornate*).

sconsolato: «e mi ramenta mia misera sorte, / ché son rimaso solo e sconsolato, / come io sono e sarò sino a la morte» (Boiardo, *Orlando innamorato*).

smemorato: «Colui che avea il dente nel cappio, mosso da maggior paura, subito si tira a drieto per fuggire, in forma che il dente rimase appiccato al ceppo dell'ancudine. Rimaso colui quasi smemorato, si cercava se avea il dente in bocca, e non trovandoselo, dicea per certo [...]» (Sacchetti, *Trecentonovelle*).

stupefatto: «El Grasso, udito questo, se s'era maravigliato, ora si maravigliò più che mai, udendo che Donato lo chiamava Matteo. E rimasto così stupefatto e come smemorato, che 'l sì e 'l no nel capo gli tenciona, si tirò in su la piazza di San Giovanni, dicendo infra sé» (*Novella del Grasso legnaiuolo*), «Del qual miracolo rimaso stupefatto e attonito il re, con tutto il popolo che era concorso a veder tal cosa» (Ramusio, *Libro di Odoardo di Barbosa*).

sperto: «Dice il piovano: - Per certo, tu m'hai rendute ragioni che tu déi molto ben sapere il Rinforzato -; e fra sé medesimo godea di questa novella; ma pur non sì, che trovando da ivi a pochi dì che 'l fante detto allegando un testo del Codico, gli facea danno in cucina, lo mandò via, essendo rimaso il detto piovano molto più sperto e più cauto» (Sacchetti, *Trecentonovelle*).

tronco: «biasimando l'empio destino, a cui non era piaciuto di far sì che, con noi venendo ancora voi, non fosse alquanto rimaso tronco ed imperfetto il bene ch'avevamo d'avere egualmente tutti» (Luigini, *Il libro della bella donna*).

3.6 Aggettivi

Hanno valore eventivo (la documentazione è limitata al solo *rimasto*).

esanime: «quella parola mi levò sì i sensi / che, exanime rimasto, i spirti errando / andorno, e dove, io scio ben che tu 'l pensi» (Niccolò da Correggio, *Rime*).

inerme: «ché poi che hai facto qui da nui partenza, / fugito è Apollo et è venuto teco, / rimasto è Amore inerme, infermo e cieco, / mute le rime e nuda ogni scienza» (Tebaldi, *Rime*).

infermo: «Or avenne che, venendo la mortalità del mille trecento sessanta e tre, si morì la moglie e ' figliuoli, e, essendo rimasto un suo fanciullo piccolo infermo et sentendolo el padre una notte lagnare [...]» (Filippo degli Agazzaari, *Assempri*).

ignudo: «Più non mi val portar elmo né scudo, / né contrastar a la sua posa forte / e son rimasto d'ogni speme ignudo» (Tebaldi, *Rime*).

lieto: «E po che la lor vista era a me tolta, / sarei rimasto assai lieto e contento / di lasciar questa spoglia ivi sepolta» (Angelo di Costanzo, *Rime*).

muto: «Io son rimasto muto» ('ammutolisco': Aretino, *Lo ipocito*).

povero: «Il marchese rimasto povero e di danari e d'aiuto per li Lombardi» (Matteo e Filippo Villani, *Cronica*).

solo: «Costui dice che essendo rimasto solo nel romitorio nelle contrade di Norcia [...], dimandoe a Dio che [...]» (Cavalca, *Racconti esemplari*), «Io son rimasto sol senza consilio» (Simone Serdini, *Rime*), «Ecco che certe tu sei facto orfano e rimasto sei solo», «Andossene el padre suo al monasterio, lo quale rimasto era solo a casa» (Malermi, *Volgarizzamento della "Legenda aurea"*), «dove Luca, rimasto solo, dimostrò quanto con l'animo [...]» (Machiavelli, *Discorsi sopra la prima Deca*), «Io, come peritoso che io sono, mi sbigotti' tucto; pure, rimasto solo con colei et al buio», «Et rimasto Filippo solo, era angustiato dalla novità della cosa» (Machiavelli, *Lettere*), «onde mi dole / ch'io son rimasto solo in magior' pene» (Tebaldi, *Rime*), «al quale, rimasto solo, essendo pervenuta notizia che [...]» (Guicciardini, *Storia d'Italia*), «Né potette Giovanni de' Medici rimasto con la sua compagnia sola fermarsi la notte in Sorbolungo» (Guicciardini, *Storia d'Italia*), «Arnolfo dunque, rimasto solo, voltò le tre tribune sotto la cupola» (Vasari, *Vite*), «se le navi fossero rimase quivi, coloro che desideravano di ribellarsi e di uscir della provincia facilissimamente con quelle l'averiano potuto fare, e io sarei quasi rimasto solo» (Ramusio, *Relazioni di Ferdinando Cortese sulla Nuova Spagna*), «il che mi fu d'un estremo cordoglio che mi penetrò nelle viscere, parendomi esser rimasto solo e privo d'ogni consolazion in un viaggio così lungo come dovea fare» (Ramusio, *Viaggio e naufragio di Piero Quirino*).

superiore: «el quale, rimasto per la partita degli inimici superiore da quella banda, aveva fatte grande prede [...]» (Guicciardini, *Storie fiorentine*).

vedovo: «Rimasto Giovanni vedovo di Gentile» (Vasari, *Vite*).

Altre volte è possibile un'interpretazione stativa:

intero: «Seguitossi il dì seguente a battere il muro rimasto intero in mezzo delle due rotture» (Guicciardini, *Storia d'Italia*).

3.7 Nomi

L'interpretazione è eventiva:

capo: «il quale, dopo la morte di messer Salvestro, era di quella famiglia rimasto capo» (Machiavelli, *Istorie fiorentine*), «però il re, essendo dopo la morte di Francesco Bernardino Visconte rimasto capo della fazione ghibellina Galeazzo Visconte» (Guicciardini, *Storia d'Italia*).

prigione: «e dipoi, legato crudelmente alla coda di un cavallo, strascinare per tutta la città Zaccheria fratello del doge, rimasto prigione alla battaglia fatta in su' monti» (Guicciardini, *Storia d'Italia*).

signore: «per certificarmi dello stato della gran città e intendere chi ne fusse rimasto signore dopo il signor Montezuma» (Ramusio, *Relazioni di Ferdinando Cortese sulla Nuova Spagna*).

vicario: «Rispondete a Dio, che vi chiama che veniate a tenere e possedere il luogo del glorioso pastore santo Pietro, di cui vicario sete rimasto» (Santa Caterina, *Lettere*).

vincitore: «Ma essendo delle guerre tra Alfonso e Renato rimasto vincitore Alfonso» (Guicciardini, *Storia d'Italia*), «E se [...] avesse col medesimo ardore fatto seguitare gli inimici che si partivano, sarebbe per avventura, con poco sangue e senza pericolo, rimasto vincitore di tutta la guerra» (Guicciardini, *Storia d'Italia*), «Rimasto per tanto vincitore» (Ramusio, *Due viaggi in Tartaria*), «rimasto vincitore in una giornata che fece con lui» (Ramusio, *Lettera di Paolo Iovio sulla Moscovia*).

3.8 Locuzioni

L'accezione risulta ora stativa:

«Tumanama, rimasto in buona amicizia con Vasco, per mostrare quanto di lui si fidava» (Ramusio, *Sommario dell'Istoria dell'Indie occidentali di Pietro Martire*).

ora eventiva:

«Pareva rimasto il Selvaggio fuor d'ogni puntura per la risposta della Reina» (Firenzuola, *Ragionamenti*), «e aprendo l'uscio trovò il suo caro amante, che di già quei panni facchineschi s'era spogliato e rimasto era in un farsetto di raso morello» (Bandello, *Novelle*).

Caratteristico, e comune anche nell'italiano dei secoli successivi, è la perifrasi a negazione implicata (cfr. §5.5) con *senza* o *con*:

senza: «Sum già rimasto senza remi e sarte, / rotta è l'antena, el nochier vinto e stanco» (Tebaldi, *Rime*), «poiché, come ebbe ridotta Genova all'ubbidienza sua, aveva così subitamente licenziato l'esercito, ed egli, benché rimasto in Italia senza armi, essersene quanto più presto aveva potuto ritornato di là da' monti» (Guicciardini, *Storia d'Italia*), «Ma al re de' romani, rimasto senza speranza d'avere i viniziani congiunti seco, cominciorono a succedere nuove altre difficoltà» (Guicciardini, *Storia d'Italia*), «di maniera che, se non gli giunge qualche conforto, può gelarsi ed intiepidirsi di sorte che quello, rimasto senz'un minimo conforto, manchi del suo valore» (Betussi, *Il Raverta*), «il quale poco mancò che senza la coda non restasse, sì come era rimasto senza la favella» (Straparola, *Le piacevoli notti*).

con: «il quale rimasto alla muraglia con pochi uomini d'arme» (Guicciardini, *Storia d'Italia*), «onde rimasto con pochi fanti, poi che per alcuni dì fu dimorato in sul fiume della Secchia» (Guicciardini, *Storia d'Italia*), «E poco dipoi la Palissa, il quale era rimasto con cinquecento lancie nel veronese, allegando difficoltà degli alloggiamenti e molte incomodità» (Guicciardini, *Storia d'Italia*).[194]

4 *Rimanere* + parte del discorso (XVII-XX)

4.1 PP1: contesti eventivi

arrenato: «Ma dopo Archimede, l'oratore chiamava a paragone anche Carneade: e quivi il lettore era rimasto arrenato» (Manzoni, *I promessi sposi*, ed. '27), «Ma, dopo Archimede, l'oratore chiamava a paragone anche Carneade: e lì il lettore era rimasto arrenato» (Manzoni, *I promessi sposi*, ed. '40).

chiuso: «Scoppiato l'acquazzone, lo scrivano s'era gittato con gli altri nel passaggio coperto, ed era rimasto chiuso egli pure nella calca, come un'acciuga in un barile» (De Amicis, *Sull'Oceano*).

corbellato: «Ergersi per poco ad arbitro dei destini d'una repubblica, se non ad arbitro, a giudice e a profeta!... la mi sapeva un po' di commedia! Che fossi rimasto corbellato?» (Nievo, *Confessioni*).

[194] In quest'ultimo contesto, la negazione implicata (negli esempi precedenti espressa dall'aggettivo *pochi*) è ricavabile contestualmente (inizialmente, La Palisse aveva a disposizione settecento lance).

esposto: «e così Alfonso, per breve tempo bensì, ne era certa, sarebbe rimasto esposto a degli sgarbi forse anche a delle brutalità» (Svevo, *Una vita*), «Intanto, sottratte tutte le carte che avrebbero potuto perdere il Selmi, era rimasto esposto, senza difesa, e compromesso, un innocente» (Pirandello, *I vecchi e i giovani*).

ferito: «BEATRICE: Don Garzia, è egli vero che vi siete battuto? – GARZIA: Sì, signora, e son rimasto ferito» (Goldoni, *L'amante militare*), «DOTTOR BALANZONI: Si è battuto? – LELIO: Ed è rimasto ferito» (Goldoni, *L'erede fortunata*), «che aveva combattuto come un leone nello scontro di Rimini, e che colà era rimasto ferito due giorni prima» (Nievo, *Confessioni*), «Gran combattimento fra Pinocchio e i suoi compagni: uno de' quali essendo rimasto ferito, Pinocchio viene arrestato dai Carabinieri» (Pinocchio, *Collodi*).

gabbato: «Ma era rimasto gabbato nel computo dei mesi, Giustino: aveva calcolato che per l'ottobre la moglie sarebbe stata libera; invece...» (Pirandello, *Suo marito*).

impalato (trasl.): «levando le pugna serrate su la faccia di Tiralli rimasto impalato a quell'annunzio di morte» (Pirandello, *Appendice alle novelle*).

impietrito (trasl.): «Se Marta, il giorno avanti, si fosse voltata nel salire, avrebbe avuto forse un po' di pietà per lui rimasto sul portoncino come impietrito» (Pirandello, *L'esclusa*).

impresso: «Avreste fatto meglio a lasciarglielo vedere! – disse allora questi, rivolto a Mauro, riavendosi d'un tratto, al richiamo. – Gli sarebbe rimasto più impresso» (Pirandello, *I vecchi e i giovani*).

inchiodato (trasl.): «Quindi tentò d'indugiare tutto il tempo possibile sentendo una collera crescere nell'imbarazzo di Roberto rimasto inchiodato dietro di lei» (Oriani, *La bicicletta*).

morto: «la gli si avventò alla gabbia con tanta furia, deliberata di rompergli il collo, che s'egli non avesse in fretta in fretta detti i suoi versi, sarebbe rimasto morto» (Baretti, *La frusta letteraria*), «v'era una legge in esse che a chiunque fosse rimasto morto, cacciando in quell'arrischiato modo, fosse negata la terra sagra» (Baretti, *La frusta letteraria*), «Carlo Bonardi da Iseo non si trovava più nel luogo dov'era caduto e rimasto morto bocconi» (Abba, *Storia dei mille*).

petrificato (trasl.): «"dova l'è sto pèss? dova l'è sto pèss?" e il Biancòn che era rimasto petrificato col filo in mano, si volta furibondo, tira un calcio a Ratì» (Fogazzaro, *Piccolo mondo antico*).

preso: «Il povero burattino era rimasto preso a una tagliuola appostata là da alcuni contadini per beccarvi alcune grosse faine», «s'accorse che, invece di una faina, c'era rimasto preso un ragazzo» (Collodi, *Pinocchio*).

rappresentato: «Egli sarebbe rimasto rappresentato quale il solo colpevole» (Svevo, *Una vita*).

scoperto: «ed io per liberarlo da simili aggravi, ho pagato in contanti, e son rimasto scoperto» (Goldoni, *I mercatanti*), «destossi mentre ciò facevasi una improvvisa tempesta, per la quale rimasto scoperto il cadavere di Ascletarione, venne questo» (Leopardi, *Storia dell'astronomia*).

sequestrato: «Avrebbe cambiato posto volentieri, se non fosse rimasto sequestrato dalla folla» (Zena, *La bocca del lupo*).

soffocato: «L'avermi imprestato il primo filo d'aria quando son venuto al mondo, è stato certamente un gran benefizio che m'hanno conceduto queste valli, giacchè se fossi rimasto soffocato allora, non avrei oggi la consolazione di possedere una moglie, un figlio, e due milioni di lire italiane» (*Il Conciliatore*), «Ebbene si dice, che anch'egli per una saggiatura di Nerina spinta all'indigestione, sia rimasto soffocato nella sua obesità rosea pallida» (Faldella, *Donna Folgore*).

sospeso: «Ripeteva una nota ch'ella aveva già toccata in un preludio rimasto sospeso» (D'Annunzio, *Il fuoco*), «Riabbassò il capo e terminò a voce alta il discorso rimasto sospeso» (Pirandello, *I vecchi e i giovani*), «Lo spirito gli era rimasto come sospeso in una specie di tetraggine attonita» (Pirandello, *Il viaggio*), «rimasto come un automa sospeso nel suo atteggiamento amoroso» (Pirandello, *Sogno (ma forse no)*).

steso: «E se più tardo il piè fuggìa, sarei / steso rimasto fra quei tanti uccisi / in lunghe pene, né morir potendo / m'avrìa de' colpi infranto la tempesta» (Monti, *Traduzione dell'Iliade*).

stroncato: «Come mai, ora ch'era rimasto così stroncato dalla sciagura, nemmeno uno di essi si faceva più vedere al caffè?» (Pirandello, *Tutt'e tre*), «Ora che io sono rimasto così stroncato dalla disgrazia?» (Pirandello, *Bellavita*).

stroppiato: «Apollo gli addimandò per qual infortunio egli così era rimasto stroppiato» (Boccalini, *Ragguagli di Parnaso*).

ucciso: «Il povero mio fratello è morto, ed è rimasto ucciso, o dalle mani di Florindo Aretusi, o da alcun altro per di lui cagione» (Goldoni, *Il servitore di due padroni*), «Pare che Marco Agrate sia rimasto ucciso», «Di Marco Agrate. Non è egli rimasto ucciso, nel tumulto?» (D'Annunzio, *La gloria*).

4.2 PP1: contesti stativi

abbarbicato: «Vita accademica, tranquilla, di erudito italiano, formatosi nelle biblioteche e fuori del mondo, rimasto abbarbicato al suolo della patria» (De Sanctis, *Storia della letteratura italiana*).

acceso: «a un dipresso come l'ultimo lumicino rimasto acceso dopo una grande illuminazione fa intravedere gli altri spenti» (Manzoni, *Fermo e Lucia*), «a un di presso come l'ultimo moccolo rimasto acceso d'una luminaria fa vedere gli altri spenti» (Manzoni, *I promessi sposi*, ed. '27), «a un di presso come l'ultimo moccolo rimasto acceso d'un'illuminazione, fa vedere gli altri spenti» (Manzoni, *I promessi sposi*, ed. '40), «Era giorno, e il lume rimasto acceso tutta la notte, ardeva ancora su la scrivania» (Pirandello, *Suo marito*), «Consolante per voi, – osservò Monsignore, tentennando lievemente il capo, con gli occhi globulenti socchiusi, – che nel bujo della mente, soltanto il lume della fede le sia rimasto acceso...» (Pirandello, *I vecchi e i giovani*), «spegne il lume che vi è rimasto acceso» (Pirandello, *L'imbecille*).

accoccolato: «In questo il piccolo mercante di fiammiferi, ch'era rimasto accoccolato in un angolo, s'alzò» (Boito, *Storielle vane*), «Pirtuso era rimasto accoccolato sul moggio, tranquillamente, come a dire che non gliene importava del farro» (Verga, *Mastro don Gesualdo*).

acquisito: «Così sarebbe rimasto, senza dubbio, acquisito alla giustizia che Anna Rosa aveva tentato d'uccidermi» (Pirandello, *Uno nessuno centomila*).

adagiato: «Fino a quel momento io ero rimasto adagiato sul sofà» (Svevo, *La coscienza di Zeno*).

anciso: «Oh fossi / colà rimasto per le mani anciso / di quel gagliardo un dì mio sposo!» (Monti, *Traduzione dell'Iliade*).

aperto: «Ma tutt'a un tratto, la serva s'era ricordata dell'uscio rimasto aperto, e aveva voluto tornare indietro» (Manzoni, *I promessi sposi*, ed. '40), «ma, pur troppo, non siamo nati in tempo, e l'uragano scoppiò, e il suo cuore, rimasto aperto, ne fu messo sossopra» (Rovani, *Cento anni*), «L'uscio del solaio, di legno massiccio, come al solito era rimasto aperto e Cesarino se la prese ancora mentalmente contro il guattero dell'osteria», «L'uscio che dava sul pianerottolo era rimasto aperto» (De Marchi, *Demetrio Pianelli*), «Dall'uscio rimasto aperto udivasi il rumore di un affaccendarsi frettoloso, nelle stanze dell'inferma» (Verga, *I ricordi del capitano d'Arce*), «Il trattato era rimasto aperto sul banco» (D'Annunzio, *L'innocente*), «Un altro crocchio di curiosi radunati dinanzi al portone di servizio, rimasto ancora aperto, guardavano dentro alla corte», «Solo il campanile era rimasto aperto ai rivoltosi, i quali continuavano a sonare a stormo», «La cameriera, finita la scena, sogguardava tratto tratto dall'uscio rimasto aperto, per vedere che faceva la signora» (De Roberto, *I Vicerè*), «quello che dall'anticamera metteva nell'ufficio era rimasto aperto, per ordine suo» (Fogazzaro, *Piccolo mondo antico*), «Andò sù per chiudere il balcone rimasto aperto» (Pirandello, *L'esclusa*), «Una lingua spropositata, bianca, s'allungava silenziosamente lungo il pavimento, dall'uscio dell'altra camera, rimasto aperto» (Pirandello, *La vita nuda*), «L'uscio di casa è rimasto aperto per la confusione della bambina nel vedersi innanzi quella signora invece del babbo» (Pirandello, *Suo marito*), «S'interromperà, udendo nel salotto accanto, attraverso l'uscio rimasto aperto, rumore di voci» (Pirandello, *Così è (se vi pare)*), «Entra a questo punto dal cancello rimasto aperto la Signora vedova» (Pirandello, *La signora Morli, una e due*), «- Padre Sarso! - chiamò forte un usciere dall'uscio della sala rimasto aperto» (Pirandello, *La rallegrata*), «vado a richiudere il cancello che è rimasto aperto» (Pirandello, *Scialle nero*), «Per due giorni lo sportellino era rimasto aperto» (Pirandello, *L'uomo solo*), «Si cacciò la camicia ruvida dentro il busto, che le era rimasto aperto da che aveva finito d'allattare il piccino» (Pirandello, *In silenzio*), «al quale avvenne d'accorgersi che lo sportellino della sua gabbia era rimasto aperto» (Svevo, *La coscienza di Zeno*), «Gli occhi le andarono all'uscio della camera rimasto aperto» (Pirandello, *Donna Mimma*), «Poco dopo dall'uscio rimasto aperto entra di spalle Cromo» (Pirandello, *I giganti della montagna*).

appeso: «Era il mazzetto di chiavi rimasto appeso lì alla toppa del primo cassetto» (Pirandello, *Candelora*).

asciutto: «quattro uomini per un condotto d'acqua rimasto asciutto erano sbucati dietro la torre» (Nievo, *Confessioni*).

assiso: «Ho la curiosa sensazione nel mio ricordo che ininterrottamente, per cinquanta ore, io fossi rimasto assiso al tavolo da giuoco succhiellando le carte» (Svevo, *La coscienza di Zeno*).

attaccato: «Mi pareva fosse come un gomitolo del quale uno de' capi era rimasto attaccato a Roma» (D'Azeglio, *I miei ricordi*), «Un'altra volta il Bobbia la vide che comprava della verdura dinanzi alla porta, e frugava nel carro dell'ortolano, colle braccia nude e spettinata. Talché pareva che gli fosse rimasto attaccato il cuore da quelle parti»

(Verga, *Per le vie*), «ché l'asino si voltava a fiutarlo come se gli fosse rimasto attaccato il cuore a lui, mentre gli asini son fatti per essere legati dove vuole il padrone» (Verga, *Novelle rusticane*), «L'avvocato, che era rimasto attaccato con un dito al pollice dell'altra mano, portò il dito sull'indice e contò» (De Marchi, *Arabella*), «Vi aveva fitto il capo e là, là sarebbe rimasto per sempre e per forza attaccato a quella fama, di cui si riconosceva l'artefice!» (Pirandello, *Suo marito*), «Qualche volta andavamo a pesticciare su i seminati, scappando a tempo con le scarpe che non si alzavano più da quanto fango c'era rimasto attaccato» (Tozzi, *Bestie*), «Si sentiva affaticare; e anche in campagna gli persisteva qualche motivo; sottile, quasi tagliente; come un filo che fosse rimasto attaccato a lui da qualche matassa che finalmente aveva potuto sciogliere» (Tozzi, *Gli egoisti*).

chiuso: «Sino ai ventidue anni passati il mio cuore era rimasto chiuso» (Boito, *Nuove storielle vane*), «offriva imagine d'un luogo che fosse rimasto chiuso per un secolo» (D'Annunzio, *Il piacere*), «Ah quell'abito nuziale rimasto chiuso in un armadio come una reliquia!» (D'Annunzio, *Le vergini delle rocce*), «Poi, al rallentarsi delle persecuzioni, il tempio, salito sulla terra, era rimasto egualmente chiuso alla bellezza» (Oriani, *La disfatta*).

conficcato: «e quando il burattino si provò a ricavarlo fuori, fu tutta fatica inutile: perchè il piede c'era rimasto conficcato dentro, come un chiodo ribadito» (Collodi, *Pinocchio*).

confuso: «Anna divenne triste. Nella sua memoria il fatto fino a quel momento era rimasto confuso, vago, quasi incerto, attenuato dal lunghissimo stupore inerte che aveva seguìto i primi accessi del mal caduco» (D'Annunzio, *Novelle della Pescara*).

dimenticare: «Ma que' seggioloni erano sparsi un tempo per tutto il grande e rovinato palazzo dei conti Della Pula, e quello era rimasto dimenticato giù al mezzanino del vinaio» (Pratesi, *L'eredità*).

disabitato: «Il suo stomaco pareva un quartiere rimasto vuoto e disabitato da cinque mesi» (Collodi, *Pinocchio*).

diviso: «Senonché forse per un antico straripamento ch'ebbe a mutare il corso del rio, essendo rimasto diviso per mezzo quell'erbaio invernale delle Colombare» (Nievo, *Novelliere campagnolo*).

fisso: «Io credo che da quelle prime impressioni m'è poi rimasto fisso, inchiodato e ribadito nell'animo quell'odio profondo ch'io porto a' conquistatori» (D'Azeglio, *I miei ricordi*).

ignorato: «Invece contrasse qualche amicizia, e il suo dramma essendo rimasto ignorato, il suo ingresso nel mondo poté essere senza scandalo» (Oriani, *Quartetto*), «E gli parlò a lungo del suo primo amore per Pia Tolosani, rimasto ignorato, poi del suo matrimonio e delle delusioni seguite» (Pirandello, *Appendice alle novelle*) (sull'interpretazione di passi come questi cfr. §5.4).

impresso: «diceva che il ricordo di quel primo amore gli era rimasto sempre impresso nel cuore» (De Roberto, *Illusione*), «Stelio sorrise nel notare fino a qual punto i suoi prossimi fossero impregnati della sua essenza e come profondamente il suggello del suo stile fosse rimasto impresso su quegli intelletti» (D'Annunzio, *Il fuoco*), «e non sappiamo neppure perché quel momento e non un altro ci sia rimasto impresso» (Pirandello, *I vecchi e i giovani*), «Il primo segno ch'io potei scorgere, e che m'è rimasto impresso come, in un dramma, una frase che lasci intravedere la catastrofe [...]» (Pirandello, *Il vecchio Dio*).

inchiodato: «Era rimasto in piedi inchiodato sul sentiero biancastro» (Oriani, *Vortice*).

inteso: «lui, il brigante, a chi obbediva? con chi aveva parlato e con chi era rimasto inteso?» (Zena, *Quattro racconti*).

legato: «aveva diviso la vita d'Università col giovane Filippo Buonconti, e gli era poi rimasto legato della più salda amicizia» (Oriani, *Gelosia*).

morto: «Titta rivide il suo tetto, e tutto riprese il solito andamento, meno l'amore del sor Mario, rimasto morto sul campo d'onore» (D'Azeglio, *I miei ricordi*)

nascosto: «Il sole, che era rimasto nascosto un poco di tempo, da quelle nubi, scendeva» (Boito, *Nuove storielle vane*), «(Rintronerà dietro gli alberi, dove il Giovinetto è rimasto nascosto, un colpo di rivoltella» (Pirandello, *Sei personaggi*), «Può darsi che sia affetto di quel male senza saperlo, rimasto nascosto fino al momento del delitto e tutt'a un tratto esploso in lui?» (Pirandello, *Una giornata*).

ripiegato: «mentre fino ad allora era rimasto ripiegato su se stesso» (Svevo, *Una vita*), «e il cuoco si sdrusciava un orecchio indolenzito, perché gli era rimasto ripiegato tra il braccio e la testa» (Tozzi, *Con gli occhi chiusi*).

riverso: «Nel primo momento la serva non capì. Poi essa pure gettò uno strido di paura e fuggì chiamando aiuto, dimenticando la padrona, spinta solo dall'idea di fare accorrer gente. Mario, sopra una poltroncina, era rimasto riverso sul dossale colla testa un po' inclinata verso la spalla destra, colla mano penzoloni, stringente ancora il revolver» (Chelli, *L'eredità Ferramonti*).

sfitto: «Che nnun zò ddì pperché, ffra ttutt'e otto / Era rimasto sfitto e cchius'a cchiave» (Belli, *Sonetti*).

scolpito: «io non l'ho mai scordato, m'è rimasto scolpito nel cuore per sempre» (De Amicis, *Cuore*), «Lo schianto era avvenuto, il distacco era stato sofferto, il passato aveva già preso il suo aspetto fisso, e l'enigma era rimasto scolpito nella pietra» (D'Annunzio, *Il ferro*).

sconnesso: «Lo studio non era altro che un vasto magazzino. Gli era stata lasciata tutta la ruvidezza della sua antica destinazione perché il Balli non lo voleva elegante. Il pavimento lastricato era rimasto sconnesso come quando ci venivano deposte le balle di merci» (Svevo, *Senilità*).

scoperto: «Seggo su una di queste pietre; guardo il muro che para, alto, bianco, stagliato nell'azzurro, della casa accanto. Rimasto scoperto, senza una finestra, tutto così bianco e liscio, quel muro, col sole che ci batte sopra, acceca» (Pirandello, *Uno nessuno centomila*).

sepolto: «E un altro dolore s'aggiungeva al dolore del Cristo scolpito da quel soldato ch'era rimasto quattro giorni sepolto sotto le macerie ed era risorto quatriduano come Lazaro» (D'Annunzio, *Notturno*).

seduto: «Demetrio, rimasto seduto davanti alla chicchera del caffè, seguitò un pezzo a rimestare nella bevanda» (De Marchi, *Demetrio Pianelli*), «Ippolita era rientrata, s'era distesa sul letto. Giorgio era rimasto su la loggia seduto» (D'Annunzio, *Trionfo della morte*), «Dev'essere rimasto seduto così anche nella vostra memoria» (D'Annunzio, *Il ferro*), «poi guardò Antonio Del Re, rimasto anch'egli seduto, torbido in faccia» (Pirandello, *I vecchi e i giovani*).

serrato: «Il manoscritto è rimasto serrato a tripla chiave nel mio scrigno segreto, dietro all'alcova della mia camera; e stava chiuso con cinque suggelli in una grande busta» (Boito, *Nuove storielle vane*).

socchiuso: «sedettero sul divano, l'uscio era rimasto socchiuso» (Oriani, *Gelosia*), «S'interruppe vedendo entrare dall'uscio rimasto socchiuso quattro canini neri» (Capuana, *Il marchese di Roccaverdina*), «La portineria era deserta, ma il portone rimasto socchiuso, attraverso il quale penetrava dalla strada il riverbero d'un fanale, indicava abbastanza che [...]» (Zena, *Quattro racconti*).

sospeso: «La tetraggine attonita, in cui lo spirito di lui era rimasto per tanti anni sospeso, si sciolse a quel blando chiarore» (Pirandello, *Il viaggio*).

spezzato: «agitò ancora la mano nel vuoto, come se cercasse di ravvivare un discorso rimasto spezzato» (De Marchi, *Demetrio Pianelli*).

tirato: «Uno dei calzoni gli è rimasto tirato sul grosso polpaccio della gamba e scopre le mutande di tela legate all'antica» (Pirandello, *La mosca*).

4.3 PP2: contesti eventivi

abbacinato: «E nel mirarla son rimasto abbacinato» (Andreini, *Le due comedie in comedia*).

abbagliato: «ma dall'altro era rimasto come abbagliato dalla Roncella fin dal primo rivederla» (Pirandello, *Suo marito*), «Già s'era innamorata di quel suo sogno per Francesco D'Atri, che, fin dal primo vederla, era rimasto come abbagliato di lei» (Pirandello, *I vecchi e i giovani*).

accasciato (trasl.): «Insomma, la sola cosa effettiva, la sola cosa reale, è la scienza. Il resto è illusione o fantasmagoria. Ero rimasto accasciato. Quella parola severa e concitata nello stesso tempo, sinistra e soave, mi soggiogava» (Boito, *Storielle vane*).

afflittissimo: «Sentendo poi che, in vece del carnevale, tu hai avuto una cattiva quaresima di dieci giorni, ne sono rimasto veramente afflittissimo» (Leopardi, *Lettere*).

alienato: «Dopo le passate contese teologiche il signor Brancone era da me rimasto alienato» (Genovesi, *Memorie autobiografiche*), «un po' perché il su' cane più bravo era rimasto alienato nella vista degli occhi, pare, dal grand'umido preso in padule» (Fucini, *Le veglie di Neri*).

allibito: «Insomma tante ne infilzò e ne ingarbugliò, che il povero Cristofolo rimasto proprio allibito di maraviglia e di compassione, appena trovò un filo di voce per lamentarsi» (Nievo, *Novelliere campagnolo*), «S'appressa a Guido, rimasto allibito, con le mani sul volto» (Pirandello, *Il giuoco delle parti*), «Quando, senz'alcun preavviso, s'era veduto innanzi quell'esercito strillante, accampato sul pianerottolo della scala, davanti la porta, a cavallo d'innumerevoli fagotti e fagottini, era rimasto allibito» (Pirandello, *La mosca*).

ammirato: «Fin dal primo vederla, Corrado Selmi era rimasto ammirato della pura e delicata bellezza di lei» (Pirandello, *I vecchi e i giovani*).

angosciato: «Corre alla casa, ne prende il bambino, lo nasconde sotto il "manto", e riesce. Il corteo s'approssima sempre più. Tobba è rimasto angosciato e perplesso» (Pirandello, *La nuova colonia*).

atterrato (trasl.): «Ma creda che sono rimasto atterrato da questo scoppio inatteso che ha costernato tutta la città» (Pirandello, *Il dovere del medico*).

atterrito: «Di giorno il conte sarebbe rimasto atterrito dal pallore e dall'alterazione dei lineamenti di lui, e dal sinistro splendore dei suoi occhi ardenti» (Verga, *Una peccatrice*), «Era cosa avvenutami qualche volta nei primi giorni della nostra relazione, e n'era rimasto sì atterrito che mi sarei assoggettato a qualunque gravissima prova per evitarlo» (Tarchetti, *Fosca*), «Il nuovo visitatore n'era rimasto atterrito» (Pirandello, *Donna Mimma*).

avvilito: «suppone che egli sia rimasto troppo avvilito l'ultima volta, sorpreso lì a sedere in mezzo alla scala con le trecciol ine di quella povera piccina in mano» (Pirandello, *In silenzio*).

basito: «Il povero capitano, a quell'ordine, era rimasto basito» (Pirandello, *I vecchi e i giovani*).

burlato: «Oh com'è rimasto ben burlato costui» (Andreini, *Le due comedie in comedia*).

colpito: «onde, essendo rimasto fieramente colpito e sconcertato a quel nome, non seppe a tutta prima cosa rispondere» (Rovani, *Cento anni*), «Gemmati, avendo saputo che la marchesa Alberti era ritornata da Livorno, sebben non si fosse fatta viva, era andato a farle visita, ed era rimasto colpito dall'alterazione profonda che scorgevasi nell'aspetto di lei» (Verga, *Eros*), «Oggi che siamo alla metà del mese sono rimasto colpito della difficoltà che offre il nostro calendario ad una regolare e ordinata risoluzione» (Svevo, *La coscienza di Zeno*).

commosso: «Alfonso sarebbe rimasto più a lungo commosso da questa strana visita se, andandosene, la signora White [...]» (Svevo, *Una vita*).

confuso: «Il grande Aristotile infinitamente è rimasto confuso, quando da que' signori gli fu affermato che la zona torrida per l'ardor del sole non solo, come affermativamente credeva tutta la scuola filosofica, non abbruci, ma che più tosto soverchiamente sia umida» (Boccalini, *Ragguagli di Parnaso*), «Sono rimasto confuso di tanta bontà dell'uno e dell'altro» (Leopardi, *Lettere*), «Egli era rimasto come confuso da quell'accento di bontà, che non aspettava», «Ella si rammaricò di non aver conservato quel tono di dolcezza e d'indulgenza, da cui dianzi Giorgio era rimasto confuso» (D'Annunzio, *Trionfo della morte*).

convinto: «Ah! Si era lasciato convincere facilmente, perché gli accomodava di credere che le cose andassero così! E non era mai rimasto proprio convinto» (Capuana, *Il marchese di Roccaverdina*).

disilluso: «Sono rimasto disilluso!» (Pirandello, *L'uomo solo*).

ferito (trasl.): «Bernardino Lamis n'era rimasto ferito proprio nel cuore» (Pirandello, *La mosca*), «Era grave, il fatto, ma per il suo cuore che n'era rimasto ferito» (Pirandello, *Dal naso al cielo*).

folgoreggiato: «Era il Beccajo rimasto come folgoreggiato» (Dossi, *La colonia felice*).

fulminato: «Il sor Pasquale era rimasto come fulminato» (Fucini, *Le veglie di Neri*).

imbarazzato: CARLINI: «(che è rimasto imbarazzato, un po' in disparte) Riverisco... Buona sera...» (Verga, *In portineria*), «(rimasto imbarazzato, mortificato, tentando di sostenersi)» (Pirandello, *La signora Morli, una e due*).

impacciato: «Ma siccome Roberto era rimasto impacciato, egli disse: [...]» (Oriani, *La bicicletta*).

impressionato: «Era in fondo un grande ciarlatano che riportò l'ammirazione di tutti nonché di Alfonso, il quale, pur riconosciutolo ignorante, era rimasto impressionato di tanta facilità di parola» (Svevo, *Una vita*), «Egli invece era rimasto impressionato vivamente dal modo appunto nel quale si era lasciata prendere un bacio nel Boccaccio» (Oriani, *Vortice*), «Sì... Eh... ne è rimasto molto... molto impressionato...» (Pirandello, *Così è (se vi pare)*), «Questo sarebbe stato poco male, in fondo, se il cav. Spigula-Nonnis, svegliandosi di soprassalto verso le quattro del mattino e trovandolo già freddo e duro, non fosse rimasto straordinariamente impressionato, prima da uno strano ronzio nella camera, poi dalla luna piena» (Pirandello, *La giara*), «Era rimasto impressionato del caso di quel bambino che moriva contemporaneamente a lui» (Pirandello, *In silenzio*), «N'era rimasto così impressionato, che il giorno appresso [...]» (Pirandello, *Il vecchio Dio*).

incantato: «(Son rimasto incantato)» (Goldoni, *La vedova spiritosa*), «È rimasto incantato» (Goldoni, *Le morbinose*), «Sono rimasto incantato di Pisa per il clima», «Non so se io ti scrivessi che Stella era rimasto incantato e innamorato di te» (Leopardi, *Lettere*), «ma fossi stato egualmente il più stupido dei nostri croati, sarei rimasto incantato dal disegno squisito di quel braccio e di quella mano» (Verga, *Sulle lagune*).

indispettito: «Era rimasto un po' tra indispettito e sconcertato il cavalier Franco dal silenzio di Luca» (Pirandello, *I vecchi e i giovani*).

inorridito: «Nel tetro squallore della casa, era rimasto inorridito del suo apparire a se stesso coi sentimenti e i ricordi tutti di quella madre» (Pirandello, *I vecchi e i giovani*).

interdetto: «La prima volta parlandole all'albergo, il terzo giorno dacché la compagnia cantava all'arena Borghesi fuori di porta Montanara, era rimasto interdetto dalle sue risposte» (Oriani, *Vortice*), «L'altro era rimasto interdetto. La voce di Viù, la sua premura, mentre tutti lo sapevano così pronto a godersi il male altrui, gli parevano sospette» (Oriani, *Oro incenso mirra*).

intontito: «"Don Salvatore?... Che c'è?... Che novità?..." Ma quegli fece col braccio un gesto disperato e salì le scale a quattro a quattro. Giuseppe, col bambino ancora in collo, era rimasto intontito, non comprendendo» (De Roberto, *I Vicerè*).

intronato: «Non la finì più. Godeva certo della propria loquela, dava alla voce, parlando, inflessioni da provetto filodrammatico, e qua appoggiava una risatina e là un gesto espressivo. Ero rimasto intronato, come un ceppo d'incudine, e approvavo di tanto in tanto col capo» (Pirandello, *Il fu Mattia Pascal*).

inviluppato (trasl.): «Se Giovanni Berchet fosse rimasto in Italia, probabilmente il suo genio sarebbe rimasto inviluppato nelle allusioni e nelle ombre del romanticismo» (De Sanctis, *Storia della letteratura italiana*).

meravigliato: «Se qualcuno avesse potuto esaminarlo, sarebbe rimasto meravigliato alla espressione del suo viso» (Oriani, *Oro incenso mirra*), «Quella mattina, entrando in chiesa, era rimasto meravigliato dell'aspetto del sagrestano» (Pirandello, *Il vecchio Dio*).

mortificato: «Il povero Lelio è rimasto mortificato» (Goldoni, *I pettegolezzi delle donne*), «Io aveva avuto con lui l'anno addietro una questione, nella quale egli era rimasto molto mortificato e deriso» (Genovesi, *Memorie autobiografiche*), «Cristoforo Golisch, rimasto mortificato e ingrugnato, non vuole accettar nulla» (Pirandello, *La vita nuda*).

offeso: «Egli aveva preso in mala parte quelle parole, le ripeteva con una intonazione sottilmente ironica, come se esprimessero biasimo! L'amor proprio era rimasto offeso in lui dalla coscienza della sua inferiorità dinanzi ad Arconti» (De Roberto, *Illusione*), «Seguivano il sardo Brusco Onnis che del motto "Italia e Vittorio Emanuele" era rimasto quasi offeso» (Abba, *Storia dei mille*), «Lelio Fornari era già rimasto offeso da questo giudizio della grande classe mondana» (Oriani, *Oro incenso mirra*).

oppresso: «Questo, Lando Laurentano aveva compreso ora, troppo tardi, sul luogo; e l'animo esacerbato con cui era accorso all'invito gli era rimasto oppresso da uno stupore pieno di tetra ambascia» (Pirandello, *I vecchi e i giovani*).

paralizzato: «Ella si volse a Giorgio che era rimasto come paralizzato, senza moto, senza voce» (D'Annunzio, *Trionfo della morte*).

percosso (trasl.): «Il pensiero formulato non fu che questo, ma l'animo del conte era rimasto stranamente percosso» (Rovani, *Cento anni*).

persuaso: «Mi dirà quanto ha detto a voi, che non siete rimasto persuaso, perché non volete ripetermelo» (Oriani, *La disfatta*).

purgato (trasl.): «affinché, siccome rappresenta assai felicemente il naturale, avesse avuto anche gli ultimi pregi dell'arte e fusse rimasto purgato di quei vizi, per li quali il Berni con la piacevolezza del suo stile l'ha voluto cangiare in facezia» (Gravina, *Della ragion poetica*).

rintontito: «O le *Mie prigioni*!? Io ero rimasto rintontito» (Fucini, *Le veglie di Neri*).

sbalordito: «Il fatto è ch'ero rimasto sbalordito, così la venuta della donna gentile fu improvvisa, la scomparsa repentina, e il dialogo un lampo» (Boito, *Storielle vane*), «La bimba s'inginocchiò accanto a Mario, ch'era rimasto sbalordito dal colpo, gli pulì la fronte che sanguinava [...]» (De Amicis, *Cuore*), «Sono rimasto per un momento sbalordito a mirarlo in bocca» (Pirandello, *Quaderni di Serafino Gubbio operatore*), «E difatti è rimasto anche lei sbalordito, appena quelle due immagini sono apparse qua!» (Pirandello, *I giganti della Montagna*).

sconcertato: «mi dispiace che rimasto sia sconcertato» (Goldoni, *Gli innamorati*), CARLINI: «(rimasto un momento sconcertato, strappandosi il berretto di capo) Ecco!... Sono un asino!... Una vera bestia!...» (Verga, *In portineria*).

sconsolato: «Signor Conte, siete rimasto molto sconsolato» (Goldoni, *La vedova scaltra*).

scosso: «anche lui era rimasto scosso e mortificato quando il notaio assicurò che Tognino aveva ereditato tutto» (De Marchi, *Arabella*).

sorpreso: «Io son rimasto sorpreso, quando ha sostenuto sì bene il carattere della dama» (Goldoni, *La cameriera brillante*), «A un tratto gli s'illuminò la faccia d'una subitanea accortezza, ed ergendo la vita, sobbalzò sulla sedia come se un lampo gli fosse guizzato davanti agli occhi, o come se fosse rimasto sorpreso innanzi a un'improvvisa rivelazione» (Pratesi, *L'eredità*), «Più d'una volta ero rimasto sorpreso dall'insurrezione spontanea d'un istinto crudele» (D'Annunzio, *L'innocente*), «quando mi avevano detto che gli studi regolari potevano solamente condurmi a diventare avvocato, o impiegato, o medico, o ingegnere, o professore, n'ero rimasto sorpreso e afflitto» (Fogazzaro, *Piccolo mondo moderno*).

spaventato: «trovandomi con persone nuove, specialmente con letterati, sono rimasto spaventato del gran numero degli aneddoti» (Leopardi, *Zibaldone*).

squilibrato: «Ma soltanto in tale paura aveva ricuperato parte di se stesso, quasi rivedendo in uno specchio la propria immagine, che la fluttuante marea delle vie gli sommergeva ad ogni passo. Però n'era rimasto squilibrato» (Oriani, *La bicicletta*).

stizzito: «Il bell'ometto frattanto era rimasto più stizzito che umiliato da quella trista fortuna» (Nievo, *Novelliere campagnuolo*).

stordito: «Sono rimasto stordito, Momino, come se mi avessero dato una gran legnata tra capo e collo» (Pirandello, *L'uomo solo*).

strozzato: «fu da lui messo in òpera (ne salto le particolarità), gli indurì insomma, alla nascosa per mesi e mesi, cotanto il suo tocco di pane, che un altro, nuovo al dolore, ne sarebbe rimasto strozzato...» (Dossi, *L'altrieri*).

trasecolato: «Don Camillo Righi, rimasto più a lungo degli altri trasecolato (pensava forse che il matto avrebbe potuto buttargli in faccia ben altre accuse) [...]» (Pirandello, *In silenzio*).

turbato: «"Io non c'entro; non volete intenderlo?" urlò il marchese. Era rimasto turbato», «Non aveva saputo dirle niente, cioè soltanto poche parole stentatamente scherzose che dovevano rassicurarla pel tono con cui le aveva pronunciate e che invece la turbarono di più. Era rimasto turbatissimo anche lui» (Capuana, *Il marchese di Roccaverdina*), «Nei tre mesi del fidanzamento di Bartolino, la Motta aveva notato che il povero giovine era rimasto molto turbato della facilità con cui la promessa sposa parlava innanzi a lui del primo marito» (Pirandello, *La vita nuda*).

4.4 PP2: contesti stativi

Non mancano anche qui contesti di lettura dubbia tra eventività e statività:[195]

avvolto: «Il vostro stesso Giove de' buoi, poverello!, sarebbe rimasto avvolto nel nulla, e non potrebbe essere proposto per modello ad altri frati vogliosi di perfezionarsi nell'arte quolibetica» (Baretti, *La frusta letteraria*).

atterrito: «Carponi, con le reni aperte dai brividi, aveva tentato di allontanarsi; ma invano; ed era rimasto lì, tra il grandinare delle palle, atterrito, basito, vedendo la morte con gli occhi, a ogni tonfo» (Pirandello, *La mosca*).

avvelenato: «Ed egli, povero signor Noretti, era rimasto come avvelenato da quel tradimento» (Cagna, *Alpinisti ciabattoni*).[196]

[195] Questi contesti sono stati esclusi dal prospetto *sub* §7.2.2.

[196] L'imperfetto è narrativo: «E Jacopo Noretti con la faccia contratta, l'occhio baluginante nei fumi del vino, incominciò a dire che egli beveva e beveva per dimenticare, che per lui non c'era più né speranza, né allegria in causa di una disgraziata passione che avrebbe finito per condurlo ad uno sproposito. E bevendo, gesticolando, stralunando gli occhi con rapidità scimiesca, l'impiegato Noretti diede una zuppa assassina al povero Sor Gaudenzio, raccontandogli dall'ovo i suoi amori con la moglie di un impiegato del dazio, le civetterie di costei per infatuarlo, accalappiarlo, e poi piantarlo indegnamente per darsi in braccio ad uno spiantato pieno di debiti. Ed egli, povero signor Noretti, era rimasto come avvelenato da quel tradimento,

confuso: «Infatti un condottiero o un barone col solo nome, per esempio, di Baldovino o di Guglielmo, sarebbe rimasto confuso fra tanti altri Baldovini e Guglielmi suoi commilitoni» (*Il Conciliatore*).

impedito: «Era rimasto alquanto impedito nella lingua, ma colla mente lucida» (Oriani, *La disfatta*).

inclinato: «Lo stollo del pagliaio era rimasto inclinato verso un tiglio» (Tozzi, *Con gli occhi chiusi*).

4.5 PP aggettivali (*in-* negativo)

illeso: «Trionfai sopra tanti, ed il mio core sempre illeso è rimasto» (Gozzi, *Il mostro turchino*).

immoto: «E avvicinandosi a me che ero rimasto immoto sull'uscio, mi disse: [...]» (Tarchetti, *Fosca*).

incompiuto: «per un'orrida necessità ineluttabile, là a Ostia, e rimasto disperatamente incompiuto» (Pirandello, *Suo marito*).

incompleto: «se questi non avesse dimorato a lungo in Francia, il suo genio sarebbe rimasto incompleto» (Rovani, *Cento anni*).

inedito: «le strofe mutilate di un poema rimasto inedito in un secolo, che non sente più l'epopea» (Collodi, *Pinocchio*).

inesplorato: «Dava l'immagine di quell'angolo d'oceano deserto, rimasto per molto tempo inesplorato, che [...]» (De Amicis, *Sull'Oceano*).

intatto: «l'uomo abbacinato che stava ancora seduto sopra un gradino rimasto intatto» (Tarchetti, *Racconti fantastici*), «È rimasto intatto» (Capuana, *Il marchese di Roccaverdina*).

inviolato: «Con tutto ciò, era rimasto non meno inviolato di quando teneva armate» (Manzoni, *I promessi sposi*, ed. '27), «Con tutto ciò, era rimasto non meno inviolato di quando teneva armate» (Manzoni, *I promessi sposi*, ed. '40).

4.6 PP aggettivali

assorto: «Ciascuno era rimasto assorto in questo pensiero» (Tarchetti, *Racconti fantastici*), «rimasto assorto a contemplare una spaventosa miseria che non è di lui solo» (Pirandello, *Enrico IV*).

attonito: «S'ordina che 'l valor più non s'adopre / e confessa ogn'eroe ch'ivi è raccolto, / che attonito è rimasto a sì degn'opre» (Materdona, *Esce d'armi pomposo e folgorante*), «Don Rodrigo era fin allora rimasto tra la rabbia e la maraviglia attonito» (Manzoni, *I promessi sposi*, ed. '27), «Don Rodrigo era fin allora rimasto tra la rabbia e la maraviglia, attonito, non trovando parole» (Manzoni, *I promessi sposi*, ed. '40), «Ero rimasto attonito, quasi annichilato dinanzi a quella tempesta del cuore, come dinanzi ad

e disprezzava la vita, perché non sapeva più che cosa fare a questo mondo; perciò beveva, beveva per distornare i cattivi pensieri».

una tempesta degli elementi» (Verga, *Eva*), «Dopo queste parole il giovine si alzò in piedi, cacciò indietro, squassando il capo, i suoi lunghi capelli, stese la mano all'Herzfeld, s'inchinò a me e, volgendoci le spalle, senza dire altro s'allontanò. Io ero rimasto attonito, mezzo maravigliato e mezzo stomacato; ma l'Herzfeld, afferrandomi pel braccio e scuotendomi forte: [...]» (Boito, *Storielle vane*), «Si era tolta la mano dalla guancia, ed era rimasto attonito, sbalordito, ad ascoltare» (Pirandello, *La rallegrata*).

fisso: «e riguardai il cratere vorticoso in cui l'impeto del fuoco primitivo era rimasto fisso come la contrattura d'uno spasimo» (D'Annunzio, *Le vergini delle rocce*), «(Egli scuote dolcemente l'amico che è rimasto fisso)» (D'Annunzio, *La gioconda*), «Le è rimasto fisso solo questo nome» (Pirandello, *Come tu mi vuoi*).

fitto: «Ma ripeteva quello che le era rimasto più fitto nella mente, quando [...]» (Verga, *I Malavoglia*).

infetto: «Per averti spinta / col piede, fuor del mucchio / lurido, son rimasto / infetto» (D'Annunzio, *La fiaccola sotto il moggio*).

occulto: «voleva dire probabilmente che gli pesava addosso qualche altro grave delitto rimasto occulto» (Capuana, *Il marchese di Roccaverdina*).

perplesso: «Alla proposta, il Cleen era rimasto perplesso» (Pirandello, *La mosca*).

sconosciuto: «verso quel corpo non più giovine, ammollito da tutte le carezze e rimasto ancóra sconosciuto per lui» (D'Annunzio, *Il fuoco*).

semichiuso: «il tic-tac lento della pendola che arrivava spiccato fin lì nel salotto attraverso l'uscio rimasto semichiuso» (Pirandello, *Una giornata*).

soddisfatto: «se non quando egli, gionto in Vormes, avesse parlato all'imperatore, avendo conceputa molto buona speranza per aver inteso che l'imperatore, udita l'espedizion della legazione, era rimasto molto sodisfatto del papa e lasciatosi intendere di volere procedere unitamente con lui» (Sarpi, *Istoria*), «son certo, che malgrado la sua delicatezza in questa materia egli ne sarebbe rimasto soddisfatto», «Dei caratteri, carta del secondo dell'Eneide son rimasto soddisfattissimo, e ne la ringrazio di nuovo» (Leopardi, *Lettere*).

stupefatto: «Di maniera tale dall'audienza tutta le miserie dell'infelicissimo duce de' Laconici furono compatite, che Apollo stesso per la moderna immanità degli uomini essendo rimasto grandemente stupefatto, con sciugarsi le lagrime che gli erano venute negli occhi apertamente mostrò che [...]» (Boccalini, *Ragguagli di Parnaso*), «Sono rimasto stupefatto della sua bella presenza» (Gozzi, *Turandot*), «Esser rimasto stupefatto sull'esperienza di far specchiare quella ragazzina di sei anni, e veder lo specchio divenire color di marrone» (Gozzi, *Zeim re de' Geni*), «Il barone settuagenario era rimasto da prima un po' stupefatto, a quello strano desiderio della moglie» (D'Annunzio, *Novelle della Pescara*).

zazzeruto: «Ora si sentiva già entrato nella storia, lui. Non cantava più. Era però rimasto zazzeruto, con molta forfora sul bavero della napoleona e la pancia gravida di boria» (Pirandello, *Suo marito*).

contentissimo: «In particolare poi ti ringrazio delle Memorie d'antichità, delle quali ti dico sinceramente che sono rimasto contentissimo» (Leopardi, *Lettere*).

pieno di meraviglia: «Ma... per dirla... sono rimasto pieno di meraviglia» (Goldoni, *La donna di testa debole*).

Sono frequenti anche le sequenze di aggettivi o altra parte del discorso e participi:

«Rispose Gastone, che era rimasto muto ed abbattuto» (Verga, *I carbonari della montagna*), «Rimasto in piedi, accigliato, mordendosi le labbra» (Capuana, *Il marchese di Roccaverdina*), «Così dicendo tornò al lavoro. Giorgio rimasto coll'istrumento in mano, istupidito e commosso, non sentiva né il fracasso procelloso della macchina [...]» (Oriani, *Quartetto*), «Ma tu, nel meglio, mi tradisti; frutto del tradimento, la tua morte affrettata: maggior danno però, forse, per me rimasto così solo e abbandonato» (Pirandello, *L'uomo solo*), «(a Filippo, rimasto immobile, aggrondato)» (Pirandello, *Il giuoco delle parti*), «C'eran de' monelli intorno, che cominciarono a sghignazzare e a dar la baia a Cincinnato rimasto lì solo, sbalordito, bianco come un cencio lavato» (D'Annunzio, *Terra vergine*).

Bibliografia

Fonti e strumenti

BIZ = *Biblioteca Italiana Zanichelli*, dvd-rom per Windows per la ricerca in testi, biografie, trame e concordanze della letteratura italiana, a cura di Pasquale Stoppelli, Bologna, Zanichelli, 2010.

Corriere = «Il Corriere della Sera» (archivio del quotidiano interrogabile in rete).

Crusca I = *Vocabolario degli Accademici della Crusca, con tre indici delle voci, locuzioni e proverbi latini, e greci, posti per entro l'Opera*, Firenze, Licosa, 1976 (rist. anast. dell'ed. di Venezia, 1612).

DELI = *Il nuovo Etimologico*, a cura di Manlio Cortelazzo, Michele A. Cortelazzo, seconda edizione, Bologna, Zanichelli, 1999.

GDLI = *Grande dizionario della lingua italiana*, fondato da Salvatore Battaglia, Torino, UTET, 1961-1994.

GDU = *Grande dizionario italiano dell'uso*, ideato e diretto da Tullio De Mauro, Torino, UTET, 1999-2007.

LIT = *Lessico dell'italiano televisivo*, a cura dell'Accademia della Crusca (cfr. http://www.italianotelevisivo.org/).

LIZ[4] = *LIZ 4.0. Letteratura italiana Zanichelli*, cd-rom dei testi della letteratura italiana, A cura di Pasquale Stoppelli, Eugenio Picchi, quarta edizione, Bologna, Zanichelli, 2001.

OVI = *Corpus OVI (Opera del Vocabolario Italiano) dell'italiano antico* (cfr. http://gattoweb.ovi.cnr.it/).

Primo tesoro = *Primo tesoro della lingua letteraria italiana del Novecento*, a cura di Tullio De Mauro, Torino, UTET-Fondazione Bellonci, 2007 (cd-rom).

Repubblica = *corpus* «La Repubblica» (1985-2000), a cura dell'Università di Bologna (cfr. http://sslmit.unibo.it/repubblica). L'abbreviazione è usata anche in riferimento a singoli contesti, segnalati nel corso del lavoro, estratti dall'interrogazione dell'archivio online del quotidiano.

Stampa = «La Stampa» (archivio storico del quotidiano interrogabile in rete).

T = *Il vocabolario della lingua italiana*, Roma, Istituto della Enciclopedia italiana fondata da Giovanni Treccani, 2009.

Z 2015 = *Lo Zingarelli 2015. Vocabolario della lingua italiana*, Bologna, Zanichelli, 2014.

Studi[197*]

ALEXIADOU / ANAGNOSTOPOULOU / SCHÄFER, *Properties of anticausatives* = A. ALEXIADOU / E. ANAGNOSTOPOULOU / F. SCHÄFER, *The properties of anticausatives crosslinguistically*, in M. FRASCARELLI (ed.), *Phases of Interpretation*, Berlin – New York, Mouton de Gruyter, 2006, pp. 187-212.

ALEXIADOU / DORON, *The syntactic construction* = A. ALEXIADOU / E. DORON, *The syntactic construction of two non-active voices: passive and middle*, in «Journal of Linguistics», 48, 1 (2012), pp. 1-34.

ALEXIADOU / GEHRKE / SCHÄFER, *Argument structure* = A. ALEXIADOU / B. GEHRKE / F. SCHÄFER, *The argument structure of adjectival participles revisited*, in «Lingua», 49 (2014), pp. 118-138.

ALEXIADOU / SCHÄFER, *Instrument Subjects* = A. ALEXIADOU / F. SCHÄFER, *Instrument Subjects Are Agents or Causers*, in D. BAUMER / D. MONTERO / M. SCANLON (eds.), Proceedings of the 25th West Coast Conference on Formal Linguistics, pp. 40-48, 2006, Somerville, MA, Cascadilla Proceedings Project.

ALEXIADOU / SCHÄFER, *Non-Canonical Passives* = A. ALEXIADOU / F. SCHÄFER, *Non-Canonical Passives*, in ALEXIADOU / SCHÄFER (eds.), *Non-Canonical Passives*, pp. 1-19.

ALEXIADOU / SCHÄFER, *Non-Canonical Passives* = A. ALEXIADOU / F. SCHÄFER (eds.), *Non-Canonical Passives*, Amsterdam / Philadelphia, John Benjamins, 2012.

ALEXIADOU, *A note on non-canonical passives* = A. ALEXIADOU, *A note on non-canonical passives: the case of the* get *passive*, in H. BROEKHUIS & al. (eds.), *Organizing grammar: studies in honor of Henk van Riemsdijk*, Berlin – New York, Mouton de Gruyter, 2005, pp. 13-21.

ALEXIADOU, *Morphosyntax* = A. ALEXIADOU, *On the morphosyntax of (anti-)causative verbs*, in M. RAPPAPORT HOVAV / E. DORON / I. SICHEL (eds.) *Syntax, Lexical Semantics and Event Structure*, Oxford, Oxford University Press, pp. 177-203.

ALEXIADOU, *Noncanonical passives revisited* = A. ALEXIADOU, *Non-canonical passives revisited: parameters of non active Voice*, in «Linguistics», 50 (2012), pp. 1079-1110.

AMBROSINI, *Negatività* = R. AMBROSINI, *Negatività e senso: accettabilità e non-accettabilità nel passivo dell'italiano attuale*, in *Studi di sintassi italiana*, a cura di R. Ambrosini e R. Peroni, n. 1, «Quaderni della cattedra dell'Università di Pisa», Pisa, Pacini, 1982.

AMBROSINI, *Sintassi del verbo* = R. AMBROSINI, *Sulla sintassi del verbo nella prosa toscana del Dugento ovvero Tempo e aspetto nell'italiano antico*, in «Lingua e Stile», 4 (2000), pp. 547-572.

ANAGNOSTOPOULOU, *Participles and Voice* = E. ANAGNOSTOPOULOU, *Participles and Voice*, in A. ALEXIADOU / M. RATHERT / A. VON STECHOW (eds.), *Perfect Explorations*, Berlin – New York, Mouton de Gruyter, 2003, pp. 1-36.

ANDREOSE, *Sintagma preposizionale* = A. ANDREOSE, *Sintagma preposizionale*, in SALVI / RENZI, *Grammatica*, pp. 617-714.

[*] Gli indirizzi in rete che accompagnano alcuni bibliografici sono stati verificati in ultimo nel dicembre 2015.

ARAD, *VP-Structure* = M. ARAD, *VP-Structure and the Syntax-Lexicon Interface*, MIT Occasional Papers in Linguistics, 16, distributed by MIT Working Papers in linguistics, 1998.

BACHVAROVA, *Actions and attitudes* = M. R. BACHVAROVA, *Actions and attitudes: understanding Greek (and Latin) Verbal Paradigms*, in «Classical World», 100, 2 (2007), pp. 123-132.

BENTLEY, *Split Intransitivity* = D. Bentley, *Split Intransitivity in Italian*, Berlin – New York, Mouton de Gruyter, 2006.

BERTINETTO, *Tempo, aspetto e azione* = P. M. Bertinetto, *Tempo, aspetto e azione nel verbo italiano*, Firenze, Accademia della Crusca, 1986.

BERTUCCELLI PAPI, *Frasi subordinate al participio* = M. BERTUCCELLI PAPI, *Frasi subordinate al participio*. I. *Il participio passato*, in RENZI / SALVI / CARDINALETTI, *Grande grammatica*, II, pp. 592-604.

BERTUCCELLI PAPI, *Studi* = M. BERTUCCELLI PAPI, *Studi sulla diatesi passiva in testi italiani antichi,* Pisa, Pacini, 1980.

BIANCHI / DE BLASI / FANCIULLO, *Basilicata* = P. BIANCHI / N. DE BLASI / F. FANCIULLO, *Basilicata*, in M. CORTELAZZO / C. MARCATO / N. DE BLASI / G. P. CLIVIO (curr.), *I dialetti italiani: storia, struttura, uso*, Torino, UTET, 2002, pp. 757-792.

BOSQUE / DEMONTE, *Gramática descriptiva* = I. BOSQUE / V. DEMONTE (curr.), *Gramática descriptiva de la lengua española*, voll. 3, Madrid, Espasa Calpe, 1999.

BRAMBILLA AGENO, *Verbo* = F. BRAMBILLA AGENO, *Il verbo nell'italiano antico. Ricerche di sintassi*, Milano-Napoli, Ricciardi, 1964.

BROWNLOW, *Towards a unified analysis* = O. S. BROWNLOW, *Towards a unified analysis of the syntax and semantics of* get *constructions*, Doctoral Dissertation, Queen Mary University of London, May 2011 (cfr. http://linguistics.sllf.qmul.ac.uk/sites/default/files/27-QMOPAL-Brownlow_0.pdf).

BRUENING, *Word formation* = B. BRUENING, *Word Formation is Syntactic: Adjectival Passives in English*, in «Natural Language and Linguistic Theory», 32 (2014), pp. 363-422.

BUTLER / TSOULAS, Get-*passives* = J. BUTLER / G. TSOULAS, Get-*passives, Raising and Control*, 2006 (cfr. http://www-users.york.ac.uk/~gt3/recent-mss/getpassives2.pdf).

BYBEE / EDDINGTON, *A Usage-Based Approach* = J. BYBEE / D. EDDINGTON, *A Usage-Based Approach to Spanish Verbs of 'Becoming'*, in «Language», 82, 2 (2006), pp. 323-355.

CASTELVETRO, *Giunta* = L. CASTELVETRO, *Giunta fatta la ragionamento degli articoli et de' verbi di messer Pietro Bembo*, a cura di M. MOTOLESE, Roma-Padova, Editrice Antenore, 2004.

CENNAMO / EYTHÓRSSON / BARÐDAL, *The Rise and Fall of Anticausative* = M. CENNAMO, / T. EYTHÓRSSON / J. BARÐDAL, *The Rise and Fall of Anticausative Constructions in Indo-European: the context of Latin and Germanic* (cfr. http://org.uib.no/iecastp/barddal/Anticausatives_Cennamo-Eythorsson_Barddal.pdf).

CENNAMO, *Costruzioni passive e impersonali* = M. CENNAMO, *Costruzioni passive e impersonali in veneziano e in napoletano antico*, in A. ENGLEBERT, M. PIERRARD, L. ROSIER et D. VAN RAEMDONCK (edd.), Actes du XXIIe Congrès International de Linguistique et de Philologie Romanes, Bruxelles, 23-29 juillet 1998, voll. 6, Tübingen, Niemeyer, 2000, vol. II: *Les nouvelles ambitions de la linguistique diachronique*, pp. 91-103.

CENNAMO, *Perifrasi passive* = M. CENNAMO, *Perifrasi passive in testi non toscani delle origini*, in N. MARASCHIO / T. POGGI SALANI (curr.), *Italia linguistica anno Mille, Italia linguistica anno Duemila*, atti del XXXIV Congresso Internazionale di Studi della Società Linguistica Italiana, Firenze, 19-21 ottobre 2000, Roma, Bulzoni, pp. 105-127.

CENNAMO, *Verbi psicologici* = M. CENNAMO, *Verbi psicologici*, in *Enciclopedia dell'italiano* II, pp. 1185-1187.

CENNAMO, *Transitivi e intransitivi* = M. CENNAMO, *Transitivi e intransitivi, verbi*, in *Enciclopedia dell'italiano* II, pp. 1511-1515.

CONTI JIMÉNEZ, *Construcciones pasivas* = C. CONTI JIMÉNEZ, *Construcciones pasivas con* estar, in «ELUA. Estudios de Lingüística», 18 (2004), pp. 21-44.

CORDIN, *Il clitico* ne = P. CORDIN, *Il clitico «ne»*, in RENZI / SALVI / CARDINALETTI, *Grande grammatica*, I, pp. 647-655.

CORNELIS, *English and Dutch* = L. CORNELIS, *English and Dutch: the Passive difference*, in «Language Sciences», 17, 1-2 (1996), pp. 247-264.

CORNELIS / VERHAGEN = L. CORNELIS / A. VERHAGEN, *Does Dutch really have a Passive?*, in M. DEN DIKKEN / K. HENGEVELD (eds.), *Linguistics in the Netherlands*, Amsterdam / Philadelphia, John Benjamins, 1995, pp. 49-60.

D'ACHILLE, *Sintassi del parlato* = P. D'ACHILLE, *Sintassi del parlato e tradizione scritta della lingua italiana. Analisi di testi dalle origini al secolo XVIII*, Roma, Bonacci, 1990.

DARDANO, *Progetto ArSIL* = M. DARDANO, *Il progetto ArSIL*, in FERRARI, *Sintassi storica e sincronica*, pp. 327-338.

DARDANO, *Sintassi* = M. DARDANO (a cura di), *Sintassi dell'italiano antico. La prosa del Duecento e del Trecento*, Roma, Carocci, 2012.

DARDANO / COLELLA, *Verbo* = M. DARDANO / G. COLELLA, *Il verbo tra sintassi e semantica*, in DARDANO, *Sintassi*, pp. 36-68.

DELLA VALLE / TRIFONE, *Studi linguistici* = V. DELLA VALLE / P. TRIFONE, *Studi linguistici per Luca Serianni*, Roma, Salerno, 2007.

DE MAURO, *Da* = T. De Mauro, *Da*, in *Enciclopedia dantesca*, Roma, Istituto della Enciclopedia, 1970-1976, voll. 6, II, pp. 297-298.

DE ROBERTO, *Costruzioni assolute* = E. DE ROBERTO, *Le costruzioni assolute nella storia dell'italiano*, Napoli, Loffredo, 2012.

EGERLAND, *Frasi subordinate al participio* = V. EGERLAND, *Frasi subordinate al participio*, in SALVI / RENZI, *Grammatica*, pp. 881-901.

EMBICK, *On the Structure of Resultative Participle* = D. EMBICK, *On the Structure of Resultative Participle in English*, in «Linguistic Inquiry», 35, 3 (2004), pp. 355-392.

Enciclopedia dell'italiano = *Enciclopedia dell'italiano*, dir. R. SIMONE, Roma, Istituto della enciclopedia italiana, voll. 2, 2010-11.

FERRARI, *Sintassi storica e sincronica* = *Sintassi storica e sincronica dell'italiano. Subordinazione, coordinazione, giustapposizione*, Atti del X congresso della Società Internazionale di Linguistica e Filologia Italiana, Basilea, 30 giugno – 3 luglio 2008, a cura di A. FERRARI, voll. 3, Firenze, Cesati.

FICI GIUSTI, *Tra passivo e impersonale* = F. FICI GIUSTI, *Tra passivo e impersonale: la funzione del pronome clitico riflessivo*, in H. GEISLER / D. JACOB (Hrsg.), *Transitivität und Diathese in romanischen Sprachen*, Tübingen, Niemeyer, 1998, pp. 61-72.

FOLLI / HARLEY, *Teleology and animacy* = R. FOLLI / H. HARLEY, *Teleology and animacy in external arguments*, in «Lingua», 118 (2008), pp. 190-202.

FORNACIARI, *Sintassi* = R. FORNACIARI, *Sintassi italiana dell'uso moderno*, Firenze, Sansoni, 1974 (rist. anastatica dell'edizione 1881).

FUNES, *Alternancia* = M. S. FUNES, *La alternancia de las preposiciones* por *y* de *como introductoras del complemento agente*, in «ELUA. Estudios de Lingüística», XXV (2011), pp. 135-161.

GEHRKE, *Passive states* = B. GEHRKE, *Passive states*, in V. DEMONTE / L. MCNALLY (eds.) *Telicity, Change, and State: A Cross-Categorial View of Event Structure*, Oxford, Oxford University Press, 2012, pp. 185-211.

GEHRKE, *Still puzzled* = B. GEHRKE, *Still puzzled by adjectival passives?*, in R. FOLLI / C. SEVDALI / R. TRUSWELL (curr.), *Syntax and its Limits*, Oxford, Oxford University Press, 2013, pp. 175-191.

GEHRKE / GRILLO, *How to become passive* = B. GEHRKE / N. GRILLO, *How to become passive*, in K. K. GROHMANN (ed.), *Explorations of Phase Theory: Features, Arguments, and Interpretation at the Interfaces*, Berlin – New York, de Gruyter, pp. 231-268.

GEHRKE / SÁNCHEZ MARCO, *Different* by-*phrases* = B. GEHRKE / C. SÁNCHEZ MARCO, *Different* by-*phrases with adjectival and verbal passives*, in «Lingua», 149 (2014), pp. 188-214.

GEHRKE / SÁNCHEZ MARCO, *Pasivas psicológicas* = B. GEHRKE / C. SÁNCHEZ MARCO, *Las pasivas psicológicas*, to appear in R. MARÍN (ed.), *Los predicados psicológicos*, Madrid, Visor (second draft in http://parles.upf.edu/llocs/bgehrke/home/psychpaper .pdf).

GEHRKE / SÁNCHEZ MARCO, *The role of* by-*phrases* = B. GEHRKE / C. SÁNCHEZ MARCO, *The role of by-phrases in adjectival passives*, Workshop on Aspect and Argument Structure of Adjectives and Participles, Greenwich, 2012 (http://parles.upf.edu/llocs/bgehrke/home/WAASAP_cristinaberit.pdf).

GIACALONE RAMAT / SANSÒ, *From passive to impersonal* = A. GIACALONE RAMAT / A. SANSÒ, *From passive to impersonal*, in A. MALCHUKOV / A. SIEWIERSKA (eds.), *Impersonal Constructions. A cross-linguistic perspective*, Amsterdam / Philadelphia, Benjamins, 2011, pp. 189-228.

GIACALONE RAMAT / SANSÒ, *Venire* = A. GIACALONE RAMAT – A. SANSÒ, Venire *('come') as a passive auxiliary in Italian*, in M. DEVOS & J. VAN DER WAL (eds.), *'Come' and 'Go' off the beaten grammaticalization path*, Berlin – New York, Mouton de Gruyter, pp. 21-34.

GIVÓN / YANG, *The rise* = T. GIVÓN / L. YANG, *The rise of the English* Get-*passive*, in B. FOX / P. J. HOPPER (eds.), *Voice: Form and function*, Amsterdam / Philadelphia, John Benjamins, pp. 119-39.

GRAFFI, *Sintassi* = G. GRAFFI, *Sintassi*, Bologna, Il Mulino, 1994.

GRANDI, *Costruzione passiva* = N. GRANDI, *Costruzione passiva*, in *Enciclopedia dell'italiano*, II, pp. 1081-1082.

GUASTI, *Struttura interna* = M. T. GUASTI, *La struttura interna del sintagma aggettivale*, in RENZI / SALVI / CARDINALETTI, *Grande grammatica*, II, pp. 321-337.

HALLMAN / KALLULLI, *Passive* = P. Hallman / D. Kallulli (eds.), *Passive: Components and Composition*, in «Lingua» (special issue) 125, (2013).

HASPELMATH, *Grammaticization* = M. HASPLEMATH, *The Grammaticization of Passive Morphology*, in «Studies in Language», 14 (1990), pp. 25-72.

HEIDINGER / SCHÄFER, *The French Reflexive Passive* = S. HEIDINGER / F. SCHÄFER, *The French Reflexive Passive and Anticausative. A diachronic view from the* par-*phrase*, in B. FAGARD / S. PRÉVOST / B. COMBETTES / O. BERTRAND (eds.), *Evolutions en français: Etudes de linguistique diachronique*, Bern, Peter Lang, 2008, pp. 135-152.

IACOBINI, *Caratteristiche* = C. IACOBINI, *Caratteristiche definitorie dei prefissi*, in M. GROSSMANN / A. M. THORNTON (curr.), *La formazione delle parole in italiano*, Tübingen, Niemeyer, 2004, pp. 105-108.

JEZEK, *Classi verbali* = E. JEZEK, *Classi verbali e composizionalità: il caso della doppia inaccusatività in italiano*, in R. SIMONE (cur.), *Classi di parole e conoscenza lessicale*, in «Studi Italiani di Linguistica Teorica e Applicata», II (2000) (special issue), pp. 289-310.

JEZEK, *Inaccusativité* = E. JEZEK, *Inaccusativité, structure événementielle et verbes pronominaux en* Italien, in C. BRACQUENIER / L. BEGIONI (éds.), *L'aspect dans les langues naturelles*, Rennes, Presses Universitaires de Rennes, 2012, pp. 159-178.

JEZEK, *Polisemy* = E. JEZEK, *Polysemy of Italian Event Nominals*, in R. MIR-SAMII (éd.), *Nominalisations*, in «Faits des Langues», 30, (2008) (special issue), pp. 251-264.

JEZEK, *Struttura argomentale* = E. JEZEK, *La struttura argomentale dei verbi*, in SALVI / RENZI, *Grammatica*, pp. 77-122.

JIMÉNEZ / MARÍN, *Por* = S. JIMÉNEZ / R. MARÍN, Por *activa y* por *pasiva*, IV Congreso de Lingüística General, Cádiz, 3-6 abril 2000, Servicio de Publicaciones de la Universidad de Cádiz (cfr. http://filcat.uab.cat/clt/publicacions/reports/pdf/GGT-00-7.pdf).

JIMÉNEZ PEÑA / RODRÍGUEZ SELLÉS, *Agentes* = S. JIMÉNEZ PEÑA / Y. RODRÍGUEZ SELLÉS, *Agentes Causantes*, in *Léxico y gramática*, Selección de ponencias e comunicacións presentadas no Congreso Internacional de Lingüística "Léxico & Gramática", celebrado na Facultade de Humanidades de Lugo do 25 ó 28 de setembro de 2000, coord. por M. GONZÁLEZ PEREIRA / M. SOUTO GÓMEZ / A. VEIGA RODRÍGUEZ, 2002, pp. 215-224.

KALLULLI, *A unified analysis* = D. KALLULLI, *A unified analysis of passives, anticausatives and reflexives*, in O. BONAMI / P. CABREDO HOFHERR (eds.), *Empirical Issues in Syntax and Semantics 6*, 2006, pp. 201-225 (cfr. www.cssp.cnrs.fr).

KALLULLI, *Rethinking* = D. KALLULLI, *Rethinking the passive / anticausative distinction*, in «Linguistic Inquiry» 38, 4 (2007), pp. 770-780.

KIM, *External Argument* = K. Kim, *External Argument Introducers*, a thesis submitted in conformity with the requirements for the degree of Doctor of Philosophy, Linguistics Department University of Toronto, 2011 (cfr. https://tspace.library.utoronto.ca/bitstream/1807/31805/3/Kim_Kyumin_201111_PhD_thesis.pdf).

KLIMA, *Negation* = E. KLIMA, *Negation in English*, in J. A. FODOR / J. KATZ (eds.), *The structure of language*, Englewood Cliffs, New Jersey, Prentice-Hall, 1964, pp. 246-323.

KONTZI, *Der Ausdruck* = R. KONTZI, *Der Ausdruck der Passividee im älteren Italienisch*, Tübingen, Niemeyer, 1958.

KOONTZ-GARBODEN, *Anticausativization* = A. KOONTZ-GARBODEN, *Anticausativization*, in «Natural Language & Linguistic Theory», 21, 1, (2009), pp. 77-138.

KRONNING, *Condizionale epistemico* = H. KRONNING, *Il condizionale epistemico di attribuzione in italiano*, in «Lingua italiana: storia, struttura, testi», 9 (2013), pp. 125-142.

LA FAUCI, *Modularità della diatesi* = N. LA FAUCI, *Modularità della diatesi. Convergenze e divergenze grammaticali nel passivo*, in F. FUSCO, V. ORIOLES, A. PARMEGGIANI (curr.), *Processi di convergenze e differenziazione nelle lingue dell'Europa medievale e moderna*, Udine, Forum, 2000, pp. 73-97.

LAWLER, *Negation* = J. LAWLER, *Negation and Negative Polarity*, in P. C. HOGAN (ed.), *The Cambridge Encyclopedia of the Language Sciences*, Cambridge, Cambridge University Press, 2008.

LAZZERONI, *Diatesi* = R. LAZZERONI, *La diatesi come categoria linguistica: studio sul medio indoeuropeo*, in «Studi e saggi linguistici», 30 (1990), pp. 1-22.

LEDGEWAY, *Grammatica diacronica* = A. LEDGEWAY, *Grammatica diacronica del napoletano*, Tübingen, Niemeyer, 2009.

LEPSCHY, *Saggi* = G. C. LEPSCHY, *Saggi di linguistica italiana*, Bologna, Il Mulino, 1978.

LO DUCA, *Complementi* = M. G. LO DUCA, *Complementi*, in *Enciclopedia dell'italiano*, I, pp. 243-245.

LONGOBARDI, *Quantificatori* = G. LONGOBARDI, *I quantificatori*, in RENZI / SALVI / CARDINALETTI, *Grande grammatica*, I, pp. 645-710.

LOPORCARO / PESCIA / RAMOS, *Costrutti dipendenti participiali* = M. LOPORCARO / L. PESCIA / M. A. RAMOS, *Costrutti dipendenti participiali e participi doppi in portoghese*, in «Revue de linguistique romane», 68 (2004), pp. 15-46.

LOPORCARO / SEILER, *Evoluzione diacronica* = M.. LOPORCARO / S. SEILER, *Evoluzione diacronica delle subordinate participiali in italiano*, in FERRARI, *Sintassi storica e sincronica*, pp. 485-512.

LOPORCARO, *Grammatica storica* = M. LOPORCARO, *Grammatica storica del dialetto di Altamura*, Pisa, Giardini, 1988.

LOPORCARO, *The Unaccusative Hypothesis* = M. LOPORCARO, *The Unaccusative Hypothesis and participial absolutes in Italian: Perlmutter's generalisation revisited*, in «Rivista di Lingusitica», 15, 2 (2003), pp. 199-263.

LORENZETTI / SCHIRRU, *Sintassi* = L. LORENZETTI / G. SCHIRRU, *Sintassi*, in G. BASILE / F. CASADEI / L. LORENZETTI, / G. SCHIRRU / ANNA M. THORNTON, *Linguistica generale*, Roma, Carocci, 2010, pp. 255-308.

LURAGHI, *Adverbial phrases* = S. LURAGHI, *Adverbial phrases*, in Ph. BALDI / P. CUZZOLIN (eds.), *New Perspectives on Historical Latin Syntax*, vol. 2, *Constituent Syntax: Adverbial Phrases, Adverbs, Mood, Tense*, Berlin – New York, Mouton de Gruyter, 2010, pp. 19-107.

MAIENBORN, *Das Zustandspassiv* = C. MAIENBORN, *Das Zustandspassiv: Grammatische Einordnung - Bildungsbeschränkungen - Interpretationsspielraum*, in «Zeitschrift für Germanistische Linguistik», 35, 1 (2007), pp. 83-115.

MAIENBORN, *Building* ad hoc *properties* = C. MAIENBORN, *Building* ad hoc *properties: on the interpretation of adjectival passives*, in A. RIESTER / T. SOLSTAD (eds.), *Proceedings of Sinn und Bedeutung* 13, Stuttgart, University of Stuttgart, 2009, pp. 35-49.

MANZOTTI / RIGAMONTI, *Negazione* = E. MANZOTTI / A. RIGAMONTI, *La negazione*, in RENZI / SALVI / CARDINALETTI, *Grande grammatica*, II, pp. 245-317.

MELTZER, *Adjectival Passives* = A. MELTZER, *Adjectival Passives and Adjectival Decausatives in Hebrew,* in «International Journal of Basque Linguistics and Philology», 41, 2 (2007), pp. 209-224.

MENONI, *Gerundio composto* = V. MENONI, *Formazione e storia del gerundio composto nell'italiano antico*, in «Studi di grammatica italiana», 11 (1982), pp. 5-88.

MCINTYRE, *Adjectival Passives* = A. MCINTYRE, *Adjectival passives and adjectival participles in English*, in ALEXIADOU / SCHÄFER, *Non-Canonical Passives*, pp. 21-41.

MCINTYRE, *English* get-*passives* = A. MCINTYRE, *English* get-*passives, middle voice and causative-passive ambiguities*, 2011 (cfr. http://www3.unine.ch/files/content/sites/andrew.mcintyre/files/shared/mcintyre/getpass.genf.pdf).

MCINTYRE, *The BECOME=CAUSE hypothesis* = A. MCINTYRE, *The BECOME=CAUSE hypothesis and the polysemy of* get, in «Linguistics», 50, 6 (2012), pp. 1251-1287.

MICHAELIS, *Antikausativ* = S. MICHAELIS, *Antikausativ als Brücke zum Passiv:* fieri, venire *und* se *im Vulgärlateinischen und Altitalienischen*, in W. DAHMEN et alii (Hrsg.), *Neuere Beschreibungsmethoden der Syntax romanischer Sprachen: romanistisches Kolloquium XI*, Tübingen, Narr, 1998, pp. 69-98.

MORIMOTO / PAVÓN LUCERO, *Los verbos pseudo-copulativos* = Y. MORIMOTO / M. V. PAVÓN LUCERO, *Los verbos pseudo-copulativos de cambio en los diccionarios didácticos del español*, in M. CAMPOS SOUTO et al. (eds.), *Reflexiones sobre el diccionario*, Anexos de «Revista de Lexicografía», 6 (2007), pp. 273-285.

NARO, *History of Portuguese passives* = A. J. NARO, *History of Portuguese passives and Impersonals*, submitted in partial fulfillment of the requirements for the degree of Doctor of Philosophy at the Massachusetts Institute of Technology, Sept. 1968 [cfr. http://dspace.mit.edu/]

NEELEMAN / VAN DE KOOT, *Linguistic expression* = NEELEMAN / VAN DE KOOT, *The Linguistic Expression of Causation*, in «University College London – Working Papers in Linguistics», 22 (2010), pp. 78-100.

NOLAN, *The* get *constructions* = B. NOLAN, *The GET constructions of Modern Irish and Irish English: GET-passive and GET-recipient variations*, in «Linguistics», 50, 6 (2012), pp. 1111-1161.

ORFITELLI, *Parsimony in Passivization* = R. ORFITELLI, *Parsimony in Passivization: Lexically Defining the Core Characteristics of the* Get-*Passive*, in 33. Jahrestagung der Deutschen Gesellschaft für Sprachwissenschaft (DGfS), Georg-August-Universität Göttingen, 23-25 Februar 2011 (cfr. http://rorfitelli.bol.ucla.edu/papers//DGfS%202011%20Handout.pdf).

OREAL ÁLVARO, *El tratamiento de verbos* = M. J. OREAL ÁLVARO, *El tratamiento de verbos con valor "pseudo-copulativo" que expresan cambio en los repertorios lexicográphicos didácticos del español*, in *El diccionario como puente entre las lenguas y culturas del mundo*, Actas del II Congreso Internacional de Lexicografía Hispánica, Alicante, Biblioteca Virtual Miguel de Cervantes, 2008, pp. 367-372.

ÖSTERREICHER, *SE im Spanischen* = W. ÖSTERREICHER, *SE im Spanischen Pseudoreflexivität, Diathese und Prototypikalität von semantischen Rollen*, in «Romanistisches Jahrbuch», 43 (1992), pp. 237-260.

PATOTA, *Poiché* = G. PATOTA, Poiché *fra causa, tempo e testo*, Roma, Bulzoni, 2005.

PATOTA, *Per* = G. PATOTA, *Per*, in DELLA VALLE / TRIFONE, *Studi linguistici*, pp. 3-18.

PATOTA, *Frasi interrogative* = G. PATOTA, *Sintassi e storia della lingua italiana. Tipologia delle frasi interrogative*, Roma, Bulzoni, 1990.

PESCIA, *Sintassi e semantica* = L. PESCIA, *Sintassi e semantica delle forme participiali alternanti con particolare riguardo all'italo-romanzo*, tesi di dottorato, Facoltà di Lettere, Università di Zurigo, settembre 2011.

POGGIOGALLI, *Sintassi* = D. POGGIOGALLI, *La sintassi nelle gramamtiche del Cinquecento*, Firenze, Accademia della Crusca, 1999.

POPPE, *Studi* = Erich P., *Studi sui significati di "da"*, in «Studi di filologia italiana», XXI, pp. 265-387.

PRANDI, *Regole* = M. PRANDI, *Le regole e le scelte. Introduzione alla grammatica italiana*, Torino, UTET, 2006.

PRESTIGIACOMO, Diventare *e i "verbos de cambio"* = C. PRESTIGIACOMO, Diventare *e i verbos de cambio*, in *L'insula de Don Chisciotte. Linguistica contrastiva tra italiano e lingue iberiche*, Atti del XXIII Congresso AISPI, Palermo 6-8 ottobre 2005, vol. II, pp. 474-485.

PUCKICA, *Passive Constructions* = J. PUCKICA, *Passive Constructions in Present-Day English*, in «Groninger Arbeiten zur Germanistischen Linguistik» (GAGL) 49 (2009), pp. 215-235.

RAINER, *Intensivierung* = F. RAINER, *Intensivierung im Italienischen,* Salzburg, Institut für Romanistik Universität Salzburg, 1983.

RENZI, *Come cambia la lingua* = L. RENZI, *Come cambia la lingua. L'italiano in movimento*, Bologna, Il Mulino, 2012.

RENZI / SALVI / CARDINALETTI, *Grande grammatica* = L. RENZI / G. SALVI / A. CARDINALETTI (curr.), *Grande grammatica italiana di consultazione*, voll. 3, Bologna, Il Mulino, 2001.

SALVI / RENZI, *Grammatica* = G. SALVI / L. RENZI, *Grammatica dell'italiano antico*, voll. 2, Bologna, Il Mulino, 2010.

SPIESSENS, *Estudio comparativo* = K. SPIESSENS, *Estudio comparativo del verbo español 'quedar' con su equivalente portugués 'ficar'*, Master in de taal- en letterkunde - afstudeerrichting: Frans – Spaans, Promoter: Prof. Dr. E. Roegiest, Universiteit Gent, 2009-2010 (cfr. http://lib.ugent.be/fulltxt/RUG01/001/457/892/RUG01-001457892_2011_0001_AC.pdf).

ROSEN, *Dal giardino della sintassi* = C. ROSEN, *Dal giardino della sintassi. Florilegio grammaticale italiano*, Pisa, ETS, 2012.

ROTHMAYR, *It takes two* = A. ROTHMAYR, *It takes two, baby! CAUSE and the prerequisites for eventivity*, Proceedings of ConSOLE XV, 2008, pp. 189-205.

SALVI, *Complementi predicativi* = G. SALVI, *I complementi predicativi*, in RENZI / SALVI / CARDINALETTI, *Grande grammatica*, II, pp. 191-226.

SALVI, *Costruzioni predicative* = G. SALVI, *Costruzioni predicative con predicati non verbali*, in SALVI / RENZI, *Grammatica*, pp. 191-239.

SALVI, *Frase semplice* = G. SALVI, *La frase semplice, in* RENZI / SALVI / CARDINALETTI, *Grande grammatica*, I, pp. 37-127.

SALVI, *Realizzazione sintattica* = G. SALVI, *La realizzazione sintattica della struttura argomentale*, in SALVI / RENZI, *Grammatica*, pp. 123-189.

SALVI / RENZI, *Grammatica* = G. SALVI / L. RENZI (curr.), *Grammatica dell'italiano antico*, voll. 2, Bologna, Il Mulino, 2010.

SANSÒ, *Grammaticalization* = A. SANSÒ, *Grammaticalization and prototype effects. A history of the agentive reflexive passive in Italian*, in «Folia Linguistica Historica», 32 (45, Issue Historica) (2011), pp. 219-251.

SANSÒ / GIACALONE RAMAT, Andare *'go' + past participle* = A. SANSÒ / A. GIACALONE RAMAT, Andare *'go' + past participle: the emergence of a deontic passive in Italian*, Organization: 46th Annual Meeting of the Societas Linguistica Europaea, Sep 18, 2013 (in stampa) [consultabile su Academia.eu].

SANSÒ / GIACALONE RAMAT, *Deictic motion verbs* = A. SANSÒ / A. GIACALONE RAMAT, *Deictic motion verbs as passive auxiliaries: the case of italian* andare *'go' (and* venire *'come')*, in «Transactions of the Philological Society» (in stampa) [consultabile su Academia.eu].

SCHÄFER, *Two Types* = F. SCHÄFER, *Two types of external argument licensing – the case of causers*, in «Studia Linguistica», 66, 2 (2012), pp. 128-180.

SCHLUCKER, *Passive* = B. SCHLUCKER, *Passive in German and Dutch: The* sein / zijn + *past participle construction*, in «Groninger Arbeiten zur Germanistischen Linguistik» (GAGL), 49 (2009), pp. 96-124.

SCHWARZE, *Grammatica* = C. SCHWARZE, *Grammatica della lingua italiana*, edizione italiana interamente riveduta dall'autore a cura di A. COLOMBO, con la collaborazione di E. MANZOTTI, Roma, Carocci, 2009.

SERIANNI, *Grammatica* = L. SERIANNI, *Grammatica italiana: italiano comune e lingua letteraria*, con la collaborazione di A. CASTELVECCHI, Torino, UTET, 1988.

SERIANNI, *Grammaticografia* = L. SERIANNI, *Grammaticografia*, in corso di stampa.

SIMONE, *Costruzione causativa* = R. SIMONE, *Costruzione causativa*, in *Enciclopedia dell'italiano* I, pp. 192-194.

SOLSTAD, *Implicitness* = T. SOLSTAD, *On the Implicitness of Arguments in Event Passives*, in A. SCHARDL / M. WALKOW / M. ABDURRAHMAN (eds.), Proceedings of NELS 38, Amherst, GLSA, pp. 365-374.

SQUARTINI, *Grammaticalizzazione* = M. SQUARTINI, *La grammaticalizzazione di* venire *+ participio in italiano: anticausativo o risultativo?*, in C. D. PUSCH / A. WESCH (curr.), *Verbalperiphrasen in den (ibero-)romanischen Sprachen*, Hamburg, Helmut Buske Verlag, pp. 23-34.

SQUARTINI, *Voice clashing* = M. SQUARTINI, *Voice clashing with aspect: the case of Italian passives*, in «Rivista di linguistica» 11 (1999), pp. 341-365.

STEIN, *Untersuchungen* = P. STEIN, *Untersuchungen zur Verbalsyntax der Liviusübersetzungen in die romanischen Sprachen*, Tübingen, Niemeyer, 1997.

STEINITZ, *Deutsch* werden, bleiben = R. STEINITZ, *Deutsch* werden, bleiben*: Schweidsch* bli, förbli, in «ZAS Papers in Linguistics», 14 (1999), pp. 209-226.

STRUDSHOLM, *Verbi di movimento* = E. STRUDSHOLM, *Verbi di movimento*, in *Enciclopedia dell'italiano*, II, pp. 929-932.

SUÑER, Por *vs.* de = M. SUÑER, Por *vs.* De*: Agential Prepositions?*, in «Hispania», 64, 2 (1981), pp. 278-283.

TARANTO, *An event structure analysis* = G. C. TARANTO, *An event structure analysis of causative and passive* get, Ms. Univ. of California, San Diego, 2004.

TELVE, *Alternanza degli ausiliari* = S. TELVE, Essere *o* avere*? Sull'alternanza degli ausiliari con i modali* potuto, voluto *(e* dovuto*) davanti a infiniti inaccusativi in italiano antico e moderno*, in DELLA VALLE / TRIFONE, *Studi linguistici*, pp. 313-325.

TELVE, *Costrutto temporale* = S. TELVE, *Sintassi e storia della lingua italiana: sul costrutto temporale con (*in*)*fra, in «Lingua nostra», 68 (2007), pp. 94-107.

TELVE, *Due note* = S. TELVE, *Due note microsintattiche (il tipo "fra Scilla e fra Cariddi"; "più / meno che pochissimo")*, in «Studi linguistici italiani», 30 (2004), pp. 280-288.

TELVE, *Proprietà sintattiche e semantiche* = Stefano T., *Proprietà sintattiche e semantiche di* dovuto, potuto *e* voluto *nella storia dell'italiano*, in FERRARI, *Sintassi storica e sincronica,* I, pp. 629-645.

TELVE, *Trapassato remoto* = S. TELVE, *Sul trapassato remoto: valori sintattici, aspettuali e semantici dei tipi «fui stato» e «fui stato amato» in italiano antico e moderno*, in «Lingua e stile», 40 (2005), pp. 263-294.

VIALE, *Diatesi passiva* = M. VIALE, *La diatesi passiva nella storia dell'italiano: analisi di testi scientifici e narrativi tra Seicento e Ottocento*, Padova, CLEUP, 2010.

VIGNUZZI, *Preposizioni* = U. VIGNUZZI, *Preposizioni*, in *Enciclopedia dantesca*, VI, pp. 344-365.

VITALE, *Lingua* = M. VITALE, *La lingua di Alessandro Manzoni. Giudizi della critica ottocentesca sulla prima e seconda edizione dei* Promessi sposi *e le tendenze della prassi correttoria manzoniana*, Milano, Cisaplino, 1992.

WANNER, *Deconstructing* = A. WANNER, *Deconstructing the English passive*, Berlin, Mouton de Gruyter, 2009.

WANNER, *The* get-*passive* = A. WANNER, *The* get-*passive at the intersection of* get *and the passive*, in ALEXIADOU–SCHÄFER, *Non-Canonical Passives*, pp. 43-61.